Collection dirigée par Jean-Pierre Demarche

réussir le thème allemand

Waltraud Legros
Agrégée de l'Université
Professeur en Classes Préparatoires
au Lycée Kléber, Strasbourg

Illustration de couverture :
PAUL KLEE, Hauptstraße und Nebenstraßen, 1929
(83 × 67 cm, huile sur toile)

All rights reserved. No part of this book may be reproduced or transmitted in any form or by any means, electronic or mechanical, including photocopying, recording or by any information storage and retrieval system, without permission in writing from the Publisher.

La loi du 11 mars 1957 n'autorise que les "copies ou reproductions strictement réservées à l'usage privé du copiste et non destinées à une utilisation collective". Toute représentation ou reproduction, intégrale ou partielle, faite sans le consentement de l'éditeur, est illicite.

© COPYRIGHT 1991

EDITION MARKETING
EDITEUR DES PREPARATIONS
GRANDES ECOLES MEDECINE
32, rue Bargue 75015 PARIS

ISBN 2-7298-9173-0

AVANT-PROPOS

Aux examens et aux concours, le THÈME est une épreuve redoutée par la plupart des candidats. En effet, il est l'outil de contrôle et d'évaluation le plus exigeant des compétences linguistiques, tant sur le plan de la correction grammaticale qu'au niveau de la richesse lexicale et de l'aisance de l'expression. Si l'on ajoute que le thème est un exercice de rigueur (traduire, ce n'est ni résumer ni commenter !) et que le temps imparti est compté (entre 150 et 250 mots à traduire en 60 minutes), on comprend que le seul moyen de réussir cette épreuve est l'entraînement et ce, dès la Terminale.

→ Un entraînement rigoureux, où l'on n'hésitera pas à passer du temps pour contrôler, pour comparer, pour vérifier son intuition (qui, on le sait, a l'art de se volatiliser le jour de l'examen !), afin de consolider, d'approfondir et d'élargir ses connaissances.

→ Un entraînement aussi régulier que possible, afin de se familiariser avec certaines récurrences et d'acquérir une "technique" qui permet, peu à peu, de transformer ses connaissances en performance.

→ Un entraînement, enfin, où il s'agira d'alterner judicieusement des séquences d'approfondissement avec des séquences de contrôle. Il est aussi inutile, en effet, d'espérer progresser vraiment si l'on se fixe la barre à 200 mots à l'heure dès le départ sous prétexte que ce sont là les conditions de l'examen, qu'il est dangereux de ne faire l'expérience d'une traduction "sans filet" et "contre la montre" que le jour du concours ! Chacun choisira le rythme de cette alternance selon les points faibles qu'il se connaît, le temps dont il dispose tel ou tel jour, le besoin qu'il ressent d'être stimulé ou rassuré.

Dans cette optique, le présent ouvrage propose 80 textes d'une longueur moyenne de 200 mots chacun, extraits de la presse, d'ouvrages de réflexion sur notre société ainsi que d'oeuvres d'auteurs contemporains, répartis en vue de trois approches différentes.

PREMIERE PARTIE :

25 "thèmes d'approfondissement" proposant, dans une première phase de travail : un texte, du vocabulaire, trois à quatre points de grammaire expliqués et illustrés par de nombreux exemples, et une traduction du texte suivie de variantes. Dans une deuxième phase : l'exploration sémantique d'une dizaine de mots du texte, et une batterie de phrases de thème non traduites qui reprennent le lexique et la grammaire étudiés précédemment et permettent ainsi un contrôle systématique des connaissances acquises.

DEUXIEME PARTIE :

25 "thèmes d'entraînement guidé" contenant : un texte, du vocabulaire et, en regard, "la traduction proposée", les "variantes" ainsi que deux ou trois expressions "à retenir".

TROISIEME PARTIE :

30 "thèmes de contrôle" non traduits.

A l'intérieur de chaque partie, on trouvera trois groupes de niveau. Comme, par ailleurs, les points de grammaire traités sont indiqués dès la table des matières, l'utilisateur dispose de quatre entrées pour choisir :
→ le type de séquence (longue ou courte)
→ le domaine thématique (indiqué par le titre du texte)
→ le point de grammaire à revoir
→ le degré de difficulté (groupe de niveau)

L'APPENDICE

présente, outre l'index grammatical et lexical, une rubrique appelée "Carrefours", consistant en une liste d'environ 100 vocables français pour lesquels l'allemand requiert deux, trois, voire quatre traductions différentes selon le contexte et qu'il importe de bien distinguer. (ex. : apprendre : *lernen, erfahren, beibringen, lehren*)

Enfin, dans l'espoir peut-être un peu naïf d'en finir avec les "éternels malmenés" (genre et/ou pluriel), nous avons donné la liste d'une quarantaine de substantifs qui, selon nous, sont les "champions" de cette catégorie ...

Avant de passer aux conseils d'utilisation, encore une remarque : il va de soi qu'un entraînement sérieux et intelligent au thème est un "investissement rentable" (c'est la loi des concours : chaque point compte !) pour toutes les autres épreuves de langue ; mais il est vrai aussi qu'on ne réussit bien que ce que l'on fait avec plaisir. Cet ouvrage permettra peut-être de découvrir, aussi, ce plaisir.

Waltraud LEGROS

CONSEILS D'UTILISATION

A la différence de la traduction "littéraire", où l'art du traducteur consiste essentiellement à être un opérateur "invisible", l'épreuve de THÈME aux examens et aux concours est, on l'a dit, l'outil privilégié du contrôle des connaissances. Le candidat peut et doit montrer ce qu'il sait faire, et les critères d'évaluation sont, dans l'ordre :

→ la correction grammaticale
→ la richesse et la précision lexicales
→ la sensibilité à un style, à un niveau de langue
→ la manière plus ou moins astucieuse, en cas de "panne", de trouver une solution d'équivalence (la règle d'or étant de ne jamais laisser de "blanc"), ce qui demande une connaissance précise et nuancée de la langue française. Trop souvent, les candidats se découragent parce qu'ils ne connaissent pas tel "mot", ou bien, dans le souci, justement, de ne pas laisser de blanc, remplissent parfois à la dernière minute cette lacune avec n'importe quoi. Or, on ne traduit pas des mots, mais bien un sens, un message, et il y a toujours une solution.

Les quelques conseils qui suivent concernent plus particulièrement **la première partie** de cet ouvrage, la plus importante par son volume et par la richesse de son matériel pédagogique. Chacune des 25 unités de cette partie **"d'approfondissement"** est structurée de la manière suivante :

PREMIERE PHASE :
Consolidation des connaissances en grammaire - Traduction

LE TEXTE

→ Lisez-le en entier, lentement, deux ou trois fois s'il le faut.
→ Repérez les points ou passages relevant de la grammaire (subordonnées, passif, verbes forts, compléments de lieu (datif ou accusatif ?), conjonctions (*wenn* ou *als* ?, *wenn* ou *ob* ?) etc., afin de ne pas les oublier quand "la lutte pour le mot" occupera toute l'attention.
→ Pour les mots ou expressions que vous "ne connaissez pas", trouvez un synonyme ou un équivalent (en français, bien sûr !) avant d'avoir recours au dictionnaire. C'est un entraînement à une souplesse intellectuelle qui vous rendra de précieux services.

LES MOTS

Cette rubrique propose la traduction, spécifique au texte en question, d'un certain nombre de mots dont l'ignorance est jugée normale en phase d'apprentissage.

MAIS ENCORE

est une rubrique très importante : il s'agit de mots de liaison et de tournures qui servent à articuler, à nuancer, à enchaîner, autrement dit à structurer le message. C'est grâce à ces "modulateurs" que les mots deviennent texte. (ex. : certes, ... mais : *zwar ... aber* ; autant que possible : *möglichst* ; sans parler de ... : *ganz zu schweigen von...* ; même si : *auch wenn* ; à juste titre : *zu Recht* etc.)

LE POINT DE GRAMMAIRE

ne prétend pas remplacer une grammaire de base traditionnelle. L'objectif est de reprendre et d'illustrer par des phrases simples, traduites pour la plupart, tel ou tel point précis de la grammaire allemande (plus de 100 au total, tout de même !). La démarche, selon le cas de figure, est :

→ pragmatique (vous trouverez p. ex. les emplois de "pour" : *für / um ... zu*, de "pour que" : *damit / als daß,* en même temps que des expressions telles que : pour cette raison : *aus diesem Grund*, peser le pour et le contre : *das Für und Wider erwägen* ; je suis pour : *ich bin dafür* etc.) ;

→ comparative (par exemple pour le chapitre consacré au subjonctif français auquel correspond un indicatif allemand : je suis content que tu sois venu : *ich freue mich, daß du gekommen bist* ; c'est le seul que je connaisse : *es ist der einzige, den ich kenne* etc.) ;

→ synthétique (c'est le cas pour le discours indirect, le passif, la proposition concessive, le groupe qualificatif etc.).

Ces "points de grammaire" sont annoncés dès la table des matières et répertoriés à la fin du livre, dans l'index grammatical.

LA TRADUCTION PROPOSEE

est une traduction que l'on pourrait trouver dans une bonne copie. Elle se propose aussi comme texte à lire, à "entendre". Ne la considérez pas comme un modèle, mais comme un exemple de ce qui est possible avec de la pratique.

VARIANTES

L'objectif de ces variantes est, justement, de proposer d'autres traductions possibles pour tel ou tel terme ou passage, pour que l'étudiant ne se décourage pas s'il n'a pas trouvé "la même chose", pour qu'il découvre peu à peu l'éventail des possibilités et se rende compte que souplesse et précision ne s'excluent pas.

Ces variantes sont soit plus simples, soit plus élaborées : dites-vous bien que le plus élaboré n'est pas forcément "mieux", ni le plus simple "moins bien". Ce qui compte, c'est l'homogénéité de votre traduction. Choisissez et retenez donc l'expression que vous "sentez" le mieux, celle qui vous "parle", au stade d'apprentissage où vous êtes. Elle seule a des chances de faire partie, désormais, de "votre" bagage linguistique et peu à peu vous prendrez plaisir à rédiger votre propre variante, à traduire sans "guide". Les textes de la troisième partie vous y invitent.

Deuxieme phase :
Elargissement du lexique – Exercices de contrôle

Le tour des mots

fait, littéralement, le tour d'une dizaine de vocables par unité, insistant sur les principaux mots composés et dérivés et sur les différentes traductions demandées par le contexte. (Pour ce dernier cas, les mots sont présentés dans des phrases ou expressions traduites en regard.) Ces mots sont repris dans l'index lexical.

Progresser

propose, à la fin de chaque unité, une dizaine de **phrases de thème non traduites**. Elles sont regroupées par trois ou quatre, de complexité croissante, afin de permettre à l'étudiant de se libérer progressivement de la peur de la phrase longue tout en restant conscient que tout thème de concours est "grammatical", qu'il s'agisse de phrases indépendantes ou d'un texte suivi.

Ces phrases de thème permettent, outre cet entraînement, un contrôle systématique des points de grammaire et du lexique étudiés dans l'unité considérée.

Si vos premiers résultats ne correspondent pas à votre attente, ne vous découragez pas. Ne tombez pas non plus dans le piège de la fuite immédiate vers un "autre texte". C'est en revenant sur ses pas qu'on progresse. Essayez de comprendre vos erreurs. Refaites le même thème quelques jours plus tard. Traduisez beaucoup, mais ne dépassez jamais le point de saturation. Autrement dit, traduisez régulièrement.

L'auteur.

Abréviations et signes

Les abréviations sont celles communément utilisées dans les dictionnaires et les manuels.

➝ (Adj.) après un substantif signifie qu'il s'agit d'un adjectif ou d'un participe substantivé.

➝ (sg.) ou (pl.) signale qu'un substantif ne s'emploie qu'au singulier (le choix : *die Wahl*) ou seulement au pluriel (les élections : *die Wahlen*)

➝ Les cas sont indiqués par des majuscules. (A) = accusatif, (D) = datif etc.

➝ Pour les verbes forts et irréguliers, la mention (ist) indique que le passé de ce verbe se conjugue avec "sein". Ex. *kommen (a, o, ist)* = kommen, er kam, er ist gekommen. L'absence de cette mention indique que l'auxiliaire du passé est "haben".

N.B. Les particularités des verbes irréguliers (*bringen (a, a)* = bringen, brachte gebracht) et les changements de voyelle à la 2e et 3e personne du singulier présent pour les verbes forts en "-a" (*fallen, du fällst, er fällt*) et en "-e" (*geben, du gibst, er gibt*) font partie de la grammaire de base et ne sont donc pas rappelés systématiquement.

➝ La barre oblique indique que la particule est séparable (*an/kommen* = *er kommt an*).

➝ Par ailleurs, la barre oblique indique une substitution possible (*in der Lage / fähig / sein, etwas zu tun* = 1. *In der Lage sein, etwas zu tun* ; 2. *Fähig sein, etwas zu tun.*) On trouvera cette barre tout au long des "variantes", mais aussi dans les rubriques de vocabulaire.

TABLE DES MATIÈRES

Première partie :
Thèmes d'approfondissement

NIVEAU I

1. Un homme raisonnable (Antoine de Saint Exupéry) — 15
   (masculins faibles / "apprendre" / überall – nirgendwo / la conjonct. "si" / les pronoms)
2. Supermarchés (Jacques Lacarrière) — 20
   (le pronom relatif / ce que – tout ce que / y – il y a)
3. Les photographies (Marguerite Duras) — 24
   (auxiliaire "sein" ou "haben" ? / les vb. pronominaux alld ≠ frç / l'adjectif possessif)
4. Souvenirs d'enfance (Le Point) — 29
   (les degrés de comparaison / trad. de "de" / l'adjectif substantivé (Adj.) / l'impératif)
5. Comment s'appelle cette ville ? (Yves Bonnefoy) — 34
   (l'interrogative / wann – wenn – ob / adv. et locut. de lieu / conjonct.-préposit-adv.)
6. Art et publicité (Télérama) — 40
   (zwischen / traduction de "dont" / l'attribut du sujet / traduction de "pour")
7. L'emploi du temps (Jean-Jacques Servan-Schreiber) — 46
   (können - wollen - mögen / les compl. de temps / adverbes et locutions spatiales)
8. Une étrange rencontre (Jules Romains) — 53
   (demander / aimer - préférer / les pronoms indéfinis / traduction de "vous")
9. Du silence (Pierre Sahnoun) — 57
   (traduction de "on" / déclinaison de "man" / "comme" / "par contre" / la participiale)

NIVEAU II

10. L'arnaque par correspondance (Le Monde) — 62
    (le groupe qualificatif / verbes + D / solch ein – ein solcher – solche)
11. Le rêve de l'âge d'or (Simone de Beauvoir) — 66
    (l'infinitif précédé de "zu" / indicatif ou subjonctif ? / les masculins mixtes)
12. Femmes en France (Le Monde) — 70
    (adj. épithète – attribut / brauchen – lieben – mögen / place du pronom pers.– de "sich")
13. La Morgan (L'Express) — 77
    (les compléments de temps / erst – nur / wenn – als)
14. La peur des mots (Marthe Robert) — 83
    (la proposition concessive / le conditionnel)
15. Le mystère de nos dépenses (Le Nouvel Economiste) — 87
    (traduction de "où" / pays et villes : genre – article / traduction de "combien")
16. Les enjeux des thérapies géniques (Sciences et Avenir) — 91
    (müssen – sollen / müssen – nicht dürfen / les verbes factitifs)

| 17. | L'invasion des déchets (Jean-Marie Pelt) | 97 |

(l'ordre des compléments dans la phrase / les nombres / fractions et multiples)

NIVEAU III

| 18. | Bismarck et son double (Le Point) | 102 |

(l'apposition / la déclinaison de l'adjectif au pluriel / le pronom possessif)

| 19. | L'arriviste (Robert Escarpit) | 106 |

(proposition infinitive prépositionnelle / traduction de "même" / le gérondif)

| 20. | Du temps libre ? Pas question ! (Le Nouvel Observateur) | 110 |

(subj.franç.-indicatif alld. / traduction de"heißen" / traduction de "toujours")

| 21. | Explorer l'espace, pourquoi faire ? (Daniel Gautier) | 115 |

(comment traduire l'infinitif français ? / warum ? – wozu ?)

| 22. | L'enseignement assisté par ordinateur (André Strauss) | 120 |

(la voix passive / "werden")

| 23. | La vie sous vide (Jean Baudrillard) | 125 |

(la négation / la place du "nicht" / alles / etwas – nichts – viel / ganz)

| 24. | L'analphabétisme (Jean Dutourd) | 130 |

(la place du verbe : prop. principale et subordonnée / "plus ... plus ..." / la virgule)

| 25. | Que penser du Japon ? (Karel van Wolferen) | 137 |

(Le discours indirect)

Deuxième partie :
Thèmes d'entraînement guidé

NIVEAU I

1.	Notre ville (Albert Camus)	144
2.	Savoir, c'est savoir décrire (ALAIN)	146
3.	Les peintures du rêve (Le Nouvel Observateur)	148
4.	En Greyhound (Jacques Tournier)	150
5.	Le malaise des femmes de l'ex-RDA (Libération)	152
6.	La culture populaire (Le Monde)	154
7.	La déontologie du journaliste (André Fontaine)	156
8.	La vie serait facile (Georges Perec)	158

NIVEAU II

9.	Le stylo à bille (Jean Rouaud)	160
10.	Lutte contre la drogue ? (Libération)	162
11.	Le Collège de France (Libération)	164
12.	Laissez-nous être des enfants (L'Express)	166

13.	La Côte d'Azur (L'Express)	168
14.	La lessive qui lave plus muet (Le Nouvel Observateur)	170
15.	La surabondance d'informations (Edgar Morin)	172
16.	Le choc écologique (Jean-Marie Pelt)	174
17.	L'architecture de demain (Télérama)	176

Niveau III

18.	L'enseignement de la gestion (Le Monde)	178
19.	Comment définir l'Allemagne ? (R. Searle)	180
20.	La biographie (Marthe Robert)	182
21.	Les bandes ont-elles toujours existé ? (Le Nouvel Observateur)	184
22.	Le paradoxe du "don" (Georges Bataille)	186
23.	Les "nouveaux" sportifs (Le Monde)	188
24.	Bioethique : faut-il une loi ? (Sciences et Avenir)	190
25.	De la paresse (Roland Barthes)	192

Troisième partie :
Thèmes de contrôle – Textes non traduits

Niveau I

1.	L'interrogatoire (Jean-Paul Sartre)	197
2.	Que me veut cet homme ? (Georges Perec)	197
3.	Sur la photographie (Roland Barthes)	197
4.	Le dernier des Mohicans (Claude Dunneton)	198
5.	Mimes (J.M.G. Le Clézio)	198
6.	Vraie et fausse culture I (ALAIN)	199
7.	Vraie et fausse culture II (ALAIN)	199
8.	Erostrate (Jean-Paul Sartre)	200
9.	A chaque pays ses CV (Le Nouvel Observateur)	200
10.	Conseil : investir (L'Express)	201

Niveau II

11.	Le Traducteur (Marthe Robert)	201
12.	Comme tout le monde (Marguerite Yourcenar)	201
13.	Berlin, dernière (L'Evénement du Jeudi)	202

14.	L'âge de grand'mère (Jean Rouaud)	202
15.	Pour la défense du pays (Boris Vian)	203
16.	Offre d'emploi (L'Express)	203
17.	L'information et la bourse (René Lenoir)	203
18.	Sida : où en est la recherche ? (L'Express)	204
19.	L'Europe et les anciens pays de l'Est (Le Nouvel Observateur)	204
20.	Faut-il pendre les spéculateurs ? (Le Nouvel Observateur)	205
21.	Willy Brandt (L'Express)	205

NIVEAU III

22.	Les diplômes (Paul Valéry)	206
23.	La "culture" en tant qu'idéologie (Karel van Wolferen)	206
24.	Xénophobie (Jacques Maisonrouge)	207
25.	Le progrès (René Lenoir)	207
26.	La bataille de l'Audimat (Yves Jaigu)	208
27.	Le Nord et le Sud (Simone Veil)	208
28.	BASF : moins de bénéfices (L'Express)	209
29.	Musique et vidéo : Carlos Kleiber (Le Nouvel Observateur)	209
30.	Le livre brûlé (Marguerite Duras)	210

Appendice

■ Carrefours	213
■ Index grammatical	219
■ Index lexical	221
■ Les Malmenés	223

PREMIERE PARTIE

Thèmes d'approfondissement

1. UN HOMME RAISONNABLE

J'ai donc dû choisir un autre métier et j'ai appris à piloter des avions. J'ai volé un peu partout dans le monde. Et la géographie, c'est exact, m'a beaucoup servi. Je savais reconnaître, du premier coup d'oeil, la Chine de l'Arizona. C'est très utile, si l'on est égaré pendant la nuit.

J'ai ainsi eu, au cours de ma vie, des tas de contacts avec des tas de gens sérieux. J'ai beaucoup vécu chez les grandes personnes. Je les ai vues de très près. Cela n'a pas trop amélioré mon opinion.

Quand j'en rencontrais une qui me paraissait un peu lucide, je faisais l'expérience sur elle de mon dessin n° 1 que j'ai toujours conservé. Je voulais savoir si elle était vraiment compréhensive. Mais toujours elle me répondait : "C'est un chapeau." Alors je ne lui parlais ni de serpents boas, ni de forêts vierges, ni d'étoiles. Je me mettais à sa portée. Je lui parlais de bridge, de golf, de politique et de cravates. Et la grande personne était bien contente de connaître un homme aussi raisonnable.

A. de Saint-Exupéry, Le Petit Prince

■ LES MOTS

le métier	der Beruf (-e)
l'avion ; l'appareil	das Flugzeug (-e) ; die Maschine (-n)
s'égarer	sich verirren
améliorer	verbessern
l'opinion	die Meinung (-en)
être lucide	Verstand haben, klar sehen, hellsichtig sein
l'expérience	ici : das Experiment (-e)
le serpent boa	die Riesenschlange (-n)
la forêt vierge	der Urwald (der Wald, -¨er)
l'étoile	der Stern (-e)
la cravate	der Schlips (-e), die Krawatte (-n)

■ MAIS ENCORE

donc (par conséquent)	also
c'est exact	das stimmt, das ist richtig, tatsächlich
du premier coup d'oeil	auf den ersten Blick
des tas de gens	eine Menge Leute
pas trop	nicht zu sehr (intensité), nicht zu viel (quantité)
ni ... ni	weder ... noch

LE POINT DE GRAMMAIRE

● LES MASCULINS FAIBLES

Les masculins désignant un être animé et formant leur pluriel en -(e)n prennent -(e)n à tous les cas sauf au nominatif singulier. (Donc pas de -s au G sg. !)

En voici les plus fréquents :

der Franzose	*(le Français)*	der Zeuge	*(le témoin)*
der Junge	*(le garçon)*	der Löwe	*(le lion)*
der Kunde	*(le client)*	der Mensch	*(l'homme, l'être humain)*
der Riese	*(le géant)*	der Held	*(le héros)*
der Sklave	*(l'esclave)*	der Bauer	*(le paysan)*

Mots d'origine étrangère :

der Journalist	der Planet
der Präsident	der Student
der Architekt	der Kamerad
der Pilot	etc.

Je ne peux pas discuter avec un être pareil.
Ich kann mit so einem Menschen nicht diskutieren.

Le discours du président a été très critiqué.
Die Rede des Präsidenten ist heftig kritisiert worden.

Il se prend pour un héros.
Er hält sich für einen Helden.

N.B. : der Schmerz (-es, -en) (la douleur) p.ex. n'entre donc pas dans cette règle.

● LA TRADUCTION DU VERBE "APPRENDRE"

1. lernen (eine Lektion)

Il apprend tout par coeur.   Er lernt alles auswendig.

2. erfahren (u, a) (eine Neuigkeit)

Je l'ai appris par le journal.   Ich habe es durch die Zeitung erfahren.

3. bei/bringen (brachte bei, hat beigebracht) (jdm etwas bei/bringen : montrer comment faire)

Il m'a appris à nager.   Er hat mir das Schwimmen beigebracht.

4. lehren (jdn etwas lehren : enseigner)

La vie m'a appris à être prudent.   Das Leben hat mich gelehrt, vorsichtig zu sein.

● LES ADVERBES DE LIEU : ÜBERALL ; NIRGENDWO ; IRGENDWO

(partout, nulle part, quelque part), articulés avec ou sans her / hin, selon qu'il s'agit d'un locatif (lieu où l'on est) ou d'un directif (lieu où l'on va, d'où l'on vient)

Il est partout.   Er ist überall.
J'irais n'importe où.   Ich würde überallhin gehen.
Il semble venir de nulle part.   Er scheint von nirgendwoher zu kommen.
J'ai voyagé (un peu) partout.   Ich bin überall herumgereist.
Il doit bien être quelque part !   Er muß doch irgendwo sein !

● LA CONJONCTION "SI"

Le "si" dubitatif ou interrogatif se traduit par "ob", le "si" conditionnel par "wenn".

Je ne sais pas encore si je reste.
Ich weiß noch nicht, ob ich (hier) bleibe.

La question est de savoir si nous aurons le temps.
Die Frage ist, ob wir genug Zeit haben werden.

Je ne sais pas s'il vient, ni quand; mais s'il vient (s'il venait), dis-lui de m'attendre.
Ich weiß nicht, ob er kommt, und wann ; aber wenn er kommt (aber sollte er kommen), sag ihm, daß er auf mich warten soll.

Si j'avais une voiture, je viendrais tout de suite.
Wenn ich ein Auto hätte, würde ich sofort kommen.

S'il avait lu l'article, il aurait été au courant.
Wenn er den Artikel gelesen hätte, wäre er auf dem laufenden gewesen.

N.B.
Que cela convienne à tout le monde est une autre question.
Ob das allen paßt, ist eine andere Frage.

● LES PRONOMS

1. Le pronom personnel

Nominatif	Accusatif	Datif	Génitif (rare, désuet)
ich	mich	mir	meiner
du	dich	dir	deiner
er – sie – es	ihn – sie – es	ihm – ihr – ihm	seiner – ihrer – seiner
wir	uns	uns	unser
ihr	euch	euch	euer
sie	sie	ihnen	ihrer
Sie (forme de politesse)	Sie	Ihnen	Ihrer

2. Le pronom neutre : es

→ sujet des verbes impersonnels :

es regnet, es gibt, es handelt sich um, ...

→ sujet apparent :

es kamen lauter alte Leute, es ist die Rede von ..., es wurde viel gelacht, ...

N.B. : Ce sujet apparent disparaît dès qu'un autre élément prend la première place !

Es kamen lauter alte Leute.	→	Leider kamen nur alte Leute.
Es ist die Rede von einem Piloten.	→	In diesem Text ist die Rede von einem Piloten.
Es wurde trotz allem viel gelacht.	→	Trotz allem wurde viel gelacht.

(cf aussi Thème d'approfondissement 22)

3. Le pronom réfléchi

→ pour la première et deuxième personne (sg. et pl.), on utilise le pronom personnel :

ich wasche mich / ich wasche mir die Hände / wir müssen uns beeilen / ihr habt euch geirrt

→ pour la troisième personne (sg. et pl.), on utilise la forme unique "sich" :

sie beeilt sich (A) / diese Leute bilden sich (D) ein, alles zu wissen / man gewöhnt sich (A) daran

Attention : Après une préposition, employer "sich" seulement s'il s'agit de la même personne !

Il pense souvent à son ami.	Er denkt oft an seinen Freund.
Il pense souvent à lui.	Er denkt oft an ihn. (2 personnes !)
Il ne pense qu'à lui (-même).	Er denkt nur an sich. (même personne !)

4. Le pronom réciproque

→ einander :

| *Ils se saluent (mutuellement).* | Sie grüßen einander. |
| *Ils se donnent la main.* | Sie reichen einander die Hand. |

→ combiné avec une préposition :

Ils jouent ensemble.	Sie spielen miteinander.
Ils se combattent.	Sie kämpfen gegeneinander.
Ils feraient tout l'un pour l'autre.	Sie würden alles füreinander tun.
Quel désordre !	Was für ein Durcheinander !

■ TRADUCTION PROPOSEE
Ein vernünftiger Mensch

Ich habe also einen anderen Beruf wählen müssen und habe gelernt, Flugzeuge zu steuern. Ich bin ein wenig überall in der Welt herumgeflogen. Und die Geographie hat mir dabei tatsächlich gute Dienste geleistet. Ich konnte auf den ersten Blick China von Arizona unterscheiden. Das ist sehr nützlich, wenn man nachts vom Kurs abgekommen ist.

So habe ich denn im Laufe meines Lebens mit einer Menge ernsthafter Leute eine Menge Kontakte gehabt. Ich habe viel bei den großen Personen gelebt und ich habe sie ganz aus der Nähe gesehen. Das hat meine Meinung über sie nicht viel besser gemacht.

Begegnete ich jemandem, der mir nicht auf den Kopf gefallen schien, dann machte ich an ihm das Experiment mit meiner Zeichnung Nummer eins, die ich immer noch besitze. Ich wollte wissen, ob die betreffende Person wirklich Verstand besaß.

Aber jedesmal bekam ich zur Antwort : "Das ist ein Hut." Folglich sprach ich mit ihr weder über Riesenschlangen, noch über Urwälder, noch über Sterne. Ich begab mich auf ihre Ebene. Ich unterhielt mich mit ihr über Bridge, Golf, Politik und Krawatten. Und die große Person war sehr erfreut, einen so vernünftigen Menschen kennengelernt zu haben.

■ VARIANTES
Ein vernünftiger Mensch

Ich habe also einen anderen Beruf wählen müssen und **habe fliegen gelernt**. Ich bin ein wenig überall in der Welt herumgeflogen. **Und es stimmt wohl / und ich muß zugeben /, daß mir die Geographie dabei sehr nützlich war**. Ich konnte auf den ersten Blick China von Arizona unterscheiden. Das ist sehr **nützlich, wenn man sich nachts verirrt hat**.

So habe ich im Laufe meines Lebens **mit einer Menge ernsthafter Leute zu tun gehabt**. Ich habe viel **bei den Erwachsenen** gelebt und habe sie ganz aus der Nähe gesehen. **Das hat meine Meinung über sie nicht gerade verbessert / das hat meiner Meinung über sie nicht sehr gut getan /.**

Wenn ich jemanden traf, **der mir Verstand zu haben schien**, dann machte ich an ihm das Experiment mit meiner Zeichnung Nummer eins, **die ich immer bei mir habe / die ich immer noch habe /**. Ich wollte wissen, **ob diese Person wirklich was los hatte**.

Aber jedesmal **wurde mir geantwortet** : "Das ist ein Hut." Also sprach ich mit ihr weder über Riesenschlangen, noch über Urwälder, noch über Sterne. Ich begab mich auf ihre Ebene. **Ich redete** mit ihr über Bridge, Golf, Politik und **Schlipse**. Und der Erwachsene freute sich sehr, einen so vernünftigen Menschen **zu kennen**.

■ LE TOUR DES MOTS

choisir	wählen
le choix	die Wahl (pl. die Wahlen : les élections)
faire un choix	eine Wahl treffen (a, o)
Il me faut choisir entre ...	Ich muß zwischen (D) und (D) wählen.
On n'a que l'embarras du choix !	Wer die Wahl hat, hat die Qual !

piloter (avion, navire, voiture)	steuern
le pilote (avion)	der Pilot (-en, -en)
le pilote (d'un bateau-pilote)	der Lotse (-en, -en)
piloter quelqu'un à travers une ville	jdn durch eine Stadt führen / lotsen
un projet-pilote	ein Versuchsprojekt (das Projekt, -e)
servir à	dienen (+D), nützlich sein (+D)
À quoi sert ce bouton ?	Wozu dient dieser Knopf ?
servir quelqu'un	jdm dienen (serviteur : der Diener, -)
	jdn bedienen (serveur : der Kellner, -)
le service	die Bedienung (restaurant)
	die Abteilung (-en) (bureau)
le service du personnel	die Personalabteilung
rendre un service à qqn	jdm einen Dienst erweisen (ie, ie)
le service après-vente	der Kundendienst (-e)
le secteur des services (s. tertiaire)	der Dienstleistungssektor (-en)
le service militaire	der Wehrdienst, der Militärdienst
Cet appareil n'a jamais servi.	Dieser Apparat ist nie benutzt worden.
Ton conseil m'a beaucoup servi.	Dein Rat war mir sehr nützlich.
	Dein Rat hat mir gute Dienste geleistet.
reconnaître	
reconnaître qqch de qqch (distinguer)	etwas (A) von (+D) unterscheiden (ie, ie)
J'ai failli ne pas le reconnaître.	Ich habe ihn fast nicht wiedererkannt.
Ses mérites sont reconnus par tous.	Seine Verdienste werden von allen anerkannt.
Je reconnais mon erreur.	Ich gebe zu, mich geirrt zu haben.
près	nah (näher, am nächsten)
Il habite tout près.	Er wohnt ganz in der Nähe.
Versailles est près de Paris.	Versailles liegt in der Nähe von Paris.
Il était tout près du but.	Er war dem Ziel ganz nahe, er war fast am Ziel.
Je l'ai vu de près.	Ich habe ihn aus der Nähe gesehen.
J'ai lu cet article de près.	Ich habe diesen Artikel genau / gründlich / gelesen.
Cela fait près de 10 % de son salaire.	Das macht beinahe 10 Prozent seines Gehalts aus.
rencontrer qqn	jdm begegnen (ich bin ihm begegnet)
	jdn treffen (ich habe ihn getroffen)
rencontrer des difficultés	auf Schwierigkeiten (A) stoßen (ie, o, ist)
une rencontre	eine Begegnung (-en)
une rencontre au sommet	ein Gipfeltreffen (das Treffen, -)
toujours	immer, ständig, stets, laufend, permanent
Je l'ai toujours su.	Ich habe es schon immer gewußt.
Il les possède toujours.	Er besitzt sie immer noch.
Je me trompe toujours (répétition).	Ich irre mich immer wieder.
Tu peux toujours essayer !	Du kannst zumindest den Versuch machen !
la portée (d'un événement)	die Tragweite (eines Ereignisses)
à portée de main	in Reichweite, griffbereit
Ce n'est pas à ma portée.	Das übersteigt meine Fähigkeiten / meine Mittel.
Il ne sait pas se mettre à leur portée.	Er kann sich nicht auf ihr Niveau / auf ihre Ebene / begeben (begab, begeben).
les missiles à moyenne portée	die Mittelstreckenraketen (die Rakete, -n)
connaître	kennen (kannte, gekannt)
Je l'ai bien connu autrefois.	Ich habe ihn früher gut gekannt.
Je l'ai connu à l'université.	Ich habe ihn auf der Uni kennengelernt.
C'est bien connu que ...	Es ist allseits / allgemein / bekannt, daß ...
C'est un exemple connu.	Es ist ein bekanntes / vielzitiertes / Beispiel.
Il n'y connaît rien.	Er versteht nichts davon.

■ PROGRESSER

1. a) Lorsque j'avais six ans, j'ai vu, dans un livre, une magnifique image.
   b) J'ai aussitôt voulu devenir artiste et me suis mis à dessiner toutes sortes de choses.

- c) Cette expérience m'a appris combien il est difficile de se faire comprendre.
- d) Au bout de quelques années, mon génie n'ayant toujours pas été reconnu, je me suis décidé à choisir un autre métier.
2. a) J'ai montré mon premier dessin aux adultes.
- b) Il représentait un serpent qui avait avalé un éléphant.
- c) J'ai essayé de savoir s'ils comprenaient mon dessin.
- d) La plupart des adultes à qui j'ai montré mon dessin ont pris ce qu'il représentait pour un chapeau quelque peu étrange.
3. a) J'ai fait la connaissance de cet homme il y a quelques années, quelque part en France.
- b) C'est un homme très connu dans le monde des affaires.
- c) Après avoir terminé ses études en France, il a passé deux années en Chine.
- d) N'ayant pas eu la chance de voyager dans ce pays, j'aime l'en entendre parler, et je saisis toutes les occasions pour en apprendre toujours davantage.

2. SUPERMARCHÉS

Super, Hyper, Maxi, ces préfixes le disent bien : les marchés géants aiment le superlatif. Mais ce superlatif s'applique plus, en général, aux dimensions de l'édifice qu'à la qualité des produits, semblables à ceux qu'on peut trouver partout ailleurs. Alors pourquoi fréquente-t-on les supermarchés ?

Parce que, répond la ménagère, les prix y sont avantageux, les produits plus nombreux et plus variés qu'ailleurs. Autrement dit, parce qu'on y est incité à l'achat par une savante succession de tentations. Dans une épicerie traditionnelle – où l'on ne trouve que des produits alimentaires –, on achète avant tout ce qu'on est venu y chercher. Dans un supermarché, on achète aussi ce à quoi on ne pensait pas en entrant.

Jacques Lacarrière, Ce bel aujourd'hui, Lattès, 1989

■ LES MOTS

le préfixe	die Vorsilbe (-n)
géant ; le géant	riesig ; der Riese (-n)
s'appliquer à	ici : sich beziehen (o, o) auf (+A), betreffen (a, o)
l'édifice	das Gebäude (-)
le prix	der Preis (-e)
avantageux	günstig
varié	ici : vielfältig
inciter à l'achat	zum Kauf an/regen, zum Kauf verlocken
une succession de tentations	eine Reihe von Versuchungen
savant	ici : gut durchdacht, raffiniert
les produits alimentaires	die Lebensmittel (pl.), die Nahrungsmittel (pl.)

■ MAIS ENCORE

plus ... que (plutôt ... que)	eher ... als, vielmehr ... als
en général	im allgemeinen, in der Regel, gewöhnlich
semblable à	vergleichbar mit (+D), ähnlich (+D)
partout ailleurs (locatif)	überall sonst auch
alors pourquoi ... ?	warum ... also ... ?
autrement dit	anders gesagt, mit anderen Worten
avant tout	vor allem
aussi, également	auch, ebenfalls

LE POINT DE GRAMMAIRE

● LE PRONOM RELATIF

Le pronom relatif est doublement déterminé : pour le genre et le nombre, par le nom auquel il se réfère ; pour le cas, par sa fonction dans la relative.

Observez bien :

Ich gehe in **einen Supermarkt**, (masc.)
    der größer ist als andere. (N)
    den du noch nicht kennst. (A)
    dessen Verkäufer freundlich sind. (G)
    dem ich also treu bin. (D)

Je vais dans un supermarché
    qui est plus grand que d'autres.
    que tu ne connais pas encore.
    dont les vendeurs sont aimables.
    auquel je suis donc fidèle.

Die Supermärkte haben **ein Angebot**, (neutre)
    das größer ist als anderswo. (, N)
    dessen Vielfalt die Kunden verführt . (G)
    dem wenige Leute widerstehen. (D)

Les supermarchés ont une offre
    qui est plus grande qu'ailleurs.
    dont la diversité séduit les clients.
    à laquelle peu de personnes résistent.

Die Supermärkte haben **eine Auswahl**, (fém.)
    die größer ist als anderswo. (N)
    deren Vielfalt die Kunden verführt. (G)
    der wenige Leute widerstehen. (D)

Les supermarchés ont un choix
    qui est plus grand qu'ailleurs.
    dont la diversité séduit les clients.
    auquel peu de personnes résistent.

Hier finden Sie **Waren**, (pl.)
    die Sie sonst nirgendwo finden. (A)
    deren Qualität garantiert ist. (G)
    denen Sie vertrauen können. (D)

Ici, vous trouvez des marchandises
    que vous trouvez nulle part ailleurs.
    dont la qualité est garantie.
    auxquelles vous pouvez faire confiance.

Attention au pronom relatif précédé d'une préposition :

Le supermarché dans lequel on trouve tout.
Der Supermarkt, **in dem** man alles findet.

La vendeuse, avec laquelle j'ai parlé.
Die Verkäuferin, **mit der** ich gesprochen habe.

Les marchandises pour lesquelles il y a une réduction.
Die Waren, **für die** es eine Preisermäßigung gibt.

● LA TRADUCTION DE "CE QUE" ET DE "TOUT CE QUE"

Observez bien :

Ce que tu dis là est complètement faux !
Was du da sagst, ist völlig falsch !

Ce qui était dans le journal hier, n'est déjà plus vrai aujourd'hui.
Was gestern in der Zeitung stand, ist heute schon nicht mehr wahr.

Mais :

Ils ne peuvent pas vivre avec ce qu'ils gagnent.
Sie können **mit dem, was** sie verdienen, nicht auskommen. (jamais de prép. + "was" juxtaposés !)

Ne croyez que ce que vous avez vu vous-même !
Glauben Sie **nur das, was** Sie selbst gesehen haben !

Dites-moi tout ce que vous en savez !
Sagen Sie mir **alles, was** Sie darüber wissen !

Il m'a confié tout ce qu'il a pu savoir sur cette histoire.
Er hat mir **alles anvertraut, was** er über diese Sache hat erfahren können.

Oder : Er hat mir **alles, was** er über diese Sache erfahren konnte, **anvertraut**.

● La traduction de "Y" et de "IL Y A"

y

1. selon la rection du verbe allemand :

N'y pense plus !	Denk nicht mehr daran ! (denken an +A)
Je m'y suis décidé, enfin !	Ich hab mich endlich dazu entschlossen !

2. adverbe de lieu (locatif ou directif)

J'y suis, j'y reste	Hier bin ich und hier bleib ich.
J'y suis allé hier mais il n'y était pas.	Ich bin gestern hingegangen, aber er war nicht da.

il y a

1. idée de quantité :

Il n'y a pas que des avantages.	Es gibt nicht nur Vorteile.

2. complément de temps :

Je l'ai vu il y a une semaine.	Ich habe ihn vor einer Woche gesehen.

■ Traduction proposée

Supermärkte

Super, Hyper, Maxi, diese Vorsilben sprechen für sich : die riesigen Märkte lieben den Superlativ. Aber dieser Superlativ bezieht sich in der Regel eher auf die Dimension des Gebäudes als auf die Qualität der Produkte, die sich von denen, die man überall sonst ebensogut finden kann, kaum unterscheiden. Warum geht man also in die Supermärkte ?

Weil die Preise dort günstig sind, antwortet die Hausfrau, weil das Angebot der Waren größer und vielfältiger ist als anderswo. Mit anderen Worten, weil man dort durch eine ausgeklügelte Reihenfolge von Versuchungen zum Kauf angeregt wird. In einem herkömmlichen Lebensmittelladen – wo man nur Nahrungsmittel findet – kauft man vor allem, was man sich dort besorgen wollte. In einem Supermarkt kauft man auch das, was man beim Eintreten nicht zu kaufen beabsichtigte.

■ Variantes

Supermärkte

Super, Hyper, Maxi, diese Vorsilben **sagen es schon : die Riesenmärkte** lieben den Superlativ. Aber dieser Superlativ **betrifft im allgemeinen eher die Dimensionen des Gebäudes als die Qualität der Produkte, die mit denen, welche man überall sonst auch finden kann, vergleichbar sind.** Warum geht man also in die Supermärkte ?
Weil die Preise dort günstig sind, antwortet die Hausfrau, weil das Angebot der Waren größer und vielfältiger ist als anderswo. **Anders gesagt, weil man dort durch eine gut durchdachte / raffinierte / Reihe von Versuchungen zum Kauf verlockt wird.** In einem traditionellen **Lebensmittelladen** – wo man also nur Lebensmittel findet – kauft man vor allem, **was man zu kaufen vorhatte / was man kaufen wollte /.** In einem Supermarkt kauft man auch das, **was man anfangs gar nicht zu kaufen gedachte / was man, als man eintrat, gar nicht zu kaufen im Sinn hatte / woran man beim Eintreten gar nicht gedacht hatte /.**

■ Le tour des mots

le marché	der Markt (-¨e)
faire son marché	auf den Markt gehen, einkaufen gehen
le marché de gros	der Großmarkt, der Großhandel
le marché couvert	die Markthalle (-n)
le supermarché	der Supermarkt

l'hypermarché ; le centre commercial	der Verbrauchermarkt ; das Einkaufszentrum (-en)
le marché intérieur	der Binnenmarkt
l'économie de marché	die Marktwirtschaft
les lois de l'économie de marché	die marktwirtschaftlichen Gesetze
le marché aux puces	der Flohmarkt, der Trödelmarkt
le marché noir	der Schwarzmarkt
bon marché	billig, preiswert, günstig, preisgünstig
conclure un marché	einen Kauf / einen Vertrag / ab/schließen (o, o)
par dessus le marché	darüber hinaus, obendrein
appliquer une règle	eine Regel an/wenden (wandte an, hat angewandt)
la recherche appliquée	die angewandte Forschung
s'appliquer à	sich auf (+A) beziehen (bezog, bezogen)
Cela ne s'applique pas à moi.	Das betrifft mich nicht, das bezieht sich nicht auf mich.
On ne peut appliquer cette formule.	Diese Formel (-n) ist nicht anwendbar.
un élève appliqué	ein fleißiger / strebsamer / Schüler
en général / en particulier	im allgemeinen / im besonderen
en règle générale	in der Regel
d'une manière générale	allgemein, gewöhnlich
fréquenter une école	eine Schule besuchen
fréquenter une personne	mit jemandem verkehren
avoir de mauvaises fréquentations	schlechten Umgang haben (der Umgang mit +D)
C'est un endroit très fréquenté.	Das ist ein sehr besuchter Ort.
Je ne fréquente pas les bistrots.	Ich gehe nicht in Kneipen.
la ménagère	die Hausfrau (-en)
le panier de la ménagère	der Warenkorb (der Korb, -̈e)
les jeunes ménages	die jungen Ehepaare (das Paar, -e)
Il y a deux poubelles par ménage.	Jeder Haushalt hat zwei Mülleimer.
faire le ménage	putzen, auf/räumen, Ordnung machen
la femme de ménage	die Putzfrau, die Raumpflegerin
faire bon ménage	gut miteinander aus/kommen, sich gut vertragen
l'avantage / l'inconvénient	der Vorteil (-e) / der Nachteil
les avantages et les inconvénients	die Vor- und Nachteile
à un prix avantageux	zu einem günstigen Preis, preisgünstig
Il y a des avantages à investir.	Es ist vorteilhaft, (jetzt) zu investieren.
Ce ne peut être qu'à votre avantage.	Es kann nur zu Ihrem Vorteil sein.
Ce projet présente plusieurs avantages.	Dieses Projekt (-e) hat mehrere Vorzüge (der Vorzug).
Cette décision avantage nos concurrents.	Diese Entscheidung begünstigt unsere Konkurrenten.
le produit	das Produkt (-e)
les produits alimentaires	die Lebensmittel (pl.), die Nahrungsmittel
le produit national brut (PNB)	das Bruttosozialprodukt
produire	produzieren, her/stellen, erzeugen
le producteur	der Produzent (-en, -en)
savoir	wissen (wußte, gewußt)
le savoir	das Wissen
le savant ; être savant	der Gelehrte (Adj.), gelehrt sein
c'est un savant mélange de ... et de ...	es ist eine kluge (= *intelligent*) / raffinierte (= *subtile*) / geschickte (= *habile*) Mischung aus (+D)
le savoir-faire	die Fachkenntnis (-sse), das Know-how, die Geschicklichkeit
Il a du savoir-vivre.	Er weiß sich zu benehmen.
Il sait vivre.	Er weiß zu leben, er versteht zu leben.
Il sait tout.	Er weiß alles.
Elle sait tout faire.	Sie kann alles.
D'où veux-tu que je sache cela ?	Woher soll ich das wissen ?
pas que je sache	nicht daß ich wüßte

acheter / *vendre* kaufen / verkaufen
L'acheteur / *le vendeur* der Käufer (-) / der Verkäufer
L'achat de cette maison l'a ruiné Der Kauf (-¨e) dieses Hauses hat ihn ruiniert.
Je fais mes achats en ville Ich mache / tätige / meine Einkäufe in der Stadt.
Nous avons fait des achats (courses) Wir haben eingekauft / Besorgungen gemacht.
Tout s'achète ! Alles ist käuflich !

■ **PROGRESSER**

1. a) Elle fait ses achats dans un supermarché.
   b) Une fois par semaine, elle fait ses achats dans ce magasin tout neuf, situé à quelques pas de chez elle. (relative)
   c) Elle préfère faire ses achats dans ce centre commercial (das Einkaufszentrum, -zentren), car les prix y sont nettement plus avantageux qu'ailleurs.
2. a) La question reste ouverte.
   b) Je me demande si on y fait vraiment des économies.
   c) Le self-service est moins un service offert au client qu'une stratégie de vente.
   d) Malgré les nombreux avantages qu'offre un magasin self-service, la question (de savoir) si le client y fait vraiment des économies reste ouverte.
3. a) Il y a des avantages à s'approvisionner dans un supermarché.
   b) Comme les marchandises proposées sont moins chères, on remplit son chariot (der Einkaufswagen) sans penser à la somme finale.
   c) Il y a certes des avantages à s'approvisionner dans un supermarché, mais les marchandises y étant proposées de manière très attrayante, on remplit son chariot dont la fonction consiste, justement, à être rempli. (passif)

3. LES PHOTOGRAPHIES

C'est pendant les déménagements que les photos se perdent. Ma mère en a fait entre vingt et vingt-cinq au cours de sa vie et c'est là que nos photos de famille se sont perdues. Les photos glissent derrière les tiroirs et elles restent là et, au mieux, on les retrouve au nouveau déménagement. Au bout de cent ans, elles se cassent comme du verre. L'ai-je déjà dit ? Un jour j'ai trouvé, c'était vers les années 50, sous le tiroir d'une armoire achetée en Indochine une carte postale datée de 1905 adressée à quelqu'un qui habitait rue Saint-Benoît cette année-là. (...)

Il n'y a pas de photographies de votre arrière grand-mère. Vous pouvez chercher dans le monde entier, il n'y en a pas. Dès qu'on le pense, l'absence de photographie devient un manque essentiel et même un problème. Comment ont-ils vécu sans photos ? Il n'y a rien qui reste après la mort, du visage et du corps. Aucun document sur le sourire. Et si on avait dit aux gens que la photo viendrait, ils auraient été bouleversés, épouvantés.

Je crois qu'au contraire de ce qu'auraient cru les gens et de ce qu'on croit encore, la photo aide à l'oubli ...

Marguerite Duras, La vie matérielle, P.O.L., 1987

■ **LES MOTS**

le déménagement ; déménager	der Umzug (-¨e) ; um/ziehen (o, o, ist)
se perdre	ici : verloren/gehen, abhanden kommen
le tiroir	die Schublade (-n)
le verre	das Glas
vers les années 50	so um die 50er Jahre
l'Indochine	Indochina
la carte postale	die Ansichtskarte (-n)
l'arrière-grand'mère	die Urgroßmutter (-¨)

le manque	der Mangel
le visage ; le corps	das Gesicht (-er) ; der Körper (-)
le sourire	das Lächeln
être bouleversé	bestürzt sein, erschüttert sein
être épouvanté	erschrocken sein, von Angst gepackt werden

■ Mais encore

au cours de	im Laufe (+G), während (+G)
au bout de quelque temps	nach einiger Zeit
au mieux	bestenfalls
un jour (compl. temps)	eines Tages
cette année-là	damals, in jenem Jahr
dès que	sobald

LE POINT DE GRAMMAIRE

● Auxiliaire "sein" ou "haben" ?

Pour former le passé composé et le plus-que-parfait d'un verbe, on utilise

1. l'auxiliaire "haben" pour :

→ tous les verbes transitifs (= avec complément à l'accusatif)

Il a rencontré son ami.	Er hat seinen Freund getroffen.
Je n'ai encore jamais conduit une BMW.	Ich habe noch nie einen BMW gefahren.

→ tous les verbes pronominaux (à la différence du français !)

Je me suis trompé.	Ich habe mich geirrt.
Je me suis lavé les mains.	Ich habe mir die Hände gewaschen.
Il s'est assis sur ce banc.	Er hat sich auf diese Bank gesetzt.

→ tous les verbes impersonnels

Il a plu, neigé, …	Es hat geregnet, geschneit, ...
Cela a suffi. Il y a eu. On a sonné …	Es hat genügt. Es hat gegeben. Es hat geklingelt ...

→ les verbes intransitifs n'exprimant ni mouvement ni changement d'état (sauf "sein" et "bleiben")

Il a dormi toute la journée.	Er hat den ganzen Tag geschlafen.
Il était assis / couché / sur ce banc.	Er hat auf dieser Bank gesessen / gelegen.

2. l'auxiliaire "sein" pour :

→ les verbes "sein" et "bleiben"

Il a été aux États-Unis	Er ist in Amerika gewesen.
Je suis resté à la maison.	Ich bin zu Hause geblieben.

→ les verbes intransitifs exprimant un déplacement ou un changement d'état

Il a vieilli.	Er ist alt geworden.
La glace a fondu.	Das Eis ist geschmolzen.
Nous sommes arrivés en retard.	Wir sind zu spät gekommen.

N.B. (≠ du français !) :

J'ai couru, j'ai sauté.	Ich bin gelaufen, ich bin gesprungen.
Il a grimpé sur l'arbre.	Er ist auf den Baum geklettert.
Il a nagé pendant trois heures.	Er ist drei Stunden lang geschwommen.
Il m'a suivi partout.	Er ist mir überallhin gefolgt.
Il a disparu dans la forêt.	Er ist im Wald (D !) verschwunden.

● VERBES PRONOMINAUX : FRANÇAIS # ALLEMAND !

1. Voici une liste de verbes qui, contrairement au français, ne sont pas pronominaux en allemand :

se noyer	ertrinken (ertrank, ist ertrunken)
s'endormir	ein/schlafen (schlief ein, ist eingeschlafen)
s'effrayer	erschrecken (erschrak, ist erschrocken)
s'étonner de	staunen über +A (staunte, hat gestaunt)
se composer de	bestehen aus +D (bestand, hat bestanden)
se fier à qqn	jdm vertrauen (vertraute, hat vertraut)
se plaindre de	klagen über +A (klagte, hat geklagt)
se terminer par	enden mit +D (endete, hat geendet)
se vanter de	prahlen mit +D (prahlte, hat geprahlt)
se perdre	verlorengehen (ging verloren, ist verlorengegangen)

2. Et à l'inverse :

changer	sich ändern (die Lage hat sich geändert)
	sich verändern (er hat sich sehr verändert)
remercier qqn de qqch	sich bei jdm bedanken für +A (hat sich bedankt)
avoir pitié de	sich erbarmen +G (er hat sich meiner erbarmt)
avoir honte de	sich schämen +G (er hat sich dessen geschämt)
participer à	sich beteiligen an +D (er hat sich daran beteiligt)

● L'ADJECTIF POSSESSIF

Il est peut-être utile de rappeler que l'adjectif possessif (mein / dein / sein – ihr – sein / unser / euer / ihr – Ihr) se comporte comme l'article indéfini "ein" : absence de désinence (désinence zéro) au N masc., et au N et à l'A neutre, ce qui conduit à décliner l'adjectif épithète en conséquence.

Observez bien !

N masculin :

der Freund – ein Freund – ihr Freund – unser Freund

der gute Freund – ein lieber Freund – ihr neuer Freund – unser alter Freund

N/A neutre :

das Leben – ein Leben – mein Leben – euer Leben

das schöne Leben – ein schönes Leben – mein früheres Leben – euer künftiges Leben

G singulier :

der Tod deines kleinen Hundes – das Haus seiner alten Tante – die Farbe ihres neuen Autos

Attention ! L'adjectif possessif est un déterminant. Deux déterminants peuvent se suivre :

Meine großen Erfolge. Alle meine großen Erfolge. Alle guten Ideen. Alle eure guten Ideen.

■ TRADUCTION PROPOSEE

Die Photographien

Fotos gehen gewöhnlich während der Umzüge verloren. Meine Mutter ist im Laufe ihres Lebens zwischen zwanzig und fünfundzwanzig Mal umgezogen, und dabei sind unsere Familienfotos verlorengegangen. Die Fotos gleiten hinter eine Schublade und bleiben da stecken, und bestenfalls findet man sie beim nächsten Umzug wieder. Nach hundert Jahren zerbrechen sie wie Glas. Habe ich es schon erzählt ? Eines Tages, so in den 50er Jahren, habe ich unter der Schublade eines in Indochina gekauften Schranks eine Ansichtskarte gefunden, die im Jahr 1905 an jemanden adressiert worden war, der damals in der Rue Saint-Benoît wohnte. (...)

Es gibt keine Lichtbilder von Ihrer Urgroßmutter. Sie können auf der ganzen Welt danach suchen, es gibt keine. Sobald man dies denkt, erscheint einem das Nichtexistieren der Photographie als ein wesentlicher, ja problematischer Mangel. Wie konnten sie ohne Fotos leben ? Nichts, das nach dem Tod bleibt, weder vom Gesicht noch vom Körper. Keine Urkunde über das Lächeln. Und hätte man den Leuten gesagt, daß es eines Tages die Photographie geben würde, wären sie bestürzt, zutiefst erschrocken gewesen.

Im Gegensatz zu dem, was diese Leute gedacht hätten und was man heute noch denkt, glaube ich, daß das Foto vergessen hilft ...

■ VARIANTES
Die Photographien

Fotos gehen während der Umzüge verloren / Fotos **pflegen** während der Umzüge **verlorenzugehen** /. Meine Mutter ist im Laufe ihres Lebens **etwa zwanzig- bis fünfundzwanzigmal** umgezogen, und dabei sind unsere Familienfotos verlorengegangen. Die Fotos **rutschen** hinter die Schubladen und bleiben da, und bestenfalls **tauchen sie** beim **folgenden** Umzug **wieder auf** / und bestenfalls **kommen sie** beim **nächsten Umzug wieder zum Vorschein** /. Nach hundert Jahren sind sie **zerbrechlich wie Glas**. Habe ich es schon erzählt ? **Ungefähr** in den fünfziger Jahren habe ich eines Tages unter der Schublade eines in Indochina gekauften Schranks eine Ansichtskarte gefunden, die **die Jahreszahl 1905 trug** und **den Namen eines Empfängers**, der damals in der Rue Saint-Benoît wohnte.

Es existieren keine Fotos von Ihrer Urgroßmutter. Sie können auf der ganzen Welt danach suchen, es gibt keine. **Wenn man anfängt, darüber nachzudenken,** erscheint einem das Nichtexistieren der Photographie als ein wesentlicher Mangel, **ja als ein Problem**. Wie haben **die Leute** ohne Fotos **leben können** ? **Ohne etwas, das** nach dem Tod bleibt, vom Gesicht und vom Körper ? **Ohne Dokument** über das Lächeln ? **Und wenn** man den Leuten gesagt hätte, daß es eines Tages die Photographie geben würde, **hätte sie das bestürzt und erschreckt.**

Im Gegensatz zu dem, was die Leute damals gedacht hätten und was man **immer noch** denkt, **glaube ich, daß die Photographie zum Vergessen beiträgt** ...

■ LE TOUR DES MOTS

la photographie	die Photographie (-n), das Lichtbild (-er)
la photo	das Foto (-s), die Aufnahme (-n)
l'album-photos ; la photo en couleurs	das Fotoalbum ; das Farbfoto
le photographe	der Photograph (-en)
la photocopie	die Photokopie (-n)
photocopier un document	ein Dokument photokopieren / ab/lichten
prendre une photo	eine Aufnahme machen, ein Foto knipsen
l'instantané	die Momentaufnahme, der Schnappschuß (fam.)
faire faire un tirage	einen Abzug machen lassen (der Abzug, -¨e)
développer / agrandir / une photo	ein Foto entwickeln / vergrößern
perdre	verlieren (o, o)
la perte	der Verlust (-e), die Einbuße (-n)
perdre un objet	einen Gegenstand verlieren
faire une déclaration de perte	eine Verlustanzeige erstatten
perdre son temps	seine Zeit vergeuden / verschwenden
perdre son argent (au jeu)	sein Geld verspielen
perdre haleine	außer Atem kommen
Cette drogue l'a perdu.	Diese Droge hat ihn zugrunde gerichtet. Diese Droge war sein Verderben.
Il s'est perdu dans la forêt.	Er hat sich im Wald verirrt .
(c'est) peine perdue	(das ist) vergebliche Mühe

en pure perte	für nichts und wieder nichts
Les coutumes se perdent.	Die Bräuche geraten in Vergessenheit.
Cet objet a perdu de sa valeur.	Dieser Gegenstand hat an Wert (D) eingebüßt.
connaître de lourdes pertes (de gain)	schwere Gewinneinbußen erleiden (i, i)
Il faut que tu perdes cette habitude !	Du mußt dir das abgewöhnen !
le livre s'est perdu quelque part	Das Buch ist irgendwo verloren gegangen.
Tu n'as rien à perdre et tout à gagner.	Du hast nichts zu verlieren und alles zu gewinnen.
la date	das Datum, pl. die Daten (= aussi données inf.)
Je ne sais pas retenir les dates.	Ich kann mir Daten nicht merken, ich kann Daten nicht behalten, ich habe kein Datengedächtnis.
votre lettre en date du 10 janvier	Ihr Brief vom 10. (zehnten) Januar
remettre à une date ultérieure	auf später /auf einen späteren Termin (Zeitpunkt) / verschieben (o, o)
Il s'est trompé de date.	Er hat sich im Datum geirrt.
Pouvez-vous dater l'incident ?	Können Sie den Zwischenfall datieren ?
Quel jour sommes-nous ? (date)	Den wievielten haben wir heute ?
nous sommes le (1er janvier).	wir haben den (ersten Januar)
Bonn, le ...	Bonn, den ...
C'est arrivé le 3 mars.	Das ist am 3. (dritten) März passiert / geschehen.
C'est arrivé le mercredi 7 mars.	Das hat sich am Mittwoch, den 7. März ereignet.
Aujourd'hui, nous sommes le vendredi 4 août.	Heute ist Freitag, der vierte August.
l'absence	die Abwesenheit, das Fehlen
en son absence	in (+D) / während (+G) / seiner Abwesenheit
en l'absence de preuves	in Ermangelung von Beweisen
Cet élève est absent aujourd'hui.	Dieser Schüler fehlt heute.
M. X. est absent.	Herr X. ist nicht da / ist nicht zu Hause.
Il a dû s'absenter.	Er mußte weggehen / verreisen.
être présent / absent	anwesend / abwesend / sein
le manque	der Mangel (-¨)
le manque de matières premières	der Mangel an Rohstoffen (D)
Il leur manque les moyens nécessaires.	Sie haben nicht die nötigen Mittel , es fehlen ihnen die nötigen Mittel.
Tu m'as manqué.	Du hast mir gefehlt.
Il a manqué son but.	Er hat sein Ziel verfehlt.
Il a manqué le train.	Er hat den Zug verpaßt.
le phénomène de manque (drogue)	die Entzugserscheinung (der Entzug : la privation)
Ce qui lui manque, c'est ...	Was ihm fehlt, ist ...
Il ne manque de rien.	Es fehlt ihm nichts, er hat alles, er leidet keinen Mangel.
le manque de logements	die Wohnungsnot
le manque (la pénurie) de devises	die Devisenknappheit
manquer, venir à manquer	knapp sein, sich verknappen
le contraire	das Gegenteil
au contraire, il a ...	im Gegenteil, er hat ... (syntaxe !)
Tu ne me déranges pas, au contraire, ta visite me fait plaisir.	Du störst mich nicht, im Gegenteil, ich freue mich über deinen Besuch.
C'est le contraire de ce que tu as dit hier.	Das ist das Gegenteil von dem, was du gestern gesagt hast.
Moi, au contraire, je pense que ...	Ich dagegen / hingegen / denke, daß ...
Au contraire de ce que tu dis, je pense ...	Im Gegensatz zu dem, was du sagst, denke ich ...
Ce sont des avis contraires.	Das sind gegensätzliche Ansichten.
dans le cas contraire, ... (sinon, ...)	andernfalls (VSC), sonst (VSC)
C'est contraire à la loi.	Das ist gesetzwidrig, das verstößt gegen das Gesetz. (verstoßen, ie, o)
C'est contraire à mes convictions.	Das ist gegen meine Überzeugung, das läßt sich mit meiner Überzeugung nicht vereinbaren.
aller en sens contraire	in die entgegengesetzte Richtung gehen
aider	helfen (a, o)
aider qqn	jdm (D !) helfen

Cela aide à oublier.	Das trägt zum Vergessen bei, das hilft vergessen.
Il m'y a aidé (travail)	Er hat mir dabei (bei dieser Arbeit) geholfen.
Il faut l'aider	Man muß ihm helfen, ihm muß geholfen werden.
l'aide	die Hilfe, pl. die Hilfeleistungen
venir en aide à qqn	jdm zu Hilfe kommen, jdm bei/stehen (a, a)
Au secours !	Zu Hilfe ! / Hilfe !
demander de l'aide à qqn	jdn um Hilfe bitten
Peux-tu m'aider à porter cela ?	Kannst du mir das tragen helfen ?
un aide- (cuisinier)	der Gehilfe(-n), die Hilfskraft (-¨e)
Aide-toi, le ciel t'aidera !	Hilf dir selbst, so hilft dir Gott !

■ PROGRESSER

1. a) C'est une photographie de ma meilleure amie.
   b) Toute sa vie elle a gardé cette photo dans un tiroir.
   c) Chaque fois que je regarde les photos du temps de ta jeunesse, je trouve que tu n'as pas changé.
2. a) Il a disparu sans laisser d'adresse.
   b) Pendant la guerre, tous mes documents se sont perdus.
   c) Pourrais-je vous demander de gérer ma modeste fortune (das Vermögen) pendant mon absence ?
   d) Dans les années 70 – je ne me souviens plus des dates exactes – je suis allé trois fois en Inde, et chaque fois le voyage s'est terminé par un accident de voiture.
3. a) J'aurais peur dans un avion pareil !
   b) J'aurais aimé venir hier.
   c) Si tu ne m'avais pas aidé, je me serais noyé.
   d) Si l'on avait dit aux gens de cette époque-là combien notre monde allait changer, ils se seraient effrayés.

4. SOUVENIRS D'ENFANCE

Il faudra bien se rendre à l'évidence : Pagnol n'est pas le plus grand de nos écrivains populaires, il est le plus populaire de nos grands écrivains.

Les "Souvenirs d'enfance" qui sont le chef-d'oeuvre de Pagnol, traverseront les temps aussi sûrement que les "Fables" de La Fontaine. Comme tous les grands livres pour la jeunesse, ils n'ont pas été écrits pour la jeunesse. Deux raisons, que l'on n'a pas assez remarquées, font que Pagnol plaît aux enfants. La première est qu'il ne leur fait pas de leçon de morale. La seconde est qu'il n'essaie pas de leur dorer la pilule. Le monde qu'il dépeint n'est pas rempli d'illusions, de bonté, d'insouciance et d'exploits chevaleresques. On y voit beaucoup de petites vanités, de gros mensonges, des peurs, des injustices, des déceptions. Instinctivement, les enfants savent que la vie est ainsi faite, et ils sont ravis que cela leur soit dit par une grande personne qui ne fait pas de fautes d'orthographe, mais qui ne se croit pas obligée pour autant de jouer les importants.

Bernard de Fallois, Le Point, 27.08.90

■ LES MOTS

le souvenir ; se souvenir (de)	die Erinnerung (-en) ; sich erinnern an (+A)
se rendre à l'évidence	etwas ein/sehen (a, e), zur Einsicht kommen
populaire	1. beliebt, 2. volkstümlich
le chef-d'oeuvre	das Meisterwerk (-e)
faire une leçon de morale à qqn	jdm eine Moralpredigt halten (ie, a)
dorer la pilule	etwas vor/gaukeln, etwas beschönigen
l'insouciance	die Sorglosigkeit
l'exploit chevaleresque ; le chevalier	die ritterliche Heldentat (-en) ; der Ritter (-)

la vanité ; être vaniteux	die Eitelkeit (-en) ; eitel sein, eingebildet sein
le mensonge ; mentir	die Lüge ; lügen (o, o)
la déception ; être déçu	die Enttäuschung ; enttäuscht sein
la faute d'orthographe ; l'orthographe	der Rechtschreibfehler (-) ; die Rechtschreibung
jouer les importants	sich groß auf/spielen, sich wichtig machen, wichtig tun, an/geben (a, e) (fam.)

■ MAIS ENCORE

aussi sûrement que	ebenso sicher wie
rempli de	voll (+A), voll von (+D), voller (+G pour : f et pl.)
pas ... pour autant	deshalb ... nicht, darum ... nicht

LE POINT DE GRAMMAIRE

● LES DEGRÉS DE COMPARAISON

égalité :   so groß wie *(aussi grand que)* / nicht so groß wie *(pas aussi grand que)*
graduation :   Er ist leistungsfähiger als du .*(Il est plus performant que toi.)*
   Ich arbeite weniger als er. *(Je travaille moins que lui.)*
   Caruso war der berühmteste Sänger seiner Zeit. *(Caruso fut le chanteur le plus célèbre de son époque)*
adverbe :   am größten, am leistungsfähigsten, am berühmtesten (forme spécifique pour le superlatif)

Observez bien :

Tu es plus grand que lui.	Du bist größer als er.
Tu es moins grand que lui.	1. Du bist nicht so groß wie er.
	2. Du bist kleiner als er.
Tu ne me comprends pas aussi bien que lui.	1. Du verstehst mich nicht so gut wie ihn. (wie du ihn verstehst) 2. Du verstehst mich so gut wie er. (wie er mich versteht)
Il lui obéit plus volontiers qu'à moi.	Ihm gehorcht er lieber als mir.
C'est après un travail dur que la bière est la meilleure.	Nach einer schweren Arbeit schmeckt das Bier am besten.

N.B. :

→ Contrairement à l'anglais, l'allemand forme son comparatif et son superlatif en ajoutant -er / -(e)ste quel que soit le nombre de syllabes de l'adjectif :

wettbewerbsfähiger   am leistungsfähigsten

→ Le comparatif n'exprime pas toujours une comparaison :

Une dame d'un certain âge.	Eine ältere Dame.
J'y ai séjourné un certain temps.	Ich habe längere Zeit dort gelebt.

→ Quand la comparaison porte sur deux termes, l'allemand emploie le comparatif :

C'est la main droite qui est la plus forte.   Die rechte Hand ist die stärkere.

● LA TRADUCTION DE "DE"

1. complément de nom :

le temps de la récolte	die Zeit der Ernte
le but de la vie	das Ziel des Lebens
la peur des Allemands (qu'ils ont)	die Angst der Deutschen

2. complément prépositionnel :

la peur des Allemands (qu'on a d'eux)	die Angst vor den Deutschen
les souvenirs d'enfance	die Erinnerungen an die Kindheit
le respect de l'autorité	der Respekt vor der Autorität
la critique du système	die Kritik am System

3. partitif :

une tasse de thé	eine Tasse Tee
une foule d'expériences	eine Menge Erfahrungen
une poignée de gens	eine Handvoll Leute, eine Gruppe von Leuten

● **SUBJONCTIF FRANÇAIS ≠ INDICATIF ALLEMAND**

(voir aussi page 67 et page 111)

En allemand, le subjonctif est le mode de l'hypothèse. On traduit donc par un indicatif :

Ils sont contents que ça leur soit dit.
Sie sind froh, daß ihnen das gesagt wird. (es wird ihnen tatsächlich gesagt)

C'est le meilleur que je connaisse.
Es ist der beste, den ich kenne.

● **L'ADJECTIF SUBSTANTIVÉ (ADJ.)**

L'adjectif, le participe présent, le participe passé désignant des personnes peuvent être substantivés. Ils se déclinent comme un adjectif épithète (qui serait suivi de Mann / Frau / Leute)

Observez :

der alte Mann	→	der Alte *(le vieux)*
eine kranke Frau	→	eine Kranke *(la malade)*
ein reisender Mann	→	ein Reisender *(un voyageur)*
die reisenden Menschen	→	die Reisenden *(les voyageurs)*
viele angestellte Personen	→	viele Angestellte *(de nombreux employés)*
drei deutsche Touristen	→	drei Deutsche *(trois Allemands)*
alle deutschen Bürger	→	alle Deutschen *(tous les Allemands)*

Comme d'habitude, si plusieurs adjectifs se suivent, ils portent la même marque :

La situation est particulièrement grave pour certains chômeurs étrangers.
Die Lage gewisser ausländischer Arbeitsloser (G pl.) ist besonders schlimm.

On attend un nouveau fonctionnaire pour demain.
Morgen soll ein neuer Beamter (N m) kommen.

Il y a eu autant de jeunes que d'adultes à cette réunion.
In dieser Versammlung waren ebensoviele Jugendliche wie Erwachsene (N pl.)

Un adulte expérimenté n'aime pas être remis à sa place par un jeune.
Ein erfahrener Erwachsener läßt sich von einem Jugendlichen nicht gern zurechtweisen.

Comment reconnaître un Adj. (der Deutsche, die Deutschen) par rapport à un masculin faible (der Mensch, die Menschen) ?

→ faire la preuve par "der" et "ein" et "écouter" la désinence
→ un Adj. a toujours la désinence "e" au N sg.
→ remonter à l'adj. épithète en faisant suivre "Mann / Frau / Leute".

● L'IMPÉRATIF

→ pour la 2ème personne du singulier : radical de l'infinitif (auquel on ajoute parfois -e) :

Schlaf jetzt ! Komm bald ! Arbeite nicht zu viel ! Lauf nicht so schnell !

Mais : Sei still ! (sein)

Exception : pour les verbes forts en "e" (geben, nehmen, ...), on utilise la 2ème pers. du sg. sans désinence :

Gib mir deine Adresse ! Nimm dir Zeit ! Hilf mir bitte !

Mais : Mensch, werde wesentlich ! (werden)

→ pour la 2ème personne du pluriel : même forme que celle du présent :

Helft mir bitte ! Seid doch still ! Lauft nicht so schnell ! Beeilt euch ! Haltet euch fest !

→ la 1er et la 3ème personne du pluriel (forme de politesse) étant identiques, on fait suivre le pronom :

Partons maintenant !   Gehen wir jetzt !
Veuillez être à l'heure !   Seien Sie bitte pünktlich !

■ TRADUCTION PROPOSEE

Kindheitserinnerungen

Man wird wohl nicht umhinkönnen, es einzugestehen : Pagnol ist nicht der größte unserer volkstümlichen Schriftsteller, er ist der beliebteste unter den großen.

Die "Kindheitserinnerungen", Pagnols Meisterwerk, werden so gewiß wie La Fontaines "Fabeln" die Zeiten überdauern. Wie alle namhaften Jugendbücher wurden sie nicht für die Jugend geschrieben. Zwei Gründe, die man nicht genug beachtet hat, erklären Pagnols Beliebtheit bei den Kindern. Erstens hält er ihnen keine Moralpredigten ; zweitens versucht er nicht, ihnen etwas vorzugaukeln. In der Welt, die er beschreibt, gibt es keineswegs nur Illusionen, Wohlwollen, Sorglosigkeit und ritterliche Heldentaten. Man findet in ihr viele kleine Eitelkeiten, große Lügen, Ängste, Ungerechtigkeiten und Enttäuschungen. Instinktiv wissen die Kinder, daß das Leben aus all dem besteht und es freut sie, daß sie das von einem Erwachsenen gesagt bekommen, der keine Rechtschreibfehler macht, der sich aber deshalb nicht verpflichtet fühlt, sich groß aufzuspielen.

■ VARIANTES

Kindheitserinnerungen

Man wird es wohl einsehen müssen : Pagnol ist nicht der größte unserer volkstümlichen Schriftsteller, er ist er beliebteste **unserer großen Schriftsteller**.

Die "Kindheitserinnerungen", **die Pagnols Meisterwerk sind,** werden so sicher wie La Fontaines "Fabeln" **durch die Zeiten gehen**. Wie alle **sehr guten** Jugendbücher **sind sie nicht** für die Jugend **geschrieben worden**. Zwei Gründe, die man **nicht genug bemerkt / wahrgenommen / hat, machen, daß Pagnol den Kindern gefällt / daß Pagnol bei den Kindern so beliebt ist /.** Der erste ist, daß er ihnen keine Moralpredigten hält ; der zweite, daß er nicht versucht, **ihnen die Wirklichkeit zu verbergen / ihnen etwas vorzumachen / sie zu belügen / die Welt schöner darzustellen, als sie ist /.**

Die Welt, die er beschreibt, ist nicht voller Illusionen, Wohlwollen, Sorglosigkeit und ritterlicher Heldentaten. Man findet in ihr viele kleine Eitelkeiten, große Lügen, Ängste, Ungerechtigkeiten und Enttäuschungen. **Ohne daß man es ihnen zu sagen braucht, wissen die Kinder, daß das Leben so ist, und sie sind froh / sie freuen sich /, daß es ihnen von einem Erwachsenen gesagt wird,** der keine Rechtschreibfehler macht, **der aber deswegen / deshalb /**

senen gesagt wird, der keine Rechtschreibfehler macht, **der aber deswegen / deshalb / nicht glaubt, daß er sich wichtig machen muß.**

■ LE TOUR DES MOTS

l'évidence	die Gewißheit (-en), die Klarheit, die Selbstverständlichkeit
De toute évidence, il a raison.	Er hat offensichtlich recht.
il faut se rendre à l'évidence que	man muß (es) zugeben, man muß einsehen, daß ... ; man muß sich darüber im Klaren sein, daß ... ; man kann sich der Tatsache nicht (mehr) verschließen, daß ...
c'est évident	es ist klar, es ist nicht zu leugnen, es liegt auf der Hand
populaire	1. volkstümlich, 2. beliebt
C'est un homme politique très populaire.	Er ist ein sehr beliebter Politiker.
le taux de popularité	die Beliebtheitsquote (-n)
Il ne veut pas se rendre impopulaire.	Er will sich nicht unbeliebt machen.
la chanson populaire	das Volkslied (-er)
une tradition populaire	ein volkstümlicher Brauch (-¨e)
une république populaire	eine Volksrepublik (-en)
l'oeuvre	das Werk (-e)
le chef d'oeuvre	das Meisterwerk, das Meisterstück (-e) das Hauptwerk
l'oeuvre intégrale	das Gesamtwerk
la main d'oeuvre étrangère	die ausländischen Arbeitskräfte
Ils se sont mis à l'oeuvre.	Sie haben sich an die Arbeit gemacht.
Il faut tout mettre en oeuvre pour finir à temps.	Wir müssen alles dransetzen / alle Hebel in Bewegung setzen /, um rechtzeitig fertig zu werden.
le maître d'oeuvre	der Baumeister (-)
les bonnes oeuvres	der Wohltätigkeitsverein (-e)
le hors d'oeuvre	die Vorspeise (-n)
la jeunesse	die Jugend
dans sa jeunesse	in seiner Jugend(zeit)
la jeunesse d'aujourd'hui	die heutige Jugend
les jeunes (adolescents)	die Jugendlichen (Adj)
Il fait très jeune.	Er wirkt sehr jung (effet) ; er sieht sehr jung aus. (aspect)
Tu rajeunis, ma parole !	Du wirst ja immer jünger !
Cette couleur te rajeunit.	Diese Farbe macht dich jünger.
la raison	die Vernunft, der Grund (-¨e), das Recht (-e) der Verstand, die Ursache (-n)
pour cette raison	aus diesem Grund
Il est parti sans raison.	er ist grundlos weggegangen.
Il a raison de dire cela.	Er hat recht, das zu sagen.
Il critique ce livre, et avec raison !	Er kritisiert dieses Buch, und mit Recht !
Il a perdu la raison.	Er hat den Verstand verloren.
Il faut lui faire entendre raison.	Er muß zur Vernunft gebracht werden.
l'âge de raison	das Vernunftalter
la raison d'État	die Staatsräson
à plus forte raison que ...	um so mehr, als ...
la morale	die Moral, die Sittlichkeit
faire la morale à qqn	jdm eine Moralpredigt (-en) halten (ie, a)
du point de vue de la morale	vom sittlichen Standpunkt aus
une personne morale	die juristische Person (-en)
Je me sens moralement obligé de l'aider.	Ich fühle mich innerlich verpflichtet, ihm zu helfen.
l'exploit	die Tat (-en), die Leistung (-en)
accomplir un exploit	eine Heldentat / eine große Leistung / vollbringen

	(vollbrachte, hat vollbracht)
Quel exploit !	Was für eine Leistung !
C'est un véritable exploit.	Das ist eine regelrechte / wahre / Glanzleistung.
la faute	1. der Fehler (-) ; 2. die Schuld (sg.)
la faute d'orthographe	der Rechtschreibfehler
un petit défaut	ein Schönheitsfehler
Il reconnaît ses fautes (erreurs).	Er sieht seine Fehler ein.
C'est sa faute	Es ist seine Schuld, er ist schuld daran.
faute de mieux	in Ermangelung eines Besseren
faute de quoi	sonst, ansonsten, andernfalls
obliger	zwingen (a, u), nötigen, verpflichten
Je vous suis très obligé.	Ich bin Ihnen sehr verpflichtet.
Je me sens obligé de le lui dire.	Ich fühle mich verpflichtet, es ihm zu sagen.
Je n'oblige personne!	Ich zwinge niemanden (dazu) !
Il m'a quasiment obligé de dire oui.	Er hat mich zur Zusage (geradezu) genötigt.
important	wichtig
l'importance	die Wichtigkeit
C'est un message de grande importance.	Es ist eine Meldung von großer Wichtigkeit / eine höchst wichtige Meldung.
l'importance de la livraison	das Volumen der Lieferung
l'importance des conséquences	das Ausmaß der Folgen
Cela n'a pas d'importance.	Das ist unwichtig, das ist nebensächlich.
faire l'important	sich wichtig machen, sich groß aufspielen

■ PROGRESSER

1. a) Il a raison de dire la vérité aux enfants.
   b) De nombreux adultes essayent de cacher la vérité / les côtés désagréables de la vie / aux enfants.
   c) L'auteur de cet article nous explique pourquoi les jeunes aiment tant Pagnol, cet écrivain que l'on découvre à tout âge.
2. a) Il y a des choses dont on aime se souvenir.
   b) Il me suffit que tu sois conscient de ton erreur, tu n'as donc pas besoin de t'excuser.
   c) De toute évidence il ne se souvenait plus de ce qu'il avait confié à ce journaliste, car lorsqu'il a lu l'article, il était très déçu.
3. a) Permettez-moi de vous dire que vous n'avez pas toujours raison.
   b) Vous vous demandez qui a accompli cet exploit ? Cela ne peut être que votre nouvel employé.
   c) Il a été licencié pour deux raisons : d'une part, parce qu'il ne s'intéressait pas à son travail, et d'autre part, parce qu'il se plaignait toujours de ses collègues.

5. COMMENT S'APPELLE CETTE VILLE ?

Et j'interroge, d'abord gaiement, quelques passants parmi les plus proches : "Comment s'appelle la ville où nous sommes ?"

Mais, c'est étrange, on ne comprend pas ce que je demande. Les visages se tournent vers moi, on me sourit, on a saisi le sens de mes mots, je le vois bien, l'incompréhension n'est pas affaire de langue – et pourtant, plus en profondeur, rien ne passe. J'essaie alors de formuler autrement ma question soudain angoissée. Par exemple : "Ce lieu où vous habitez, comment l'appelez-vous ?" Ou encore : "Si vous n'étiez pas en ville, et que vous vouliez y revenir, vous me diriez : Je vais à ... ?" Mais aucun de ces stratagèmes ne me permet d'obtenir la moindre réponse. Il semble que la notion même de nom, ou de lieu, soit absolument étrangère aux gens d'ici, au moins pour ce qui touche à leur ville. A peine m'écoute-t-on d'ailleurs, on s'écarte, encore que poliment, et pendant ce temps mes amis ont disparu dans la foule.

Yves Bonnefoy, La Rue Traversière, Mercure de France, 1977

■ LES MOTS

le passant	der Passant (-en, -en), der Vorübergehende (Adj.)
étrange	seltsam, adv. seltsamerweise
le visage	das Gesicht (-er)
sourire à qqn	jdm zu/lächeln, jdn an/lächeln
l'incompréhension ; incompréhensible	die Verständnislosigkeit ; unverständlich
la langue	die Sprache (-n)
plus en profondeur ; la profondeur	etwas tiefer ; die Tiefe (-n)
formuler	formulieren, aus/drücken
angoissé	angstvoll, furchtsam, beunruhigt
le lieu	der Ort (-e)
le stratagème	die List (sg.), die Kriegslist (-en), der Schachzug (-̈e), die Spitzfindigkeit (-en)
la notion même	der Begriff an sich, der Begriff schlechthin
écouter qqn	jdm zu/hören
disparaître	verschwinden (a, u, ist)
il a disparu dans la forêt	er ist im Wald (D !) verschwunden
il a disparu sans laisser de trace	er ist spurlos verschwunden
la foule	die Menschenmenge, die Menge (-n)

■ MAIS ENCORE

d'abord	zunächst, zuerst
parmi	unter (+D ou A)
et pourtant	und dennoch (V S C)
ou encore	oder aber, oder auch
il n'y a pas le moindre doute (là-dessus)	es besteht nicht der geringste Zweifel (darüber)
au moins	wenigstens, zumindest
à peine	kaum
encore que poliment	wenn auch höflich
pendant ce temps	währenddessen, inzwischen, mittlerweile

LE POINT DE GRAMMAIRE

● L'INTERROGATIVE DIRECTE ET INDIRECTE (SYNTAXE)

1. Toute interrogation directe commence soit par le verbe, soit par un interrogatif (éventuellement précédé d'une conjonction de coordination ou d'une préposition)

En cas d'urgence, seriez-vous prêt à intervenir ?
Würden Sie im Notfall einschreiten ? Würden Sie notfalls bereit sein, einzuschreiten ?

Dans ce cas, qu'allons-nous faire ?
Was sollen wir in diesem Fall tun ?

Après un tel effort, comment voulez-vous qu'ils répondent encore aux questions des journalistes ?
Wie sollen sie nach einer solchen Anstrengung noch auf die Fragen der Journalisten antworten ?

Mais en êtes-vous tout à fait sûr ?
Sind Sie dessen auch ganz sicher ?

Et qui va payer tout cela ?
Und wer soll das alles bezahlen ?

Depuis quand êtes-vous dans cette entreprise ?
Seit wann sind Sie in diesem Betrieb ?

Avec qui êtes-vous venu ?
Mit wem sind Sie gekommen ?

2. l'interrogative indirecte est une subordonnée. Le verbe n'est au subjonctif qu'en cas de parole rapportée (discours indirect)

Je me demande s'il a lu l'article.
Ich frage mich, ob er den Artikel gelesen hat.

On doit savoir exactement combien d'argent on veut investir.
Man muß genau wissen, wieviel Geld man investieren will.

Je lui ai demandé depuis combien de temps il était marié.
Ich habe ihn gefragt, wie lange er schon verheiratet ist.

Il n'a pas su me dire quand il serait de retour.
Er konnte mir nicht sagen, wann er zurück sein werde / wird.

Il m'a demandé si je pouvais l'aider.
Er hat mich gefragt, ob ich ihm helfen könne.

● **WENN – WANN – OB**

1. wenn / wann

C'est dans l'interrogative indirecte qu'il y a souvent confusion entre "wenn" et "wann". Or :
"wann" est un interrogatif : quand ?, à quel moment ?
"wenn" est une conjonction de subordination : quand, lorsque.

Quand il vient, il ne prévient jamais à quel moment il vient.
Wenn er kommt, sagt er vorher nie, wann er genau kommt.

2. Wenn / ob

"wenn" : "si" conditionnel, au cas où
"ob" : "si" interrogatif, dubitatif

Je te serais très reconnaissant de bien vouloir enfin me dire si tu viens ou non ! (Car je ne sais toujours pas si tu viens)
Ich wäre dir sehr dankbar, wenn du mir endlich sagen könntest, ob du kommst oder nicht ! (Ich weiß nämlich immer noch nicht, ob du kommst.)

Observez bien :

Dis-moi, si tu viens.
Sag mir bitte, **ob** du kommst.

Et si tu viens, dis-moi, quand (tu viens).
Und **wenn** du kommst, sag mir bitte, **wann**.

Quand tu seras ici, nous verrons si nous rendons visite à Pierre.
Wenn du dann da bist, werden wir sehen, **ob** wir Peter einen Besuch machen.

Nous lui téléphonerons pour savoir s'il est chez lui et quand cela l'arrange de nous recevoir.
Wir werden ihn anrufen, um zu wissen, **ob** er zu Hause ist und **wann** es ihm recht ist, uns zu empfangen.

● **ADVERBES ET LOCUTIONS DE LIEU**

Le principal problème est la distinction entre **le locatif (D)**, (c'est à dire le lieu où l'on est, où qqch se passe), et **le directif (A)**, (le lieu où l'on va, d'où l'on vient).

1. le locatif :

Wo wohnst du ? *(Où habites-tu ?)*
Er liegt / sitzt / schläft ... im Gras.
Er ist nicht hier / nicht da / nicht zu Hause / nicht daheim.
Draußen ist es kalt, hier drinnen ist es angenehmer. *(Dehors ..., ici, à l'intérieur ...)*
Die Schlafzimmer sind oben, die Wohnräume unten. *(... en haut, ... en bas)*
Er steht mitten im Zimmer *(il se tient au milieu de la pièce)* / vorn / hinten / rechts / links.
Ich habe ihn schon irgendwo *(quelque part)* gesehen / man sieht ihn überall *(partout)* / er ist nirgends *(nulle part)* zu sehen.
Er wohnt auf dem Land / im Gebirge / am Meer / in Amerika / in der Schweiz / in Berlin.
Das Auto fährt auf der Straße. *(La voiture roule sur la route / dans la rue)*
Das Hotel ist in der Nähe vom Bahnhof. *(L'hôtel se trouve à proximité de la gare.)*
Die Stadt liegt im Süden / im Norden / im Nordosten / nördlich von Paris / in den USA.

2. le directif :

Wohin gehst du ? Woher kommst du ? *(Où vas-tu ? D'où viens-tu ?)*
Er legt sich / setzt sich ... ins Gras.
Ich gehe da nicht hin / ich gehe heim. *(Je n'y vais pas / je rentre.)*
Geh nicht hinaus, komm herein ! *(hin = éloignement ; her = rapprochement)*
Ich geh jetzt hinauf ; ich komme bald wieder herunter. *(Je monte, ... je redescends.)*
Stell den Tisch in die Mitte des Zimmers / mitten ins Zimmer.
Ich bin ihm überallhin gefolgt. *(Je l'ai suivi partout.)*
Sie fährt aufs Land / ins Gebirge / ans Meer / in die Schweiz.
Das Auto fährt auf die Straße. *(s'engage dans la rue)*
Ich fahre in den Süden, in den Norden, in nordöstliche Richtung
Das Zimmer geht auf die Straße. *(La chambre donne sur la rue.)*

N.B. : Bien sûr, les compléments de lieu introduits par les prépositions "aus" / "nach" / "von" / sont toujours au datif, quelque soit la situation !

Ich komme eben von draußen. *(Je viens juste de dehors.)*
Er geht nach vorn / nach hinten / nach rechts / nach links / nach oben.
Sie kommt vom Land / vom Gebirge / vom Meer / aus Amerika / aus der Schweiz / aus Berlin.
Wir fahren nach Amerika, dem Land der unbegrenzten Möglichkeiten. *(Nous allons en Amérique, le pays où rien n'est impossible.)* Wir fahren nach Paris, der Hauptstadt Frankreichs.
Die Tür geht nach innen / nach außen / auf. *(La porte s'ouvre vers l'intérieur / vers l'extérieur.)*

● PRINCIPALES CONJONCTIONS / PRÉPOSITIONS / ADVERBES À NE PAS CONFONDRE :

conjonction	préposition	adverbe
obwohl, obgleich (bien que)	trotz +G (malgré)	trotzdem, dennoch (malgré cela)
nachdem (après que)	nach +D (après, vers)	nachher, danach (après cela)
bevor (avant que)	vor+D/A (avant, devant, il y a)	vorher, zuvor, davor (avant cela)
während (pendant que)	während +G (pendant)	währenddessen, inzwischen
seit, seitdem (depuis que)	seit +D (depuis)	seither, seitdem (depuis lors)

Avant de partir, il boit un verre d'eau.
Bevor er geht, trinkt er ein Glas Wasser.

Il est sorti malgré le mauvais temps.
Er ist trotz des schlechten Wetters ausgegangen.

Entre temps (pendant ce temps), les amis avaient disparu.
Währenddessen / inzwischen / in der Zwischenzeit / waren die Freunde verschwunden.

■ TRADUCTION PROPOSEE
Wie heißt diese Stadt ?

Ich frage, zunächst unbeschwert, einige unter den Passanten, die sich in meiner Nähe befinden : "Wie heißt die Stadt, in der wir hier sind ?"

Aber eigenartigerweise versteht man meine Frage nicht. Die Gesichter drehen sich mir zu, man lächelt mich an, man hat den Sinn meiner Worte verstanden, das sehe ich wohl, die Verständnislosigkeit hat nicht mit der Sprache zu tun – und dennoch gibt es, etwas tiefer, ein Hindernis. Ich versuche also meine plötzlich angstvolle Frage anders zu formulieren. Zum Beispiel : "Wie nennt ihr den Ort, in dem ihr wohnt ?" Oder aber : "Wenn ihr nicht in der Stadt wärt und wieder zu ihr zurückkehren wolltet, würdet ihr mir sagen : Ich gehe nach ... ?" Aber keine dieser Spitzfindigkeiten erlaubt mir, die geringste Antwort zu bekommen. Es scheint, als wäre den Leuten hier der Begriff "Name" oder "Ort" an sich unbekannt, zumindest was ihre Stadt betrifft. Man hört mir übrigens kaum zu, man wendet sich ab, wenn auch höflich, und währenddessen sind meine Freunde in der Menge verschwunden.

■ VARIANTES
Welches ist der Name dieser Stadt ?

Ich frage, zunächst unbeschwert, einige **der Vorüberhegenden in meiner unmittelbaren Nähe** : "Wie heißt die Stadt, **in der wir uns hier befinden ?**"

Aber **seltsamerweise** versteht man nicht, **was ich wissen will / wonach ich frage/**. Die Gesichter **drehen sich in meine Richtung, man lächelt mir zu,** man hat den Sinn meiner Worte verstanden, das sehe ich wohl, **dieses Nicht-verstehen ist nicht Sache der Sprache – und doch** wird, etwas tiefer, **nichts vermittelt**. Ich versuche also, meine plötzlich angstvolle Frage anders zu formulieren. **Etwa :** "Wie nennt ihr den Ort, wo ihr wohnt ?" Oder aber : "Wenn ihr nicht in der Stadt wärt und wieder **in sie** zurückkehren wolltet, würdet ihr mir sagen : Ich gehe nach ... ?" Aber keine dieser **Kriegslisten** erlaubt mir, **auch nur die geringste Antwort** zu bekommen. Es scheint, als ob den Leuten hier der Begriff "Name" oder "Ort" **schlechthin / überhaupt** unbekannt wäre, **wenigstens was ihre Stadt betrifft. Man beachtet mich übrigens kaum,** man **weicht von mir ab**, höflich, **das stimmt schon / höflich, zugegeben /,** und **in der Zwischenzeit** sind meine Freunde in der Menge verschwunden.

■ LE TOUR DES MOTS

interroger qqn	jdn fragen, jdn befragen, jdn verhören
J'ai interrogé plusieurs personnes : personne ne sait où il habite.	Ich habe mehrere Personen gefragt : niemand weiß, wo er wohnt.
Ils ont interrogé l'oracle.	Sie haben das Orakel befragt.
Ce professeur m'a interrogé en Economie.	Dieser Professor hat mich in Handelslehre geprüft.
Les interrogations orales se font à Paris.	Die mündlichen Examen / Prüfungen / finden in Paris statt.
Il m'a interrogé sur tout.	Er hat mich über alles ausgefragt.
Ce fut un véritable interrogatoire.	Er war ein regelrechtes Verhör, ich wurde regelrecht verhört.
Il m'a regardé d'un air interrogateur.	Er blickte mich fragend an, er warf mir einen fragenden Blick zu.
le passant	der Vorübergehende (Adj), der Passant (-en)
La rue était vide : ni voitures ni	Die Straße war leer : weder Autos noch

passants.
Il m'a juste salué en passant.
La rue est très passante.
Il a passé devant elle sans la voir.

(se) tourner

Il s'est tourné vers moi.
Il s'est retourné vers moi.
tourner le dos à qqn

Tourne-toi !
Tu ne peux pas tourner la voiture dans cette rue.
La voiture a tourné à gauche.
J'ai tourné trois fois autour de ce parc.
Tournez, svp ! (page)
Cette histoire va mal tourner.

Tout va s'arranger.
le tournant du siècle

saisir
Il faut saisir cette occasion
Il m'a saisi au col.
J'étais saisi d'horreur.
Il ne saisit pas le sens de ces mots.

le lieu
Nous allons vérifier cela sur place.
Il a une bonne mémoire des lieux.

le lieu du crime
au lieu de cela
cela me tient lieu de ...
Le spectacle aura lieu dans cette salle.

C'est un lieu commun.
En premier lieu, il nous faut ...

obtenir

J'ai obtenu le poste.
Il m'a obtenu ce poste.
Il obtient ce qu'il veut.
obtenir qqch par la flatterie
obtenir qqch par la contrainte
obtenir qqch de haute lutte
obtenir qqch en mendiant
Qu'as-tu obtenu en retour ?

toucher (à)
Tout ce qui touche à l'astrologie m'intéresse.
Votre geste me touche beaucoup.
Cette nouvelle m'a beaucoup touché.
Ne pas toucher svp !
Touche pas !
Il a touché l'oiseau.
Je n'ai pas encore touché votre chèque.
Il m'en a touché un mot.

s'écarter

Fußgänger.
Er hat mich im Vorübergehen kurz gegrüßt.
Die Straße ist sehr belebt.
Er ging an ihr vorbei, ohne sie zu sehen.

(sich) um/drehen, (sich) um/wenden (wandte gewandt), wenden (transit. vb. faible)

Er hat sich mir zugewandt.
Er hat sich nach mir umgedreht.
jdm den Rücken zu/kehren (sens propre)
jdm den Rücken kehren (sens figuré)
Dreh dich um !
Du kannst den Wagen in dieser Straße nicht wenden. (vb. faible)
Der Wagen ist (nach) links abgebogen
Ich bin drei Mal um diesen Park herumgefahren.
Bitte wenden !
Diese Geschichte wird schlecht aus/gehen / wird übel enden.
Alles wird sich zum Guten wenden.
die Jahrhundertwende

1. ergreifen (i, i) 2. begreifen (i, i), verstehen (a, a)
Man muß diese Gelegenheit nützen.
Er hat mich am Kragen gepackt.
Ich wurde von Entsetzen gepackt / ergriffen.
Er begreift / versteht / erfaßt / den Sinn dieser Worte nicht.

der Ort (-e), die Stelle (-n)
Wir werden das an Ort und Stelle überprüfen.
Er hat ein gutes Ortsgedächtnis, er kann sich gut orientieren.
der Tatort
statt dessen
das dient mir als ...
Die Vorstellung wird in diesem Saal statt/finden. (a, u)
Das ist ein Gemeinplatz / eine Banalität.
An erster Stelle / zuerst / müssen wir ...

erhalten (ie, a), erlangen, bekommen (a, o), erreichen, kriegen (fam.)
Ich habe die Stelle bekommen.
Er hat mir diese Stelle beschafft.
Er erreicht / erhält / was er will.
sich (D) etwas (A) erschmeicheln,
etwas erzwingen (a, u)
etwas erkämpfen
sich (D) etwas erbetteln
Was hast du dafür bekommen ?

berühren, rühren an (+A)
Alles, was die Astrologie betrifft, interessiert mich.

Ihre Geste rührt mich sehr.
Diese Nachricht hat mich sehr bewegt.
Bitte nicht berühren !
Hände weg ! (fam.)
Er hat den Vogel getroffen (abgeschossen).
Ich habe Ihren Scheck noch nicht eingelöst.
Er hat mir flüchtig davon gesprochen.
Er hat es mir angedeutet.

sich entfernen von (+D), sich ab/wenden von, ab/weichen (i, i, ist) von, Abstand nehmen von

Nous nous sommes écartés du groupe.	Wir haben uns von der Gruppe entfernt.
Il s'est écarté du chemin.	Er ist vom Weg abgekommen.
Il s'est écarté du sujet.	Er ist vom Thema abgekommen / abgewichen.
mesurer l'écart	den Abstand messen (a, e)
Il se tient à l'écart (de).	Er hält sich abseits (von), er hält sich fern (von).

■ PROGRESSER

1. a) Comment vous appelez-vous ? Et d'où venez-vous ?
   b) Personne ne savait me dire comment s'appelle cette ville.
   c) En cas d'accident, comment allez-vous expliquer aux gens qu'il faut rester à la maison ?
   d) Pris de panique, les gens ne vont-ils pas essayer de sortir dans la rue ?
2. a) Je voudrais bien savoir combien de temps il a mis pour ce trajet. (die Strecke, -n)
   b) Je retiens mal les noms de lieu, comme d'ailleurs tout ce qui touche à la géographie.
   c) Il a beau interroger un passant après l'autre, il ne semble pas qu'ils comprennent ce qu'il désire savoir exactement.
3. a) Je ne sais pas s'ils m'ont compris.
   b) Je crois que nous nous sommes trompés de direction quand nous avons tourné à gauche au dernier carrefour. (die Kreuzung, - en)
   c) Dans une grande ville, il n'est pas toujours facile de trouver un bon hôtel à proximité de la gare et quand votre chambre donne sur une rue très passante il peut arriver que vous ne dormiez pas de la nuit.
   d) Si vous voulez que je vous réserve une chambre, appelez-moi dès que vous saurez quand vous arrivez et combien de temps vous comptez rester.

6. ART ET PUBLICITÉ

(Exposition au Centre Georges Pompidou)

– Quels rapports voyez-vous entre l'art et la pub ?

– L'art est un univers d'ordre, alors que la pub est, par essence, désordre. Combiner l'ordre et le désordre, cela ne vous rappelle rien ? C'est tout simplement la définition de la ville. Dans une ville, on trouve une structure rigoureuse, celle des rues, des blocs d'immeubles, et une quantité d'événements désordonnés dont la pub. Il faut de l'un et de l'autre pour qu'une ville existe. Regardez les cités des pays de l'Est : dépourvues de pub, elles sont comme des villes amputées d'un bras.

- Comment les avez-vous fait coexister ?

- J'ai choisi d'ouvrir l'espace en entier, d'abolir l'idée de salle. Je pense que la salle pousse à une contemplation passive, organisée en dehors du spectateur, et qui s'impose à lui ; alors que dans un espace ouvert, comme ici, c'est chaque spectateur, avec ses pas, son regard, qui dessine son propre parcours de l'exposition ...

Entretien de "Télérama" avec Bernard Tschumi, architecte, octobre 1990

■ LES MOTS

l'exposition ; exposer	die Ausstellung (-en) ; aus/stellen
aller à une exposition	eine Ausstellung besuchen (der Besucher, -)
le rapport	ici : der Zusammenhang (-¨e)
par essence	dem Wesen nach, von Natur aus
l'ordre ; le désordre	die Ordnung ; die Unordnung
rigoureux	streng, rigoros
une quantité de	eine Menge / eine Vielzahl / eine Reihe / von (+D)
amputer	amputieren
faire coexister	in Zusammenhang bringen, miteinander

	verbinden
l'espace	1. der Raum, die Räumlichkeit, 2. der Weltraum
abolir ; abolir la peine de mort	ab/schaffen ; die Todesstrafe abschaffen
abolir l'idée de séparation	ici : auf das Konzept "Saal" verzichten
pousser à	ici : verleiten zu (+D)
la contemplation	die Betrachtung (-en)
le spectateur	der Betrachter, der Zuschauer, der Besucher
le pas	der Schritt (-e)
dessiner	zeichnen, ici : wählen, bestimmen.
le parcours	der Weg (-e), der Ablauf (der Besichtigung)

■ MAIS ENCORE

alors que	während (+ subord.), wogegen (+ subord.)
l'un et l'autre	das eine und das andere / der eine und der andere
en dehors de	außerhalb (+G)

LE POINT DE GRAMMAIRE

● ZWISCHEN

"zwischen" est certes une préposition spatiale suivie soit du datif (locatif), soit de l'accusatif (directif), mais la fréquence du datif est, dans la pratique, nettement prédominante.

a) **zwischen** avec l'accusatif :

après les verbes dits factitifs : stellen, legen, setzen, hängen.

Il s'assied entre les deux chaises.   Er setzt sich zwischen die beiden Stühle.
Il place la lampe entre la table et l'armoire.   Er stellt die Lampe zwischen den Tisch und den Schrank.

b) **zwischen** suivi du datif :

L'entretien entre le journaliste et l'architecte.
Das Gespräch zwischen dem Journalisten und dem Architekten.
Il doit choisir entre toi et moi.
Er muß zwischen dir und mir wählen.
Le relation entre le père et sa fille.
Die Beziehung zwischen dem Vater und seiner Tochter.
La différence entre ces deux produits.
Der Unterschied zwischen diesen beiden Produkten.
Viens entre le 10 et le 15 août !
Komm zwischen dem 10. und dem 15. August !
Il y a un monde entre lui et sa femme.
Zwischen ihm und seiner Frau liegen Welten.
Il a fait une comparaison entre la RFA et les États Unis.
Er hat zwischen der Bundesrepublik und den Vereinigten Staaten einen Vergleich angestellt.
Nous marchions entre les maisons.
Wir gingen zwischen den Häusern (dahin).

● LA TRADUCTION DE "DONT"

a) complément du nom

La maison dont le toit est rouge.   Das Haus, dessen Dach rot ist.
Le chien dont tu connais le maître.   Der Hund, dessen Herrn du kennst.

rappelons à ce propos :

L'employé avec la femme duquel tu as parlé.
Der Angestellte, **mit dessen Frau** du gesprochen hast.
Les pays pour l'avenir desquels nous sommes inquiets.
Die Länder, **um deren Zukunft** wir besorgt sind.

b) complément d'un verbe ou d'un adjectif :

Il est évident qu'il faut respecter le régime du verbe ou de l'adjectif en question.

Ce sont des choses dont je suis conscient.	Das sind Dinge, deren ich mir bewußt bin.
Le projet dont nous avons parlé.	Das Projekt, von dem wir gesprochen haben.
Les renseignements dont j'ai besoin.	Die Auskünfte, die ich brauche.
Ce dont il a peur.	Wovor er Angst hat.
Les personnes dont je m'occupe.	Die Leute, um die ich mich kümmere.
Les enfants dont nous sommes fiers.	Die Kinder, auf die wir stolz sind.
Les beautés dont ce pays est si riche.	Die Schönheiten, an denen dieses Land so reich ist.

c) partitif : **von** + relatif

J'ai deux fils dont l'un est déjà à l'Université.
Ich habe zwei Söhne, von denen einer (der eine) schon studiert.

Ces personnes, dont la plupart est d'origine étrangère.
Diese Personen, von denen die meisten Ausländer / ausländischer Herkunft / sind.

Ces arbres dont certains ont souffert de la sécheresse.
Diese Bäume, von denen einige unter der Trockenheit gelitten haben.

● **L'ATTRIBUT DU SUJET**

Bien que la règle allemande ne diffère en rien du français, les erreurs / inattentions sont fréquentes.

a) tout nom ou pronom relié au sujet par le verbe **sein, werden, bleiben** ou **scheinen** est au nominatif.

Ce produit est un grand succès.	Dieses Produkt ist ein großer Erfolg.
Il semble être un bon élève.	Er scheint ein guter Schüler zu sein.
Tu seras sûrement un bon commerçant.	Sicher wirst du einmal ein guter Geschäftsmann.
Malgré tout, il est toujours resté le même.	Er ist trotz allem immer derselbe geblieben.
Mais c'est aussi le cas dans nos pays.	Das ist ja in unseren Ländern auch der Fall.

b) **als** peut parfois introduire un attribut du sujet (**comme, en tant que**)

Il passe pour être le meilleur joueur d'échecs du monde.
Er gilt als der beste Schachspieler der Welt.

J'étais le premier Allemand à entrer dans cette école.
Ich kam als erster Deutscher in diese Schule.

Cet exemple peut constituer la meilleure preuve que nous avions raison.
Dieses Beispiel mag als bester Beweis dafür dienen, daß wir recht hatten.

Étant le plus jeune lauréat, ce jeune Polonais a été particulièrement applaudi.
Als jüngster Preisträger wurde dieser junge Pole besonders gefeiert.

● **LA TRADUCTION DE "POUR" ET DE "POUR QUE"**

1. pour

a) "**für**" : préposition (+A)

Tout cela, je l'ai fait pour toi.	All das habe ich für dich gemacht.
Pour qui fais-tu tout cela au juste ?	Für wen machst du das alles eigentlich ?
Il me prend pour un imbécile.	Er hält mich für einen Dummkopf.

b) **um ... zu** : préposition introduisant une infinitive (même sujet !)

Il a travaillé toute la nuit pour pouvoir finir son rapport.
Er hat die ganze Nacht gearbeitet, um mit seinem Bericht fertig zu werden.
Pour ne pas me mettre en retard, je commence tout de suite.
Um nicht in Zeitnot zu geraten, fange ich schon jetzt an.

2. pour que

a) **damit** : pour que, afin que (deux sujets différents)

Il a travaillé toute la nuit pourque son rapport puisse être imprimé à temps.
Er hat die ganze Nacht gearbeitet, damit sein Bericht rechtzeitig gedruckt werden konnte.
Je baisse un peu la musique pour que tu puisses dormir.
Ich stelle die Musik etwas leiser, damit du schlafen kannst.

b) **als daß** : pour, pour que – non substituable par afin que ! – : comparaison indiquant un irréel (donc suivi du subjonctif II)

Cette traduction est trop difficile pour que je puisse la faire sans dictionnaire.
Diese Übersetzung ist zu schwierig, als daß ich sie ohne Wörterbuch machen könnte.
Cet employé est trop inexpérimenté pour m'être vraiment utile.
Dieser Angestellte ist zu unerfahren, als daß er mir wirklich nützlich wäre.

3. Il y a, bien sûr, les tournures idiomatiques et/ou prépositionnelles, comme p.ex. :

On doit peser le pour et le contre.	Man muß das Für und Wider erwägen.
Pour quelle raison ?	Aus welchem Grund ?
Pour la première fois.	Zum ersten Mal.
Il passe pour être le meilleur.	Er gilt als der Beste.
Œil pour œil, dent pour dent.	Auge um Auge, Zahn um Zahn.
Pour quand pensez-vous avoir fini ?	Bis wann denken Sie fertig zu sein ?
C'est fait pour.	Das ist dazu da.
Il y en a pour une heure.	Das wird eine Stunde dauern.
Je suis venu pour rien.	Ich bin umsonst gekommen.
Je suis pour !	Ich bin dafür !

■ TRADUCTION PROPOSEE

Kunst und Werbung

(Ausstellung im Centre Georges Pompidou)

– *Welche Zusammenhänge gibt es Ihrer Ansicht nach zwischen Kunst und Werbung ?*
– *Die Kunst ist eine Welt der Ordnung, während die Werbung dem Wesen nach Unordnung ist. Das Zusammenspiel von Ordnung und Unordnung : fällt Ihnen da nichts ein ? Das ist ganz einfach die Definition der Stadt. In einer Stadt finden wir eine strenge Struktur, nämlich die der Straßen, der Häuserblocks, und eine Reihe von ungeordneten Ereignissen, darunter auch die Werbung. Es muß das eine und das andere vorhanden sein, damit eine Stadt lebt. Sehen Sie sich die Städte in den osteuropäischen Ländern an : ohne jede Werbung wirken sie wie armamputiert.*
– *Wie haben Sie beides in Zusammenhang gebracht ?*
– *Ich habe beschlossen, den gesamten Raum zu öffnen, das Konzept "Saal" aufzugeben. Ich meine nämlich, daß der Saal zu einer passiven Betrachtung verleitet, deren Ablauf nicht vom Betrachter selbst kommt, sondern ihm von außen vorgeschrieben wird ; in einem offenen Raum wie hier dagegen bestimmt jeder*

einzelne Besucher der Ausstellung mit seinen Schritten und seinem Blick den Ablauf seiner Besichtigung selbst .

■ VARIANTES
Kunst und Werbung

– **Welche Beziehungen sehen Sie** zwischen der Kunst und der Werbung ?
– Die Kunst ist eine Welt der Ordnung, während die Werbung **von Natur aus / an und für sich / von vornherein /** Unordnung ist. **Die Kombination** von Ordnung und Unordnung : **kommt Ihnen da nichts in den Sinn ?** Das ist ganz einfach die Definition der Stadt. In einer Stadt **finden wir eine strenge Anordnung, nämlich** die der Straßen und der Häuserblocks, und **eine Vielzahl** von ungeordneten Ereignissen, **beispielsweise** die Werbung. **Beide Elemente / Faktoren / müssen vorhanden sein, damit eine Stadt lebt //. Eine Stadt braucht beides, um lebendig zu sein / um zu ieben //.** Sehen Sie sich die Städte in den osteuropäischen Ländern an : ohne Werbung sind sie, **als hätte man ihnen einen Arm abgenommen / als hätten sie nur einen Arm /.**
– Wie haben Sie beide **Elemente / Faktoren miteinander verbunden** ?
Ich habe beschlossen, **auf das Konzept "Saal" zu verzichten. Ich bin nämlich der Meinung, daß** der Saal zu einer passiven Betrachtung verleitet, **welche dem Besucher von außen her diktiert wird ; während / wogegen /** in einem offenen Raum wie hier jeder einzelne Besucher der Ausstellung mit seinen Schritten und seinem Blick **den Weg, dem er folgen will, selbst bestimmt / selbst wählt /.**

■ LE TOUR DES MOTS

l'art	die Kunst (-¨e)
l'artiste	der Künstler (-)
artistique	künstlerisch, kunstvoll
artificiel	künstlich (!)
l'oeuvre d'art ; l'objet d'art	das Kunstwerk (-e) ; der Kunstgegenstand (-¨e)
les arts plastiques	die bildenden Künste, die Bildhauerkunst
l'école des Beaux Arts	das Institut für bildende Künste, die Kunsthochschule
l'art de vivre	die Lebenskunst
Il a l'art de se faire remarquer.	Er versteht sich darauf, aufzufallen.
C'est tout un art !	Das ist eine wahre Kunst !
	Das will gekonnt sein !
la publicité	die Werbung, die Reklame
le spot publicitaire	der Werbespot
l'agence publicitaire	die Werbeagentur (-en)
faire de la publicité pour un produit	für ein Produkt werben / Reklame machen
une campagne publicitaire	eine Werbekampagne, der Werbefeldzug (-¨e)
la publicité déloyale	unlautere Werbung
l'affiche publicitaire	das Werbeplakat (-e)
la colonne publicitaire	die Litfaßsäule (-n)
l'insertion publicitaire (TV)	die eingeblendete Werbung
faire de la publicité tapageuse	die Werbetrommel rühren
le rapport	1. die Beziehung, das Verhältnis (-sse), der Zusammenhang (-¨e), der Vergleich (-e)
	2. der Bericht (reportage), 3. der Ertrag(-¨e) (gain)
les rapports sociaux / diplomatiques	die sozialen / diplomatischen / Beziehungen
nos rapports avec les étrangers	unsere Beziehungen mit den Ausländern
les rapports franco-allemands	die deutsch-französischen Beziehungen
le rapport entre ces deux chiffres	das Verhältnis zwischen diesen beiden Zahlen (D !)
Il n'y a pas de rapport entre son travail et son salaire.	Seine Leistung und sein Lohn stehen in keinem Verhältnis zueinander.
Je ne vois pas le rapport.	Ich sehe den Zusammenhang nicht.
Cela n'a aucun rapport.	Das hat nichts damit zu tun.
par rapport à	im Vergleich zu (+D), gegenüber (+D)

Les prix ont baissé par rapport à ceux de l'année dernière.	Die Preise sind gegenüber / im Vergleich zu / denen des letzten Jahres gesunken.
avoir un bon rapport qualité-prix	preisgünstig sein
Je ne suis plus en rapport avec lui.	Ich stehe mit ihm nicht mehr in Verbindung.
faire un rapport	Bericht erstatten / einen Bericht abfassen
le rapport d'activité	der Geschäftsbericht
réaliser un bon rapport	einen guten Ertrag / Gewinn / erzielen

l'essence — das Wesen, die Substanz (-en), die Essenz (-en)

essentiel	wesentlich, wichtig
l'essence même d'un être	das Wesen / die Wesenheit / eines Menschen
l'essence même (d'une oeuvre d'art)	die Substanz, der Kern, das eigentliche Anliegen
C'est une différence essentielle.	Das ist ein wesentlicher / grundlegender / Unterschied.
C'est l'essentiel !	Das ist die Hauptsache ! / Das ist das Wichtigste !
Il est bon par essence.	Er ist dem Wesen nach / von Natur aus / gut.
L'essentiel n'est pas tant de savoir si ...	Es kommt nicht so sehr darauf an, ob ...

la quantité — die Menge (-n), die Zahl, die Quantität, die Dosis

Il y a une quantité d'exemples.	Es gibt eine Menge / zahlreiche / Beispiele (dafür).
en grande / petite / quantité	in großen / kleinen / Mengen
la quantité prescrite (d'un médicament)	die vorgeschriebene Dosis (einer Arznei)
Quantité de gens pensent cela.	Jede Menge Leute / viele Leute / denken das.
une valeur quantitative	ein quantitativer (# qualitativer) Wert
Ce n'est pas quantifiable.	Das ist nicht meßbar.
la quantité exacte	die genaue Zahl / Menge
la théorie des quantas	die Quantentheorie

être pourvu de — ausgestattet sein mit (+D), versehen sein mit (+D) versorgt sein mit (+D)

Tous les postes sont pourvus.	Alle Stellen sind besetzt.
Il est pourvu de vêtements chauds.	Er ist mit warmen Kleidern versorgt.
être dépourvu de	ohne (+A) sein, bar (+G) sein, entbehren (+G / A)
dépourvu de toute hypocrisie	bar aller Heuchelei
il est totalement dépourvu de tact	Er entbehrt jeglichen Taktgefühls.
Il m'a pris au dépourvu.	Er hat mich überrascht / überrumpelt.

l'idée — die Idee (-n), der Begriff (-e), der Gedanke (-ns, n)

C'est une bonne idée.	Das ist eine gute Idee.
l'idée principale du texte	der Hauptgedanke des Textes
l'idée même d'espace	der Begriff "Raum" an sich, schon allein der Begriff von Räumlichkeit
l'idée qu'il s'en fait	was er sich darunter vorstellt
Tu ne peux pas t'en faire une idée.	Du machst dir keine Vorstellung davon.
Je n'en ai pas la moindre idée.	Ich habe keine Ahnung davon.
À ce propos, j'ai une idée.	Dabei fällt mir etwas ein.
Ayez une idée !	Lassen Sie sich etwas einfallen !
Je ne partage pas ses idées.	Ich teile seine Ansichten nicht.
Comment peux-tu avoir des idées pareilles ?	Wie kommst du auf solche Gedanken ?
Quelle idée !	Wie kommst du drauf ?
Donne-moi une idée !	Gib mir einen Tip !

le parcours — der Weg (-e), die Strecke (-n), die Fahrt (-en)

le parcours du combattant (fig.)	der Spießrutenlauf
le parcours de santé	der Trimm-dich-Pfad
couvrir un parcours	eine Strecke zurück/legen
en plein parcours	mitten auf der Strecke
être en fin de parcours (fig.)	am Ende sein
un accident de parcours	ein Zwischenfall (-¨e)
l'indicateur (d'un parcours)	der Wegweiser (-)

■ PROGRESSER

1. a) Il est trop tard pour pouvoir changer le cours des choses.
   b) Il est trop tard pour que vous puissiez arriver à l'heure.
   c) Je suis venu pour voir cet artiste dont j'ai beaucoup entendu parler : il passe pour être l'un des plus prometteurs de sa génération.
2. a) L'architecte parle des rapports qui existent entre la publicité et l'art.
   b) Depuis quelque temps, on a eu l'idée d'abolir la notion de salle pour que le visiteur de l'exposition puisse librement choisir son parcours.
   c) Chaque fois que je reviens d'une exposition dont on ne m'avait dit que du bien, je suis un peu déçu.
3. a) Je crois que chacun se fait sa propre idée de ce qu'il appelle une oeuvre d'art.
   b) Je ne connais rien à l'architecture, mais cet entretien entre le journaliste et l'artiste m'a rendu attentif à une foule de choses que jusqu'ici je n'avais tout simplement pas vues.
   c) On n'a pas besoin d'avoir fait des études d'architecture pour voir ce qu'une ville nous dit de son histoire et de ses habitants – il suffit d'être un peu curieux et d'ouvrir les yeux.

7. L'EMPLOI DU TEMPS

L'heure de vérité sonne vers 19 heures. Charles, qui est à son bureau depuis 10 heures, essaie de se souvenir de ce qu'il a fait aujourd'hui. Pendant une bonne minute, aucun souvenir précis ne lui vient. Il n'est pourtant ni malade ni ivre. C'est ainsi presque tous les soirs.

Il a simplement du mal à "focaliser" sur une journée du genre tapis roulant, pendant laquelle il s'est trouvé constamment interrompu. Combien de fois ? Il ne saurait le dire ; d'après les statistiques, ce devait être environ 75 fois. Et ce qu'il voit sur son bureau ne lui fait pas plaisir : deux piles de papiers. Devant lui, le courrier arrivé dans la journée qu'il n'a pas pu lire. Plus loin derrière, le dossier du rapport qu'il devait rédiger aujourd'hui et qu'il n'a pas même pu ouvrir. (...)

Il sait qu'il lui reste encore une demi-heure de travail s'il veut que sa secrétaire trouve le lendemain matin sur son bureau les lettres qu'elle devra taper dès son arrivée. Puis il rentrera, ses papiers sous le bras, avec l'intention de s'y remettre après dîner.

Quand sa femme lui demandera plutôt gentiment, à table : "Qu'as-tu fait de beau aujourd'hui ?", il répondra : "Rien d'important", et ce sera vrai.

Jean-Louis Servan-Schreiber, L'Art du Temps, Fayard, 1983

■ LES MOTS

l'emploi du temps	der Stundenplan (-¨e), der Tagesablauf
l'heure de vérité sonne	die Stunde der Wahrheit schlägt
le bureau	1. das Büro (-s), das Arbeitszimmer (-)
	2. der Schreibtisch (-e)
être ivre	betrunken sein
avoir du mal à	Schwierigkeiten haben, etwas zu tun
j'ai du mal à ...	er fällt mir schwer, ... zu ...
focaliser	ici : sich konzentrieren auf (+A)
le tapis roulant	der Rollteppich (-e), das Fließband
être interrompu	unterbrochen werden, gestört werden
la statistique	die Statistik (-en)
la pile de papiers	der Stoß (-¨e) / der Stapel (-) / von Papieren
le courrier arrivé	die eingelaufene Post
le dossier	das Dossier (-s), die Unterlagen (pl.)

taper des lettres	Briefe (in die Maschine) tippen
avec l'intention de	in der Absicht, ... zu ... (die Absicht, -en), mit dem Vorsatz, ... zu ... (der Vorsatz, ¨e)

■ MAIS ENCORE

depuis	seit (+D)
pendant	während (+G)
tous les soirs (compl.)	jeden Abend, allabendlich
constamment	ständig, pausenlos
combien de fois ?	wie oft ?
je ne saurais le dire	ich wüßte es nicht zu sagen
pas même	nicht einmal
environ	ungefähr, etwa
en fait	tatsächlich, genau genommen
le lendemain	am nächsten Tag, am folgenden Tag
le lendemain matin / soir	am nächsen Morgen / am folgenden Abend
rien d'important	nichts Wichtiges, nichts von Bedeutung

LE POINT DE GRAMMAIRE

● KÖNNEN - WOLLEN - MÖGEN

(sens fondamental et nuances)

1. können

(ich kann, ich konnte, ich habe kommen können (règle du double infinitif !), ich könne (subj. I), ich könnte (subj. II)

→ pouvoir, être capable de

Je ne peux pas soulever ce poids.	Ich kann dieses Gewicht nicht heben.
Je n'en peux plus !	Ich kann nicht mehr !
Quelle idée de penser une chose pareille !	Wie kann man nur so etwas denken !

→ savoir faire qqch

Il ne sait pas lire.	Er kann nicht lesen.
Elle sait tout faire.	Sie kann alles.
C'était du professionnalisme !	Das war gekonnt ! (fam.)

→ une possibilité, une éventualité

Il se peut que je me trompe.	Ich kann mich irren.
Il se pourrait qu'il arrive dès demain.	Es könnte sein, daß er schon morgen kommt.
Je suis dans l'impossibilité de payer mon loyer.	Ich kann meine Miete nicht bezahlen.

→ la permission

Tu peux prendre ma voiture, si tu veux.	Du kannst meinen Wagen nehmen, wenn du willst.
C'est le cas de le dire.	Das kann man wohl sagen.

2. wollen

(ich will, ich wollte, ich habe das nicht gewollt / ich habe es versuchen wollen, ich wolle (subj. I), ich wollte (subj. II)

→ vouloir, avoir l'intention de

Nous sommes décidés d'atteindre ce but.	Wir wollen dieses Ziel erreichen.
Il a l'intention de demander une augmentation de salaire.	Er will um eine Gehaltserhöhung bitten.

J'étais sur le point de sortir.	Ich wollte gerade ausgehen.
J'allais le dire.	Das wollte ich eben sagen.

→ désirer, souhaiter

Il ne sait pas ce qu'il veut.	Er weiß nicht, was er will.
Faites cela comme vous l'entendez.	Machen Sie das, wie Sie wollen.
Ce projet ne lui dit rien.	Dieses Projekt will ihm nicht gefallen.

→ prétendre

Il prétend avoir trouvé ce portemonnaie.	Er will diese Geldbörse gefunden haben.

3. mögen

(ich mag, ich mochte, ich habe ihn nie gemocht / ich habe nicht aufhören mögen (très peu utilisé, on dit plutôt : ich hatte keine Lust, aufzuhören), ich möge (subj. I), ich möchte (subj. II))

→ aimer bien (avec compl. à l'accusatif), désirer

Je n'aime pas beaucoup cette musique.	Ich mag diese Musik nicht besonders.
Il n'aime pas le lait.	Er mag keine Milch.
Je ne l'ai jamais apprécié.	Ich habe ihn nie gemocht.
Je voudrais un renseignement.	Ich möchte bitte eine Auskunft.
J'ai envie d'arrêter.	Ich möchte jetzt aufhören.
Il aimerait venir avec nous.	Er möchte (gern) mit uns kommen.

Mais :

Il aime se promener.	Er geht gern spazieren.
J'aime l'écouter.	Ich höre ihm gern zu.

→ une probabilité

Il y a sans doute du vrai.	Es mag etwas Wahres daran sein.
Ce n'est certes pas faux, mais ...	Das mag wohl stimmen, aber ...
Il se peut que tu aies raison.	Du magst recht haben.
Où peut-il bien être ?	Wo mag er wohl sein ?

→ dans la proposition concessive

Il a beau faire des efforts, il n'avance pas.
Er mag sich noch so bemühen, er kommt nicht weiter. (observez la syntaxe !)
Les hommes politiques ont beau affirmer que ...
Mögen die Politiker auch behaupten, daß ...

● LES COMPLÉMENTS DE TEMPS

(voir aussi page 78)

Une règle simple :

→ tout complément de temps précédé d'une préposition est au datif,
→ tout complément de temps non précédé d'une préposition est à l'accusatif, SAUF : eines Tages (eines Morgens, eines Abends)

Observez :

dans un an / l'année prochaine	in einem Jahr / nächstes Jahr
il y a une semaine / la semaine dernière	vor einer Woche / letzte Woche
ce jour-là / chaque jour	an diesem Tag / jeden Tag

Retenez :

depuis trois jours	seit drei Tagen
il y a trois jours	vor drei Tagen
un jour sur deux	jeden zweiten Tag
à la fin de l'année	am Ende des Jahres

au début de l'année	zu Beginn des Jahres
les années trente	die dreißiger (30er) Jahre
dans les années trente	in den dreißiger (30er) Jahren
le début des années 90	der Anfang der neunziger (90er) Jahre
au début des années 90	am Anfang der 90er Jahre
dans 15 jours	in vierzehn (!) Tagen, in zwei Wochen

● ADVERBES ET LOCUTIONS SPATIALES

L'allemand établit une distinction très nette entre le locatif (= lieu où l'on est = datif) et le directif (= le lieu où l'on va = accusatif)

1. la localisation

(répondant à la question "Wo ... ?" par prépos. +D ou un adverbe simple)

Wo wohnst du ?
Ich wohne in der Stadt / in einem großen Haus / neben meinem Büro ...
Wo steht dieses Wort ?
Hier *(ici)* / da *(là)* / dort *(là-bas)* / oben *(en haut)* / unten *(en bas)* / vorn *(devant)* / hinten *(derrière)*.

2. la direction, le déplacement

(répondant à la question "Wohin ... ? / Wo ... hin ?" par prépos. +A ou un adverbe composé)

Wohin gehst du ? (Wo gehst du hin ?) In die Stadt / in den Wald / ins Kino ...
Wohin stellen wir den Schrank ? Hierher *(par ici)* / dahin *(là-bas)* / nach oben
Wohin gehen wir jetzt ? Hinauf / hinunter / nach hinten / nach vorn / nach draußen (=hinaus) / nach drinnen (= hinein)

Remarques :

→ **her** (rapprochement) / **hin** (éloignement)

Komm her ! Komm heraus ! Komm herauf ! (= vers la personne qui parle)
Geh hin ! Geh hinaus ! Geh hinauf ! (= en s'éloignant de la personne qui parle)

→ Bien sûr, les prépositions régissant le datif ont priorité sur le directif :

Ich fahre nach dem sonnigen Frankreich.
Er kommt zu mir.
Ich gehe zu meiner Tante.

→ Certains verbes, bien qu'apparemment "de mouvement", sont suivis d'un locatif (datif)

Retenez bien :

Je me promène dans la forêt.	Ich gehe im Wald spazieren.
Il est arrivé à la gare.	Er ist am Bahnhof angekommen.
Il est passé devant moi.	Er ist an mir vorbeigegangen.
Le lapin a disparu dans la forêt.	Der Hase ist im Wald verschwunden.
Il s'approche du but.	Er nähert sich dem Ziel.
Il s'est caché derrière la porte.	Er hat sich hinter der Tür versteckt.
Le bateau a sombré dans la mer.	Das Schiff ist im Meer versunken.
Il s'est enfermé dans son appartement.	Er hat sich in seiner Wohnung eingeschlossen.

3. la provenance

(répondant à la question "Woher ... ? / Wo ... her ?".
La préposition employée étant soit "aus" soit "von", la question du cas est réglée : c'est le datif. Observez l'adverbe !

Woher kommst du ? Ich komme aus der Schule / von zu Hause / von meiner Arbeit / aus der Stadt / ... Ich komme von draußen (her) / von weit her / von drinnen / ...

N.B. :

Er kommt aus Frankreich. *(Il est originaire de France ou y a séjourné longtemps.)*

Ich komme (eben) von Deutschland. *(où je n'ai fait que passer)*

4. certaines formes complexes

A titre d'exemple :

Er hat den Kaugummi unten an den Tisch geklebt. *(sur le dessous de la table)*

Es liegt rechts neben dem Spiegel. *(à côté du miroir, à droite)*

Ich habe ihn mitten ins Zimmer gestellt, jetzt steht er mitten im Zimmer. *(au milieu de)*

Weiter hinten auf dem Foto sehen Sie ... *(Plus à l'arrière sur la photo, vous voyez ...)*

Er hat sich von ganz unten hinaufgearbeitet. *(Il est parti de rien et il a réussi.)*

■ TRADUCTION PROPOSEE

Der Stundenplan

Die Stunde der Wahrheit schlägt gegen 19 Uhr. Charles, der seit 10 Uhr morgens in seinem Büro ist, versucht sich an das, was er heute geleistet hat, zu erinnern. Über eine Minute lang fällt ihm überhaupt nichts Präzises ein. Dabei ist er weder krank noch betrunken. Es ist fast jeden Abend so.

Er hat ganz einfach Schwierigkeiten, sich auf einen Arbeitstag der Kategorie "Fließband" zu konzentrieren, an dem er pausenlos unterbrochen worden war. Wie oft ? Er wüßte es nicht zu sagen ; den Statistiken nach dürfte es ungefähr 75 Mal gewesen sein. Und was er auf seinem Schreibtisch sieht, stimmt ihn keineswegs froh : zwei Stapel Papiere. Vor ihm, die am Tag eingelaufene Post, die er nicht hat lesen können. Etwas weiter hinten die Unterlagen für den Bericht, der heute zu schreiben war, und die er nicht einmal angerührt hatte.

Er weiß, daß er noch eine halbe Stunde zu arbeiten hat, wenn er will, daß seine Sekretärin am nächsten Morgen auf ihrem Schreibtisch die Briefe vorfindet, die sie gleich nach ihrer Ankunft tippen soll. Danach wird er seine Akten unter den Arm klemmen und nach Hause gehen, mit dem Vorsatz, nach dem Abendessen daran weiterzuarbeiten.

Wenn seine Frau ihn bei Tisch eher wohlwollend fragen wird : "Was hast du heute Schönes gemacht ?", wird er antworten : "Nichts von Bedeutung", und es wird die reine Wahrheit sein.

■ VARIANTES

Der Tagesablauf

Die Stunde der Wahrheit schlägt gegen 19 Uhr. Charles, der seit 10 Uhr in seinem Büro ist, **versucht sich das, was er heute geleistet hat, ins Gedächtnis zurückzurufen. Mehr als eine Minute lang kommt ihm überhaupt nichts in den Sinn.** Dabei ist er weder krank noch betrunken. **Es ist fast jeden Abend dasselbe.**

Es fällt ihm ganz einfach schwer, sich auf einen Arbeitstag zu konzentrieren, **der wie ein Fließband abgelaufen war und wo man ihn ständig gestört hatte.** Wie oft ? **Er könnte es nicht**

sagen / er wäre unfähig, es zu sagen / ; den Statistiken nach dürfte es etwa 75 Mal gewesen sein. Und **was er da auf seinem Schreibtisch erblickt, ist nicht dazu angetan, ihn heiter zu stimmen / ihn zu ermuntern /**: zwei Stöße von Papieren. Direkt vor ihm **die noch ungelesene Post vom Tag.** Dahinter die Unterlagen für den Bericht, **den er heute schreiben sollte, und die er nicht einmal hat aufschlagen können.**

Er weiß, **daß ihm noch eine halbe Stunde Arbeit bleibt / daß er noch eine halbe Stunde arbeiten muß /**, wenn seine Sekretärin am nächsten Morgen auf ihrem Schreibtisch die Briefe **vorfinden soll, die sie gleich nach ihrer Ankunft zu tippen hat.** Danach wird er mit seinen Akten **unter dem Arm nach Hause gehen, fest entschlossen,** nach dem Abendessen daran weiterzuarbeiten.

Wenn seine Frau ihn bei Tisch eher **freundlich** fragen wird, **was er denn Schönes gemacht habe,** wird er antworten : "**Nichts Besonderes / Nichts Bedeutendes / Nichts Nennenswertes /**", und es wird der Wahrheit entsprechen.

■ LE TOUR DES MOTS

l'heure	die Zeit, die Stunde (-n)
Quelle heure est-il ?	Wieviel Uhr ist es ? Wie spät ist es ?
à 8h30 ; 8h45 ; 8h15	um halb neun ; viertel vor neun ; viertel nach acht
24 heures sur 24	rund um die Uhr
l'heure sonne	die Stunde schlägt
Soyez à l'heure, s'il vous plaît !	Seien Sie bitte pünktlich !
Il n'est jamais à l'heure.	Er kommt immer zu spät.
à l'heure actuelle	zur Zeit
Il est venu à 3 h et est resté 3 heures.	Er ist um 3 Uhr gekommen und ist drei Stunden geblieben.
Il n'est que 6 h !	Es ist erst 6 Uhr !
Je n'ai qu'une demi-heure à vous consacrer.	Ich kann Ihnen nur eine halbe Stunde widmen.
d'heure en heure	von Stunde zu Stunde
C'est l'heure de partir.	Es ist Zeit, zu gehen.
Il est grand temps !	Es ist höchste Zeit !
en une heure	innerhalb einer Stunde (G)
dans une heure	in einer Stunde (D)
rouler à 100 kmh	100 Stundenkilometer fahren
faire des heures supplémentaires	Überstunden machen
le fuseau horaire	die Zeitzone (-n)
trouver	finden (a, u), entdecken, vor/finden
J'ai trouvé cette facture sur mon bureau.	Ich habe auf meinem Schreibtisch diese Rechnung vorgefunden.
J'ai trouvé l'erreur.	Ich habe den Fehler gefunden / entdeckt.
se trouver (qqpart)	sich befinden
Je me trouve dans une situation difficile.	Ich befinde mich in einer schwierigen Lage.
Il se trouve (par hasard) que j'aie le temps.	Es trifft sich, daß ich Zeit habe.
Il se trouve que tout était illusion.	Es stellt sich heraus, daß alles Täuschung war.
Il peut se trouver que ...	Es kann vorkommen, daß ...
Il y trouve son compte.	Er kommt auf seine Rechnung.
Je le trouve très capable.	Ich halte ihn für sehr fähig.
Je suis allé le trouver.	Ich habe ihn aufgesucht.
C'est ce que je trouve aussi.	Das finde / denke / meine / ich auch.
le genre	die Art (-en), die Gattung (-en), die Kategorie
le genre humain	die Menschheit, das Menschengeschlecht
"Katze" est du genre féminin.	"Katze" ist weiblichen Geschlechts (G).
Ce n'est pas mon genre.	Das ist nicht meine Art, das paßt nicht zu mir, das liegt mir nicht.
les différents genres littéraires	die verschiedenen literarischen Gattungen
Quel genre de dessert désirez-vous ?	Was für eine Nachspeise wünschen Sie ?
le genre de vie	die Lebensweise (-n), der Lebensstil (-e)
le plaisir	die Freude (-n), das Vergnügen, der Spaß (-¨e)
faire plaisir à qqn	jdm eine Freude bereiten / machen
gâcher son plaisir à qqn	jdm die Freude verderben (a, o)

se refuser tout plaisir	sich jedes Vergnügen versagen
J'y ai trouvé du plaisir.	Es hat mir Spaß gemacht.
mais avec plaisir !	aber gerne !, aber mit Vergnügen !
Faites-moi le plaisir de vous taire !	Tun Sie mir bitte den Gefallen, zu schweigen !
Ici, vous pouvez crier à plaisir.	Hier könnt ihr nach Herzenslust schreien.
le courrier	1. die Post, die Briefe (pl.), 2. der Bote (-n), der Kurier (le messager)
dépouiller son courrier	seine Post durch/sehen (a, e)
faire son courrier	seine Post / seine Korrespondenz / erledigen
poster une lettre	einen Brief auf/geben (a, e)
Le courrier est distribué 2 fois par jour.	Die Post wird zweimal täglich zugestellt.
le courrier arrivé	die eingelaufene Post
répondre par retour du courrier	postwendend antworten
le courrier express ; en express	die Eilpost ; per Eilpost
le courrier des lecteurs	die Leserbriefe
le rapport	1. der Bericht (-e), 2. die Beziehung (-en), das Verhältnis (-sse),3. der Ertrag (-¨e), der Gewinn
Je dois rédiger un rapport (sur).	Ich muß (über +A) einen Bericht schreiben.
le rapport d'activité	der Geschäftsbericht
le rapport d'expertise	das Gutachten (ein G. ab/geben über +A)
les rapports entre la France et l'Allemagne	die Beziehungen zwischen Frankreich (D) und Deutschland (D)
Il n'y a aucun rapport entre la qualité et le prix.	Die Qualität und der Preis stehen in keinerlei Verhältnis zueinander.
Le rapport (rendement) a été plus grand que prévu.	Der Ertrag war höher als erwartet.
rester	bleiben (ie, ie) (er ist geblieben)
rester chez soi	zu Hause bleiben
Il n'est rien resté (de).	Es ist nichts übrig geblieben (von +D).
Il ne nous reste qu'à recommencer.	Es bleibt uns nichts anderes übrig, als wieder von vorne anzufangen.
Nous avons presque fini : il ne nous reste plus qu'à coller les timbres.	Wir sind fast fertig : wir brauchen nur noch die Briefmarken aufzukleben.
Il ne faut pas en rester là.	Wir dürfen uns nicht damit zufriedengeben, wir müssen weitermachen.
Je suis resté en panne.	Ich konnte nicht mehr weiter.
Je reste court.	Ich habe dazu nicht viel zu sagen, mir fällt dazu nichts ein.

■ PROGRESSER

1. a) Il aurait pu être à l'heure.
   b) N'oublie pas qu'un samedi sur deux, les musées n'ouvrent qu'à dix heures et demi.
   c) Il voit qu'il est l'heure de rentrer et ne sait que faire de tous ces dossiers qu'il n'a pas pu lire.
2. a) J'aime me promener sous la pluie.
   b) Dans les années 70, de nombreuses personnes ont préféré aller habiter à la campagne.
   c) Depuis la fin des années 80, nous assistons à un retour à la ville, car on ne veut plus perdre plusieurs heures par jour dans un train ou dans les embouteillages. (der Stau, -s)
3. a) Je ne sais plus où j'ai bien pu mettre ce document.
   b) Je l'ai cherché partout, dans ma bibliothèque, sur mon bureau, et je l'ai finalement trouvé au milieu d'une pile de journaux.
   c) Je me demande d'où il tient toutes ses informations, car chaque fois qu'il arrive quelque chose, il prétend l'avoir su depuis longtemps.

8. UNE ÉTRANGE RENCONTRE

L'autre jour, il m'est arrivé une drôle d'aventure. Je n'en ai parlé à personne. Vous êtes le premier ... J'étais allé chez ... enfin, dans une grande librairie, chez un grand éditeur d'ouvrages classiques, pour me faire donner un livre, à titre de spécimen, un de ceux qu'ils ne lâchent pas facilement.

L'employé hésite, me demande mon nom, va en référer à un chef. Il revient : "M. Untel désire vous parler". On me conduit à un petit bureau, où se tient un monsieur entre deux âges, dont la tête me dit vaguement quelque chose. Il attend que nous soyons seuls : "Vous êtes bien M. Laulerque que j'ai rencontré chez M. Sampayre ? – Ah ! c'est donc là que ... oui, oui, c'est moi". Il ajoute, assez bizarrement : "J'aimerais avoir un entretien avec vous. Pouvez-vous me recevoir un jour prochain ? Ou préférez-vous venir chez moi ?" Comme j'habite un pigeonnier pas très présentable, je lui réponds que ça ne me dérange pas d'aller le voir. Nous prenons rendez-vous pour le mercredi suivant.

d'après Jules Romains, Les Hommes de bonne volonté, Flammarion, 1973

■ LES MOTS

étrange	seltsam
la rencontre	die Begegnung
l'aventure	das Abenteuer (-)
la librairie	die Buchhandlung (-en)
l'éditeur ; la maison d'édition	der Verleger (-), der Herausgeber ; der Verlag (-e)
le spécimen	das Probeexemplar (-e), das kostenlose Exemplar
lâcher	her/geben (a, e), aus/lassen (ie, a)
hésiter	zögern
en référer à qqn	jdn davon unterrichten
l'entretien	das Gespräch (-¨e), die Unterredung (-en)
déranger (intrusion, bruit)	stören
cela ne me dérange pas d'attendre	es macht mir nichts aus, zu warten
volontiers, si cela ne vous dérange pas	gern, wenn es Ihnen keine Umstände macht
prendre rendez-vous	einen Termin aus/machen, sich verabreden
le pigeonnier	der Taubenschlag, ici : die Dachwohnung (-en)

■ MAIS ENCORE

l'autre jour	neulich, vor kurzem
il me demanda mon nom	er fragte mich nach meinem Namen
Monsieur Untel	Herr Soundso
un homme entre deux âges	ein Mann in mittleren Jahren
une femme d'un certain âge	eine ältere Dame
c'est moi qui ...	ich bin es, der ...

LE POINT DE GRAMMAIRE

● LA TRADUCTION DE "DEMANDER"

1. fragen (+A !) : poser une question

Je me demande si je dois y aller.
Ich frage mich, ob ich hingehen soll.

2. fragen nach (+D), sich erkundigen nach (+D) : s'informer de

Il m'a demandé mon nom / le chemin.
Er hat mich nach meinem Namen / nach demWeg / gefragt.

3. bitten (a, e) um (+A) : demander l'obtention de

Je voudrais vous demander un conseil.
Ich möchte Sie um einen Rat bitten.

4. verlangen : exiger

On ne peut pas demander cela à un enfant !
Das kann man von einem Kind nicht verlangen !

5. beantragen (+A), an/suchen um (+A) : solliciter l'octroi de qqch

J'ai fait une demande de bourse.
Ich habe ein Stipendium beantragt. Ich habe um ein Stipendium angesucht.

● LA TRADUCTION DE "AIMER / PREFERER "

1. avec un complément d'objet : lieben / mögen / vor/ziehen (o, o)

Cet enfant n'aime pas le lait.	Dieses Kind mag keine Milch.
J'aime la nature.	Ich liebe die Natur.
Je préfère la bicyclette à la voiture.	Ich ziehe das Fahrrad dem Auto vor.

2. avec un verbe : etwas gern / lieber / am liebsten / tun

J'aime lire ; j'aime regarder la télévision.	Ich lese gern ; ich sehe gern fern.
Mais je préfère aller au théâtre.	Aber ich gehe lieber ins Theater.
Ce que je préfère (de tout), c'est faire du sport.	Am liebsten treibe ich Sport.

Mais aussi :

J'ai une préférence pour ce peintre.	Ich habe eine Vorliebe für diesen Maler.
Je crois que je préfère le deuxième projet.	Ich glaube, daß ich das zweite Projekt bevorzuge.
Ou bien préférez-vous venir chez moi ?	Oder ziehen Sie es vor, zu mir zu kommen ?

● LES PRONOMS INDEFINIS "EINER / KEINER / WELCHE"

Puis-je avoir ta voiture ? La mienne est au garage.
Kann ich dein Auto haben ? Meines ist in der Reparatur(werkstatt).

Tu ne sais pas conduire la mienne, elle est complètement différente de la tienne.
Du kannst mit meinem nicht fahren, es ist ganz anders als deines.

Tout le monde a une télé. Non, moi je n'en pas, et je n'en aurai jamais !
Alle haben einen Fernseher. Nein, ich habe keinen und werde nie einen haben !

Voulez-vous du sucre ? En voilà.
Wollen Sie Zucker ? Hier ist welcher. (quantité non dénombrable)

J'ai besoin de timbres, en as-tu encore ?
Ich brauche Briefmarken, hast du noch welche ? (pluriel de einer / eine / eines)

Merci pour les photos de F.K. ! J'ai toujours voulu en avoir mais je n'ai jamais pu en trouver.
Danke für die Fotos von F.K. ! Ich wollte schon immer welche haben und habe nie welche finden können.

Retenez bien !

C'est un des meilleurs libraires de la ville.
Er ist einer der besten Buchhändler der Stadt.

L'Allemagne est un des pays les plus performants du monde.
Deutschland ist eines der leistungsfähigsten Länder der Welt.

Je n'ai parlé avec aucun des invités.
Ich habe mit keinem der Gäste gesprochen.

C'est la voiture d'un de mes amis.
Das ist der Wagen eines meiner Freunde.

● LA TRADUCTION DE "VOUS"

Il y a, dans la communication, quatre cas de figure :
- le tutoiement au singulier (du, dir, dich, dein)
- le tutoiement au pluriel (ihr, euch, euer)
- le vouvoiement au singulier (Sie, Ihnen, Ihr)
- le vouvoiement au pluriel (Sie, Ihnen, Ihr).

Le "vous" français exprimant donc le pluriel du tutoiement et le sg. + pl. du vouvoiement (appelé aussi forme de politesse), il s'agit de faire très attention !

Vous avez oublié votre chapeau, Monsieur.
(Mein Herr,) Sie haben Ihren Hut vergessen.

Je vous ai déjà dit, Madame, que vous vous êtes trompée.
(Gnädige Frau,) ich habe Ihnen schon gesagt, daß Sie sich geirrt haben.

Messieurs Dames, je vous demande pardon.
Meine Damen und Herren, ich bitte Sie um Verzeihung.

Je vous ai déjà dit mille fois de ranger vos jouets ! (tutoiement pluriel)
Ich habe euch schon hundertmal gesagt, daß ihr eure Spielsachen aufräumen sollt !

Attention à l'impératif !

Soyez calmes, les enfants, ne faites pas tant de bruit !
Kinder, seid doch ruhig und macht bitte keinen solchen Lärm !

Entrez, Monsieur, et installez-vous !
Kommen Sie herein, mein Herr, und machen Sie es sich bequem !

Soyez tout à fait rassurées, Mesdames !
Meine Damen, Seien Sie völlig beruhigt !

■ TRADUCTION PROPOSEE
Eine seltsame Begegnung

Neulich ist mir etwas ganz Seltsames passiert. Ich habe niemandem davon erzählt. Sie sind der Erste ... Ich war zu ... na ja, in eine große Buchhandlung gegangen, zu einem bekannten Verleger klassischer Werke, um mir, als Probeexemplar, ein Buch geben zu lassen, eines von denen, die sie nicht gern hergeben.

Der Angestellte zögert, fragt mich nach meinem Namen, entfernt sich, um einen Vorgesetzten davon zu unterrichten. Er kommt zurück : "Herr Soundso möchte Sie sprechen". Ich werde an einen kleinen Schreibtisch geführt, hinter dem sich ein Mann in mittleren Jahren befindet, dessen Gesicht mir irgendwie bekannt vorkommt. Er wartet, bis wir unter uns sind: Sind Sie nicht Herr Laulerque, den ich bei Herrn Sampeyre getroffen habe ? Ah, da also war es ... ja, ja, das bin ich". Und irgendwie sonderbar fügt er hinzu : "Ich möchte Sie um eine Unterredung bitten. Können Sie mich in den nächsten Tagen einmal empfangen ? Oder kommen Sie lieber zu mir ?" Da ich in einer nicht sehr präsentablen Dachwohnung lebe, antworte ich ihm, daß es mir keine Umstände macht, zu ihm zu kommen. Wir vereinbaren einen Termin für den folgenden Mittwoch.

■ VARIANTES
Eine seltsame Begegnung

Vor kurzem habe ich ein seltsames Abenteuer erlebt. Ich habe **mit niemandem darüber gesprochen. Sie sind der Erste ... Ich war zu ... na gut,** in eine große Buchhandlung gegangen, zu einem bekannten **Verleger von klassischen Werken,** um mir, **als kostenloses Exemplar, ein Buch zu erbitten,** eines von denen, die sie nicht gern **auslassen / mit denen sie sehr geizen /.**

Der Angestellte zögert, **will meinen Namen wissen,** entfernt sich, **um den Rat eines Vorgesetzten einzuholen.** Er kommt zurück : "Herr Soundso **wünscht Sie zu sprechen".** Man führt mich an einen kleinen Schreibtisch, an dem **ein etwa vierzigjähriger Mann sitzt / steht /,** dessen Gesicht mir **nicht ganz unbekannt ist.** Er wartet, bis wir **allein** sind :"Sie sind doch Herr Laulerque, **dem ich bei Herrn Sampeyre begegnet bin ?** Ah, da also habe ich ... ja, ja, das bin ich". Und **in einem seltsamen Tonfall** fügt er hinzu : "**Ich hätte gern mit Ihnen gesprochen / Ich möchte eine Unterredung mit Ihnen haben /.** Können sie mich in den nächsten Tagen einmal empfangen ? **Oder ziehen Sie es vor, zu mir zu kommen ?**" Da ich in einer Dachwohnung lebe, **die ich nicht gern zeige,** antworte ich ihm, **daß es mir nichts ausmacht,** zu ihm zu kommen. **Wir verabreden uns für den kommenden Mittwoch.**

■ LE TOUR DES MOTS

la rencontre — die Begegnung (-en), das Treffen (-)
aller à la rencontre de qqn — jdm entgegen/gehen, auf jdn zu/gehen (i, a, ist)
je l'ai rencontré — ich habe ihn getroffen, ich bin ihm begegnet
la rencontre au sommet — das Gipfeltreffen, die Gipfelkonferenz
le lieu de rencontre — der Treffpunkt (-e)

autre ; l'autre — anders ; der andere
de temps à autre — von Zeit zu Zeit, ab und zu
d'un jour à l'autre — von einem Tag auf den andern, von heute auf morgen

un jour ou l'autre — irgendwann einmal
l'autre jour (compl. temps) — neulich, vor kurzem
Venez un autre jour. — Kommen Sie an einem anderen Tag.
La situation est tout autre aujourd'hui. — Die Situation ist heute ganz anders.
autrement dit, il a ... — anders gesagt, er hat ... ; mit anderen Worten, er hat ...

autre part, ailleurs (locatif) — anderswo
C'est tout à fait autre chose. — Das ist etwas ganz anderes.

arriver — 1. an/kommen (a, o, ist) in (+D) / an (+D)
2. geschehen (a, e, ist), vor/kommen, passieren

Il est arrivé au but. — Er ist am Ziel angekommen.
Cela arrive souvent. — So etwas kommt häufig vor.
Il m'est arrivé qqch de bizarre. — Mir ist etwas Seltsames passiert.
Et ce qui devait arriver arriva. — Und was geschehen mußte, geschah.

chez ...
M. X. est-il chez lui ? — Ist Herr X. zu Hause ?
Il ne rentre pas chez lui ce soir. — Er kommt heute abend nicht nach Hause.
Je vais chez le dentiste. — Ich gehe zum Zahnarzt.
Je l'ai rencontré chez mes amis. — Ich bin ihm bei meinen Freunden begegnet.

l'éditeur — der Verleger (-), der Herausgeber (-)
la maison d'édition — der Verlag (-)
éditer un livre — ein Buch heraus/geben (a, e)
C'est la 3e édition de l'ouvrage. — Das ist die dritte Auflage (-n) dieses Werks.
l'édition du soir d'un journal — die Abendausgabe (-n) einer Zeitung

hésiter — zögern
À force d'hésiter, il a ... — Vor lauter Zögern hat er ...
J'hésite à vous donner cet accord. — Ich bin unschlüssig darüber, ob ich Ihnen diese Zusage geben soll.

J'hésite entre ... et ... — Ich schwanke zwischen ... (+D) und ... (+D)

sans hésitation	ohne zu zögern, ohne Bedenken, spontan
Nous avons trop hésité.	Wir haben zu lange gezögert.
référer (à qqn de qqch)	jdm Bericht erstatten über (+A), jdn benachrichtigen von (+D), jdn unterrichten von
se référer à qqch	sich auf etwas (A) beziehen (o, o)
se référer à qqn	sich auf jemanden berufen ie, a)
citer ses références	seine Quellen an/geben (a, e)
désirer	wünschen, mögen, ersehnen, wollen
Il désire vous parler	Er möchte Sie sprechen, er wünscht Sie zu sprechen.
Désirez-vous autre chose ?	Wünschen Sie sonst noch etwas ?
l'objet tant désiré	der (heiß) ersehnte Gegenstand
indésirable	unerwünscht
Que désirer de plus ?	Was will man mehr ?
l'entretien	die Unterredung (-en), das Gespräch (-e) das Interview (-s)
demander un entretien à qqn	jdn um eine Unterredung bitten (a, e)
accorder un entretien à qqn	jdm eine Unterredung gewähren
lors de notre dernier entretien	anläßlich unseres letzten Gesprächs
entretien du SPIEGEL avec M. X.	SPIEGEL-Gespräch mit Herrn X.
s'entretenir avec qqn au sujet de ...	sich mit jdm über (+A) unterhalten (ie, a)
le rendez-vous	der Termin (-e), die Verabredung (-en) das Rendez-vous (d'amoureux seulement !)
prendre rendez-vous pour le ...	einen Termin vereinbaren für den ..., einen Termin aus/machen für den ..., sich verabreden für den ...
J'avais rendez-vous à 6 heures.	Ich war für 6 Uhr verabredet, ich sollte um 6 Uhr da sein.
respecter / manquer un rendez-vous	einen Termin ein/halten (ie, a) / versäumen
un lieu de rendez-vous très populaire	ein sehr beliebter Treffpunkt

■ PROGRESSER

1. a) J'ai l'impression de vous connaître, d'avoir déjà parlé avec vous.
   b) Ne me dites pas que vous n'avez pas le temps ! Je voudrais vous présenter à votre futur chef. Venez, il est dans son bureau.
   c) Vous m'avez demandé de venir vous apporter le livre dont nous avons parlé l'autre jour, mais vous ne m'avez pas donné de rendez-vous précis. Serez-vous chez vous jeudi prochain, à 7 heures et demi ? Ou préférez-vous un autre jour ?
2. a) Tu veux savoir qui c'était ? Un inconnu qui m'a demandé depuis quand j'habitais cet appartement.
   b) Comme il ne s'était pas présenté et que je le trouvais très bizarre, je ne lui ai pas répondu.
   c) J'essaie de m'imaginer ce que tu aurais fait à ma place; te connaissant, je pense que tu l'aurais invité à prendre un verre pour lui montrer que tu n'avais pas peur de ce genre de visiteurs.
3. a) C'est un des meilleurs livres de l'année.
   b) J'aimerais le lire mais j'attends qu'il soit édité en livre de poche.
   c) Hier, j'ai eu un long entretien avec un de vos collègues dont j'ai malheureusement oublié le nom, mais dont je puis vous dire qu'il vous admire beaucoup.
   d) Elle se plaint de ce que ses enfants n'aiment pas lire – il faut dire qu'elle leur achète des livres qui ne les intéressent pas et je comprends qu'ils préfèrent regarder la télévision !

9. DU SILENCE

Considéré comme vertu cardinale dans les cultures asiatiques, le silence a peu à peu disparu de notre société, chassé par la culpabilité des silencieux supposés, depuis la maternelle, ne pas connaître la réponse. Dès l'école primaire, l'élève "brillant" est celui qui lève le doigt, qui a toujours quelque chose à dire.

Dans le monde de l'entreprise, en revanche, accaparer la parole représente une grave erreur. Celui qui parle à mauvais escient s'expose doublement. D'une part, il transmet des informations verbales et non verbales, d'autre part, tant qu'il parle, il ne réfléchit point. Connais-tu l'histoire de cette entreprise wallone dont les responsables avaient affiché sur la façade une banderole proclamant : "Ici, on parle français" ? Sa concurrente flamande avait répondu par une banderole tout aussi imposante sur laquelle on pouvait lire : "Ici, on travaille".

Le silence est la première habitude qu'il te faudra acquérir, c'est une qualité tous terrains qui te rendra de précieux services.

d'après Pierre Sahnoun, Conseils au Jeune Guerrier, Ed. First, 1990

■ LES MOTS

le silence ; se taire	ici : das Schweigen ; schweigen (ie, ie)
être silencieux	schweigsam / wortkarg / sein
la vertu	die Tugend (-en)
la culpabilité	das Schuldgefühl, das Schuldbewußtsein
la maternelle ; l'école primaire	der Kindergarten (-¨) ; die Grundschule (-n)
lever le doigt (école)	auf/zeigen, sich zu Wort melden
accaparer la parole	das Wort an sich reißen (i, i)
wallon ; flamand	wallonisch ; flämisch
afficher	an/schlagen (u, a)
la banderole	das Transparent (-e)
imposant	eindrucksvoll
la qualité (caractère)	die Eigenschaft, die Tugend
rendre de bons services	gute Dienste leisten

■ MAIS ENCORE

en revanche	dagegen, hingegen, aber (postposé : er aber ...)
à mauvais escient	zur unrechten Zeit, zum ungelegenen Zeitpunkt
d'une part ... d'autre part	einerseits ... andererseits ; zum einen ... zum anderen
tout aussi grand	ebenso groß wie, genau so groß wie

LE POINT DE GRAMMAIRE

● LA TRADUCTION DE "ON"

Le "man" allemand est beaucoup plus général que le "on" français qui, lui, s'emploie fréquemment pour un groupe de personnes donné qui inclut le locuteur. En allemand, "on" est souvent rendu par la voix passive.

On ne fait pas une chose pareille ! (Cela ne se fait pas !)	Man tut so etwas nicht !
On ne doit cependant pas oublier que ...	Man darf aber nicht vergessen, daß ...
Comme on fait son lit, on se couche.	Wie man sich bettet, so liegt man.
Ici, on ne fume pas !	Hier wird nicht geraucht !
Ce soir, on fait la fête.	Heute abend wird gefeiert.

N.B. le sujet impersonnel du passif, "es", ne figure qu'en première position. Si cette première place est occupée par un complément ou un adverbe, le "es" disparaît :

Es wird hier nicht geraucht.	Hier wird nicht geraucht.

● LA DECLINAISON DE "MAN"

Comme le "on" français, le "man" allemand ne se décline pas. Mais là où le français passe au "vous", l'allemand emploie le pronom indéfini : einen (A), einem (D).

On ne dit pas une chose pareille.   So etwas sagt man nicht. (Nominatif)
Cela ne peut que vous étonner.   Das kann einen nur erstaunen. (Accusatif)
Cela vous fait forcément peur.   Das muß einem doch angst machen. (Datif)

● LA TRADUCTION DE "COMME"

1. da (conjonction)

Comme il ne parle pas flamand, il ne peut pas comprendre le jeu de mots.
Da er nicht flämisch spricht, kann er das Wortspiel nicht verstehen.

2. wie (comparaison)

Il parle comme un prof.
Er redet wie ein Lehrer.

C'est comme je vous le dis.
Es ist, wie ich es (Ihnen) sage.

Comme je vous l'ai déjà dit, il est parti.
Wie ich es Ihnen schon gesagt habe : er ist weg.

3. als (en tant que, en qualité de)

Il travaille dans cette entreprise comme gardien de nuit.
Er arbeitet als Nachtwächter in diesem Betrieb.

● LA TRADUCTION DE : PAR CONTRE – EN REVANCHE – AU CONTRAIRE

Les enfants, par contre, étaient fascinés.
Die Kinder aber waren begeistert. ("aber" postposé)

Dans le domaine de l'art, en revanche, il est très calé.
Auf dem Gebiet der Kunst jedoch / dagegen / hingegen / ist er sehr bewandert.

En revanche, dans la vie professionnelle, il vaut mieux se taire.
Im Gegensatz dazu ist es im Berufsleben besser, zu schweigen.

Attention à "im Gegenteil"! C'est une interjection :

Vous ne me dérangez pas, au contraire !   Sie stören mich nicht, im Gegenteil !
Il n'était nullement irrité, au contraire, il était très content.   Er war keineswegs verärgert, im Gegenteil, er hat sich sehr gefreut.

● LA CONSTRUCTION PARTICIPIALE

Elle peut être traduite en allemand par :

→ une subordonnée conjonctive

S'étant déjà trompé trois fois, il m'a, cette fois, demandé conseil.
Da er sich schon drei Mal geirrt hatte, hat er mich diesmal um Rat gefragt.

Ayant obtenu cette réponse négative, il s'adressa à la concurrence.
Nachdem er diese negative Antwort erhalten hatte, ging er zur Konkurrenz.

Me reconnaissant tout à coup, il vint vers moi.
Als er mich plötzlich erkannte, kam er auf mich zu.

Arrivé au feu rouge, vous tournerez à gauche.
Wenn Sie an der Ampel angelangt sind, biegen Sie nach links ab.

→ **un groupe qualificatif**
Désaffectée depuis des années, cette usine va enfin être démolie.
Diese seit Jahren stillgelegte Fabrik soll endlich abgerissen werden.

→ **une participiale (participe à la fin du groupe)**
A peine arrivé, il fut assailli de questions.
Kaum angekommen, wurde er mit Fragen überschüttet.
Interrogé sur son avis, il se contenta de sourire.
Nach seiner Meinung gefragt, gab er nur ein Lächeln zur Antwort.

Construction particulière :
Il prit cette décision, convaincu (qu'il était) d'être soutenu par ses collègues.
Er traf diese Entscheidung, überzeugt (wie er war), daß seine Kollegen ihn unterstützen würden.

■ TRADUCTION PROPOSEE
Über das Schweigen

In den asiatischen Kulturen als höchste Tugend angesehen, ist das Schweigen nach und nach aus unserer Gesellschaft verschwunden. Es wurde vom Schuldgefühl der Wortkargen verdrängt, von denen seit dem Kindergarten angenommen wird, daß sie die Antwort nicht wissen. Schon in der Grundschule ist der Vorzugsschüler derjenige, der aufzeigt, der immer etwas zu sagen hat.

In der Welt des Unternehmens jedoch ist es ein großer Irrtum, ständig das Wort an sich zu reißen. Derjenige, der zum ungelegenen Zeitpunkt spricht, begibt sich doppelt in Gefahr. Einerseits vermittelt er verbale und nicht verbale Informationen, andererseits überlegt er nicht, solange er spricht.

Kennst du die Geschichte dieses wallonischen Betriebs, dessen Leiter an der Frontwand ein Transparent angeschlagen hatten, auf dem geschrieben stand : "Hier wird französisch gesprochen" ? Die flämische Konkurrenz hatte darauf mit einem ebenso eindrucksvollen Transparent geantwortet, auf dem zu lesen war : "Hier wird gearbeitet".

Schweigen können ist die erste Eigenschaft, die du dir wirst angewöhnen müssen, es ist eine Fähigkeit, die sich in allen Lebenslagen bewährt und die dir wertvolle Dienste leisten wird.

■ VARIANTES
Über das Schweigen

Das Schweigen, welches in den asiatischen Kulturen als höchste Tugend geschätzt / betrachtet / wird, ist nach und nach aus unserer Gesellschaft verschwunden. Es wurde vom Schuldgefühl der **Schweigsamen aus der Welt geschafft, die man schon im Kindergarten verdächtigte,** die Antwort nicht zu wissen. Schon in der Grundschule ist **der glänzende Schüler** derjenige, **der sich zu Wort meldet,** der immer etwas zu sagen hat.

In der Welt des Unternehmens **dagegen stellt es einen großen Irrtum dar / bedeutet es einen schweren Fehler /, ständig das Wort zu ergreifen / immerfort zu sprechen /.** Derjenige, der zum ungelegenen Zeitpunkt spricht, **geht ein doppeltes Risiko ein. Zum einen, weil** er verbale und nicht verbale Informationen vermittelt, **zum andern,** weil er nicht denkt, solange er spricht.

Kennst du die Geschichte **dieser wallonischen Firma, deren Leiter ein Transparent an die Wand gehängt hatten,** auf dem geschrieben stand : "Hier wird französisch gesprochen" ? Die flämische Konkurrenz hatte darauf mit einem ebenso eindrucksvollen Transparent geantwortet, auf dem zu lesen war : "Hier wird gearbeitet".

Schweigen ist die erste Gewohnheit, die du dir wirst aneignen müssen, es ist eine Tugend, die dir immer und überall von großem Nutzen sein wird / sehr nützlich sein wird /.

■ LE TOUR DES MOTS

considérer	beachten, überlegen, schätzen ...
Il est considéré comme le meilleur.	Er gilt als der Beste.
Cette qualité est considérée comme la plus importante.	Diese Eigenschaft wird als die wichtigste betrachtet / angesehen.
C'est un homme bien considéré dans son milieu.	Es ist ein in seinen Kreisen sehr geschätzter Mann.
Tout bien considéré, il vaut mieux se taire.	Alles wohl erwogen, ist es besser, zu schweigen.
Il faut considérer les deux aspects. (prendre en compte, tenir compte de)	Man muß beide Aspekte in Betracht ziehen, beide Aspekte sind zu berücksichtigen.
Il y a eu des pertes considérables.	Es wurden beträchtliche Verluste verzeichnet.
C'est une réussite considérable.	Das ist ein beachtlicher / bedeutender / Erfolg.
disparaître	verschwinden (a, u, ist)
Ce concept a disparu de notre langue.	Dieser Begriff ist aus unserer Sprache verschwunden.
Le mot a disparu du tableau.	Das Wort ist von der Tafel verschwunden.
Il a été porté disparu.	Er gilt als / er ist / verschollen.
Où a-t-il encore disparu ?	Wohin ist er schon wieder verschwunden ?
Le lièvre a disparu dans la forêt.	Der Hase ist im Wald (D !) verschwunden.
Faites disparaître ce document !	Lassen Sie dieses Dokument verschwinden !
supposer	an/nehmen, vermuten, voraus/setzen
Je suppose qu'il est parti en voyage.	Ich nehme an, daß er verreist ist.
en supposant qu'il vienne	vorausgesetzt, er kommt (condition) angenommen, er kommt/gesetzt den Fall /, er kommt (hypothèse)
C'est une faculté supposée acquise.	Diese Fähigkeit wird (als erworben) vorausgesetzt.
Il est supposé venir demain.	Er soll (eigentlich) morgen kommen.
lever	heben (o, o) ...
lever la main	die Hand heben
lever le doigt	auf/zeigen, sich zu Wort melden
lever une séance	eine Sitzung schließen (o, o)
lever le siège / un interdit	eine Belagerung / ein Verbot / auf/heben
lever les yeux vers qqn	zu jdm auf/blicken
se lever	auf/stehen (stand, gestanden), auf/gehen (i, a)
Le soleil se lève / se couche.	Die Sonne geht auf / unter.
se lever de son siège	von seinem Sitz auf/stehen (a, a)
Je me lève tous les jours à 6 heures.	Ich stehe jeden Tag um 6 Uhr auf.
C'est un lève-tôt.	Er ist ein Frühaufsteher.
Le temps se lève.	Das Wetter hellt sich auf.
la parole	das Wort, das gesprochene Wort
prendre la parole	das Wort ergreifen (i, i)
Le temps de parole est écoulé;	Die Redezeit ist abgelaufen.
tenir parole	Wort halten
Il s'empare de la parole.	Er reißt das Wort an sich.
Il me coupe constamment la parole.	Er fällt mir dauernd / ständig / ins Wort.
parole d'honneur !	Ehrenwort !
Tu es fou, ma parole !	Du spinnst wohl !
s'exposer	sich (+D) aus/setzen
s'exposer à un risque	ein Risiko ein/gehen (i, a, ist)
s'exposer à un danger	sich einer Gefahr aus/setzen
Il n'a jamais exposé ses dessins.	Er hat seine Zeichnungen noch nie ausgestellt. (die Ausstellung, -en)
Il a fait un exposé brillant.	Er hat einen ausgezeichneten Vortrag gehalten, er hat ein hervorragendes Referat gehalten. (das Referat, -e : contexte scolaire ou universitaire)
Les revues sont exposées dans le hall.	Die Zeitschriften liegen in der Halle aus.
Cette photo est surexposée / sousexposée.	Dieses Foto ist überbelichtet / unterbelichtet.

transmettre	übertragen (u, a), weiter/geben (a, e), vermitteln
Veuillez transmettre (faire passer) cette information à vos collègues.	Geben Sie diese Information bitte an Ihre Kollegen weiter.
Ce match a été retransmis en direct.	Dieses Spiel wurde direkt / life / übertragen
C'est de la transmission de pensée !	Das ist Gedankenübertragung !
Qui vous a transmis ces renseignements ?	Wer hat Ihnen diese Auskünfte vermittelt ?
acquérir	erwerben (a, o), kaufen, erstehen, sich an/eignen
Il y a certaines connaissances à acquérir.	Man muß sich gewisse Kenntnisse aneignen.
Il a acquis une notoriété.	Er hat (sich) einen guten Ruf erworben.
J'ai pu acquérir cette maison à ce moment-là.	Damals habe ich dieses Haus kaufen können, damals konnte ich dieses Haus erstehen.
C'est désormais acquis.	Das ist nun sicher, das steht nun fest, das kann als erworben gelten.

■ **PROGRESSER**

1. a) Tout dire peut être une grave erreur.
   b) On ne saura jamais qui a fait le texte de cette banderole.
   c) C'est une erreur de croire que celui qui parle le plus a aussi réfléchi le plus sérieusement à la question.
2. a) C'était écrit dans le journal hier.
   b) Pourriez-vous vérifier (nach/prüfen) si les nouveaux horaires de travail ont bien été affichés dans le hall d'entrée ?
   c) Je n'ai pas à vous donner de conseils ; permettez-moi cependant de vous dire que vous ne devriez pas prendre trop de risques dans cette affaire.
   d) Ayant été empêché d'assister à la réunion, il m'a prié de lui faire un rapport écrit précis.
3. a) On dit souvent (passif) que les produits les plus chers ne sont pas forcément les meilleurs.
   b) Il est de ceux qui, (une fois) arrivés à la tête de leur entreprise, ne saluent plus personne.
   c) Il n'est point interdit de prendre la parole, au contraire, je vous serais très reconnaissant de me donner votre avis de temps en temps.

10. L'ARNAQUE PAR CORRESPONDANCE

Une société de télé-achat aux États-Unis, une agence de mannequins ou encore une mine d'or au Canada, tout est bon pour qui veut faire fortune en Bourse. Ou plutôt pour qui veut attirer l'épargnant vers des valeurs inconnues mais aux gains particulièrement prometteurs. Une lettre confidentielle, une conversation téléphonique quelques jours plus tard et le tour est joué. Le chaland attiré par ces titres fabuleux verse de l'argent dont il ne verra jamais plus la couleur, pas plus que les actions achetées. Les sommes iront enrichir un de ces réseaux internationaux d'escrocs qui prospèrent depuis de nombreuses années en vendant des "actions fantômes". (...)

L'une des victimes, tout en sachant parfaitement qu'elle discute au téléphone avec des margoulins, n'en est pas moins fascinée et n'hésite pas à investir dans Champion Gold, une mine d'or canadienne cotée à la Bourse d'Alberta. La seule perspective de gains suffit à fermer le piège sur le nouveau "client". Il ne lui en faut pas plus pour acheter massivement des titres d'une société lointaine. Trop lointaine pour qu'il puisse aller la voir sur place. Dommage, car la mine a fermé ses portes depuis 1940 ...

d'après Dominique Gallois, Le Monde, 26 mars 1990

■ LES MOTS

l'arnaque ; arnaquer	der Betrug ; betrügen (o, o)
le télé-achat	der Fernverkauf
l'agence	die Agentur (-en)
la mine d'or	die Goldgrube (-n), das Goldbergwerk
la Bourse	die Börse
attirer	an/locken, ködern (appâter)
les valeurs, les titres (Bourse)	die Wertpapiere (pl.) (der Wert, -e)
prometteur	vielversprechend
confidentiel	vertraulich, persönlich gehalten
verser de l'argent	Geld ein/zahlen, Geld überweisen (ie, ie)
l'action (Bourse)	die Aktie (-n)
le fantôme	der Geist (-er), das Gespenst (-er)
la victime	das Opfer (-)
être coté à la Bourse	an der Börse notiert sein
le piège	die Falle (-n)

■ MAIS ENCORE

ou plutôt	oder eher, oder vielmehr
pas plus que	ebensowenig wie
le tour est joué	die Sache ist gelaufen
il ne lui en faut pas plus	mehr braucht er nicht
massivement	massiv, in Mengen, mengenweise
sur place	an Ort und Stelle, vor Ort
dommage !	schade !

LE POINT DE GRAMMAIRE

● LE GROUPE QUALIFICATIF

désigne les compléments de l'adjectif épithète (où d'un participe devenant épithète) dans un groupe nominal. Ces compléments précèdent l'adjectif qui, lui, se décline normalement.

Observez :

un client fidèle	ein treuer Kunde
un client attiré par le gain	ein vom Gewinn angelockter Kunde
le client heureux	der glückliche Kunde
le client attendant la réponse	der auf Antwort wartende Kunde
les mines d'or fermées	die geschlossenen Goldgruben
les mines d'or inexploitées depuis 20 ans	die seit 20 Jahren stillgelegten Goldgruben

Attention aux verbes de position : stehen, liegen, sitzen, hängen ! (liegen = être couché : couché = étant couché = liegend)

l'enfant couché dans l'herbe	das im Gras liegende Kind
les mots inscrits au tableau	die an der Tafel stehenden Wörter

● VERBES AVEC UN COMPLÉMENT AU DATIF

En allemand, un certain nombre de verbes exigent un complément au datif (généralement une personne), alors qu'en français, ce complément est à l'accusatif. En voici les plus fréquents :

jdm begegnen (ist)	*(rencontrer qqn)*	jdm danken	*(remercier qqn)*
jdm folgen (ist)	*(suivre qqn)*	jdm glauben	*(croire qqn)*
jdm helfen (a, o)	*(aider qqn)*	jdm widersprechen (a, o)	*(contredire qqn)*
jdm zu/hören	*(écouter qqn)*	jdm gratulieren	*(féliciter qqn)*

jdm drohen   *(menacer qqn)*   jdm bei/stehen (a, a)   *(assister qqn)*
jdm dienen   *(servir qqn)*   etc.

Je l'ai rencontré hier.   Ich bin ihm gestern begegnet.
Il les a remerciés.   Er hat ihnen gedankt.
Ce chien m'a toujours suivi partout.   Dieser Hund ist mir immer überallhin gefolgt.
Il faut aider ces personnes.   Man muß diesen Personen helfen.
Ne me contredis pas sans cesse !   Widersprich mir nicht immer !
Je vous ai écouté attentivement.   Ich habe Ihnen aufmerksam zugehört.

Attention à la voix passive : le complément au datif ne saurait devenir sujet !

On peut l'aider.   Es kann ihm geholfen werden.
On ne peut pas aider cet homme.   Diesem Mann kann nicht geholfen werden.
On l'a violemment contredit.   Es wurde ihm heftig widersprochen.
Pourquoi ne me croit-on jamais ?   Warum wird mir nie geglaubt ?

● SOLCH EIN – EIN SOLCHER – SOLCHE

Observez :

Je n'ai jamais entendu pareille bêtise !
Ich habe noch nie solch einen (so einen) Unsinn gehört ! (invariable)

Je n'ai jamais commis une telle erreur.
Ein solcher Irrtum ist mir noch nie unterlaufen. (marques de l'adjectif)

De telles choses ne devraient pas se produire !
Solche Dinge dürften nicht passieren ! (pluriel : marque de l'article)

Vous devriez être conscient de ce genre de dangers !
Sie sollten sich solcher Gefahren bewußt sein ! (pluriel : marque de l'article)

■ TRADUCTION PROPOSEE

Betrug per Post

Eine Fernverkaufsgesellschaft in den Vereinigten Staaten, eine Fotomodell-Agentur oder aber eine Goldgrube in Kanada : alles ist demjenigen recht, der an der Börse ein Vermögen machen will. Oder vielmehr, der den Sparer für unbekannte aber ganz besonders gewinnversprechende Wertpapiere ködern will. Ein sehr persönlich gehaltener Brief, dem einige Tage danach ein Telefongespräch folgt, und schon ist die Sache gelaufen. Der von den sagenhaften Wertpapieren angelockte Kunde überweist eine Geldsumme, die er nie wieder zu Gesicht bekommt, ebensowenig wie die erworbenen Aktien. Die Geldsummen werden das Vermögen eines dieser internationalen Gaunernetze vergrößern, die seit vielen Jahren mit dem Verkauf solcher "Geisteraktien" blühende Geschäfte machen. (...)

Eines der Opfer, das sich während des Telefongesprächs völlig bewußt ist, es mit Schwindlern zu tun zu haben, ist darum nicht weniger verblendet und investiert ohne zu zögern in Champion Gold, ein an der Börse von Alberta notiertes kanadisches Goldbergwerk. Allein die Aussicht auf Gewinne genügt, den neuen "Kunden" in die Falle zu locken. Mehr braucht er nämlich nicht, um massiv Wertpapiere einer sehr weit entfernten Gesellschaft zu kaufen. Zu weit, als daß er sie sich an Ort und Stelle ansehen könnte. Schade, denn die Goldgrube ist seit 1940 außer Betrieb ...

■ VARIANTES
Betrug per Post

Eine Fernverkaufsgesellschaft **in den USA**, eine Fotomodell-Agentur, oder auch eine Goldgrube in Kanada : alles ist demjenigen recht, der an der Börse ein Vermögen machen will. Oder vielmehr, **der den Sparer mit zwar** unbekannten, **doch** besonders **einträglichen** Wertpapieren **anlocken** will. Ein **vertraulicher** Brief, dem **einige Tage später** ein Telefongespräch folgt, und die Sache **klappt**. Der von den **traumhaften** Wertpapieren angelockte Kunde überweist eine Geldsumme, die er nie wieder zu Gesicht bekommt, ebensowenig wie die **gekauften / erstandenen /** Aktien. Die Geldsummen werden das Vermögen einer dieser internationalen **Betrügerorganisationen** vergrößern, **die seit vielen Jahren florieren, indem sie "Geisteraktien" verkaufen.**

Eines der Opfer, das während des Telefongesprächs **wohl bewußt ist, daß es mit Gaunern / Schwindlern / diskutiert**, ist dennoch fasziniert und investiert bedenkenlos in Champion Gold, ein kanadisches Goldbergwerk, **das an der Börse von Alberta notiert ist. Schon** die Aussicht auf Gewinne genügt, um den neuen "Kunden" in die Falle zu locken. Mehr braucht er nicht, **um eine große Zahl von / Unmengen von / Wertpapieren** einer entfernten Gesellschaft zu kaufen. **Zu weit entfernt, als daß er sich selbst von ihrer Existenz überzeugen könnte.** Schade, denn das Goldbergwerk hat seit 1940 seine Tore geschlossen ...

■ LE TOUR DES MOTS

l'arnaque	der Betrug (sg.), der Schwindel, die Gaunerei (-en)
l'escroc	der Betrüger (-), der Gauner (-), der Schwindler (-)
le margoulin	der Börsenjobber, der Schwindler
arnaquer qqn	jemanden beschwindeln, jdn betrügen, jdn ums Ohr hauen (fam), jdn hinein/legen
escroquer de l'argent à qqn	jemanden um Geld prellen
J'ai été bien eu !	Ich wurde ganz schön reingelegt !
la correspondance	der Briefwechsel, der Schriftverkehr
le correspondant	der Briefpartner, der Korrespondent (-en, -en)
le correspondant commercial	der Geschäftspartner, der Handelspartner
la vente par correspondance	der Versandhandel, der Verkauf nach Katalog
les cours par correspondance	der Fernunterricht
correspondre avec qqn	mit jemandem in Briefwechsel stehen
la fortune	das Glück, das Vermögen, der Reichtum
la roue de la fortune	das Glücksrad (drehen)
faire fortune	ein Vermögen erwerben, Riesengewinne erzielen, das große Geld machen (fam.)
l'impôt sur la fortune	die Vermögenssteuer
un homme fortuné	ein vermögender / wohlhabender / reicher / Mann
téléphoner à quelqu'un	jemanden an/rufen
la communication téléphonique	das Telefongespräch (-e) (das Telefon, -e)
Je l'ai eu au téléphone hier.	Ich habe gestern mit ihm telefoniert.
télé-achat	der Fernverkauf
la téléréservation	die Fernbuchung (-en)
une commande téléphonique	eine fernmündliche / telefonische / Bestellung (-en)
le service téléphonique	der Telefondienst
Il suffit d'appeler !	Anruf genügt ! (der Anruf, -e)
le répondeur téléphonique	der Anrufbeantworter
épargner	sparen
épargner de l'argent	Geld sparen, Geld auf die Seite legen, Geld auf die hohe Kante legen (fam.)
l'épargne	das Sparwesen, die Spargelder (pl.)
l'épargnant	der Sparer (-)
les petits épargnants	die Kleinsparer
la caisse d'épargne ; le livret d'épargne	die Sparkasse (n) ; das Sparbuch (-̈er)
le taux d'épargne	die Sparquote
épargner un adversaire	einen Gegner schonen

le tour est joué	die Sache ist gelaufen
Il a plus d'un tour dans son sac.	Er ist mit allen Wassern gewaschen.
faire le tour de la question	alle Aspekte der Sache beachten / betrachten / ins Auge fassen
jouer un tour / des tours / à qqn	jdm einen Streich spielen
C'est ton tour.	Du bist dran, du bist an der Reihe.
l'action (bourse)	die Aktie (-n)
la société par actions (S.A.)	die Aktiengesellschaft (-en) (AG)
l'actionnaire	der Aktieninhaber (-), der Aktionär (-e)
le titre (bourse)	das Wertpapier (-e), die Effekten (pl.)
les titres cotés en bourse	die an der Börse notierten Wertpapiere
le titre de noblesse	der Adelstitel
à juste titre	zu Recht
Je vous dis cela à titre d'information.	Ich sage Ihnen das zu Ihrer Information.
le réseau	das Netz (-e)
le réseau câblé	das Kabelnetz
le réseau routier	das Straßennetz
le réseau de distribution	das Vertriebsnetz (der Vertrieb, sg.)
prospérer	gedeihen (ie, ie, ist), blühen
la prospérité	der Wohlstand
la société du bien-être	die Wohlstandsgesellschaft
les affaires prospèrent	das Geschäft blüht
s'enrichir	sich bereichern
Il s'est enrichi sur le dos des petits épargnants.	Er hat sich auf Kosten der Kleinsparer bereichert.
La collection s'est enrichie de deux objets.	Die Sammlung hat sich um zwei Objekte vergrößert.
la richesse	der Reichtum (-¨er)
Ce pays est riche en matières premières.	Dieses Land ist reich an Bodenschätzen. (D)
être riche comme Crésus	steinreich sein

■ PROGRESSER

1. a) J'achète rarement par correspondance.
   b) Je sais que c'est pratique de faire ses achats par un simple coup de fil.
   c) Mais cette méthode de vente n'incite-t-elle pas de nombreuses personnes à passer des commandes inconsidérées ?
2. a) On reçoit parfois des lettres très confidentielles de personnes ou sociétés totalement inconnues.
   b) On se demande alors d'où ces inconnus peuvent bien connaître tous ces renseignements sur notre personne.
   c) De telles manoeuvres de vente sont malheureusement de plus en plus fréquentes et les épargnants, appâtés par les gains, perdent souvent et leur argent et leurs rêves.
3. a) Cette valeur est cotée en Bourse depuis deux mois.
   b) On dit que les Français n'épargnent pas assez, mais on dit surtout qu'ils épargnent mal.
   c) Pour bien placer son argent, il faut sans aucun doute être bien informé, mais il faut aussi savoir prendre des risques.

11. LE RÊVE DE L'ÂGE D'OR

Les affaires publiques nous assommaient ; mais nous escomptions que les événements se dérouleraient selon nos désirs sans que nous ayons à nous en mêler ; sur ce point, en cet automne 1929, nous partagions l'euphorie de toute la gauche française. La paix semblait définitivement assurée ; l'expansion du parti nazi en

Allemagne ne représentait qu'un épiphénomène sans gravité. Et la crise, d'une exceptionnelle virulence, qui secouait le monde capitaliste laissait présager que cette société ne tiendrait pas le coup longtemps. Il nous semblait déjà habiter l'âge d'or qui constituait à nos yeux la vérité cachée de l'Histoire et qu'elle se bornerait à dévoiler.

Simone de Beauvoir, La Force de l'Age, Gallimard, 1960

■ LES MOTS

le rêve	der Traum (-¨e)
l'âge d'or	das goldene Zeitalter
les affaires publiques	die öffentlichen Angelegenheiten
escompter	rechnen mit (+D)
l'événement	das Ereignis (-sse)
se dérouler	ab/laufen (ie, ie, ist)
l'expansion	ici : der wachsende Erfolg
l'épiphénomène	die Randerscheinung, ein zweitrangiges Phänomen
virulent	heftig
laisser présager	auf etwas (A) schließen lassen
la vérité cachée	die verborgene Wahrheit
dévoiler	enthüllen

■ MAIS ENCORE

selon	nach (+D), je nach (+D), gemäß (+D), entsprechend (+D)
sans que	ohne daß ... (+ subj. II)
sur ce point	in diesem Punkt
définitivement	endgültig
tenir le coup	durch/halten (ie, a)
à nos yeux	in unseren Augen
exceptionnel (lement)	außerordentlich, außergewöhnlich

LE POINT DE GRAMMAIRE

● L'INFINITIF COMPLÉMENT PRÉCÉDÉ DE "ZU"

Les seuls verbes suivis d'un infinitif non précédé de "zu" étant les verbes de modalité (willst du kommen ?), ainsi que : "sehen", "hören" (ich höre ihn kommen), "bleiben" (er bleibt sitzen), et "helfen", "lehren", "lernen" si la phrase est brève (er lernt schwimmen), il convient de faire attention à la traduction des verbes français suivis d'un infinitif sans préposition :

Il **semble** être en retard.	Er scheint Verspätung **zu** haben.
Il **espère** réussir.	Er hofft, Erfolg zu haben.
Il **prétend** avoir lu cet article.	Er behauptet, diesen Artikel gelesen zu haben.
Il **croit** tout savoir.	Er glaubt, alles zu wissen.
Il **sait** recevoir ses amis.	Er weiß seine Freunde zu empfangen.

● LES CONJONCTIONS : INDICATIF OU SUBJONCTIF ?

→ En allemand, seules les conjonctions "als ob", "als daß", "ohne daß" sont suivis d'un subjonctif (subj.II). Il s'agit d'exprimer un irréel :

Il fait comme s'il n'avait rien vu.
Er tut, **als ob** er nichts gesehen **hätte.**
Er tut, **als hätte** er nichts gesehen. (Er hat aber etwas gesehen !)

Cette maison est trop petite pour que nous puissions y vivre.
Dieses Haus ist zu klein, **als daß** wir darin wohnen **könnten.** (Wir können nicht darin wohnen !)
Il a disparu sans que nous sachions pourquoi.
Er ist verschwunden, **ohne daß** wir **wüßten**, warum. (Wir wissen es nicht.)

→ Par conséquent, on traduit par l'indicatif :

Bien qu'il ait travaillé, il a échoué.	Obwohl er gearbeitet hat, ist er durchgefallen.
Je te dis cela afin que tu puisses agir en conséquence.	Ich sage dir das, damit du danach handeln kannst.
Inscris-toi avant qu'il ne soit trop tard !	Schreib dich ein, bevor es zu spät ist !
Dommage que tu n'aies pu venir hier soir !	Schade, daß du gestern abend nicht hast kommen können.
Ils sont contents que ça leur soit dit.	Sie sind froh, daß ihnen das gesagt wird.

→ Pas de subjonctif non plus après le superlatif :

C'est le meilleur que je connaisse.	Es ist der beste, den ich kenne.
C'est le premier qui ait appelé.	Er ist der erste, der angerufen hat.
Il est le seul qui puisse faire cela.	Er ist der einzige, der das machen kann.

● LES MASCULINS "MIXTES"

du type "der Friede(n), den Frieden, dem Frieden, des Friedens"
Il convient de distinguer des masculins faibles neuf masculins qui se déclinent comme un masculin faible (-n partout sauf au N sg.), mais qui prennent en plus la marque du G sg. (-s).

Ces neuf masculins sont :

der Friede(n)	*la paix*
der Gedanke	*la pensée*
der Wille	*la volonté*
der Glaube	*la foi*
der Name	*le nom*
der Funke	*l'étincelle*
der Haufe(n)	*le tas*
der Buchstabe	*la lettre (le caractère)*
der Same(n)	*la semence*

NB : das Herz (dem Herzen, des Herzens, pl. die Herzen) est le seul neutre ayant ce type de déclinaison.

■ TRADUCTION PROPOSEE

Der Traum vom goldenen Zeitalter

Die öffentlichen Angelegenheiten waren uns zuwider ; aber wir nahmen mit Bestimmtheit an, daß die Ereignisse unseren Wünschen gemäß ablaufen würden, ohne daß wir uns einzuschalten hätten ; in diesem Punkt teilten wir in jenem Herbst 1929 die Euphorie der gesamten französischen Linken. Der Friede schien endgültig gesichert ; der wachsende Erfolg der nationalsozialistischen Partei in Deutschland war lediglich eine Randerscheinung ohne schwerwiegende Bedeutung. (...) Und die außerordentlich heftige Krise, welche die kapitalistische Welt erschütterte, ließ darauf schließen, daß diese Gesellschaft sich nicht mehr lange würde über Wasser halten können. Wir glaubten bereits, in jenem goldenen Zeitalter zu leben, das in unseren Augen die verborgene Wahrheit der Geschichte darstellte und das diese nur noch zu enthüllen brauchte.

■ VARIANTES
Der Traum vom goldenen Zeitalter

Die öffentlichen Angelegenheiten **gingen uns auf die Nerven / Wir fanden die öffentlichen Angelegenheiten unerträglich / ; aber wir rechneten damit / wir erwarteten /**, daß die Ereignisse **nach unseren Wünschen / unseren Wünschen entsprechend /** ablaufen würden, **ohne daß wir einzugreifen hätten /, ohne daß wir etwas zu tun brauchten / ;** in diesem Punkt teilten wir in jenem Herbst 1929 die Euphorie der gesamten französischen Linken. Der Friede schien endgültig gesichert ; **die Ausbreitung der nationalsozialistischen Partei in Deutschland war nur ein zweitrangiges Phänomen, das man nicht ernstzunehmen brauchte / das nicht ins Gewicht fiel /**.

Und die **außergewöhnlich** heftige Krise, welche die kapitalistische Welt erschütterte, **schien darauf hinzuweisen, daß diese Gesellschaft nicht mehr lange würde durchhalten können /, daß diese Gesellschaft ihrem Ende nahe war /, daß diese Gesellschaft bald zusammenbrechen würde /**.

■ LE TOUR DES MOTS

l'affaire	die Angelegenheit (-en), das Geschäft (-e)
	die Affäre (-n), die Sache (-n)
le Ministère des Affaires Etrangères	das Ministerium für auswärtige Angelegenheiten
Ce n'est pas mon affaire.	Das ist nicht meine Sache, ich bin dafür nicht zuständig, das liegt mir nicht (ne me convient pas).
Occupez-vous de vos affaires !	Kümmern Sie sich um Ihre (eigenen) Angelegenheiten !
Occupez-vous de cette affaire !	Übernehmen Sie diesen Fall / diese Sache !
un homme d'affaires	ein Geschäftsmann (-"er / -leute)
Il a fait des affaires.	Er hat gute Geschäfte gemacht, er hat gute Gewinne erzielt.
Il s'est bien tiré d'affaire.	Er hat sich geschickt aus der Affäre gezogen.
C'est une affaire de goût.	Das ist Geschmack(s)sache.
Où sont encore mes affaires de sport ?	Wo sind schon wieder meine Sportsachen ?
Quelle affaire !	Was für eine Geschichte !
public	öffentlich
les transports publics	die öffentlichen Verkehrsmittel
C'est un homme public.	Er ist ein Mann der Öffentlichkeit.
publier un livre	ein Buch veröffentlichen
le droit public	das Staatsrecht
les pouvoirs publics	die Behörden (die Behörde, -n)
Le jugement a été rendu public.	Das Urteil wurde verlautbart.
le public	das Publikum (sg.) die Zuschauer (pl.)
assommer	(litt.) betäuben (durch einen Schlag)
	(fam.) jdn langweilen, jdm auf die Nerven gehen, jdm zuwider sein
Il est assommant !	Er ist unausstehlich / unerträglich !
se mêler de	sich in (+A) ein/mischen, in (+A) ein/greifen (i, i)
Il se mêle de tout.	Er mischt sich in alles ein.
Ne te mêle pas de cette affaire !	Misch dich nicht in diese Angelegenheit !
L'affaire suit son cours ; vous n'avez pas à vous en mêler (à intervenir).	Die Sache läuft ; Sie brauchen sich nicht einzuschalten.
se mêler à la foule	in der Menge untertauchen, sich unter die Leute mischen
Les deux aspects sont mêlés.	Die beiden Aspekte sind eng miteinander verbunden / sind untrennbar.
la gauche	die Linke, die Linksparteien
tourner à gauche	nach links ab/biegen (o, o, ist)
il est un peu gauche.	Er ist etwas linkisch / ungeschickt.
Il est gaucher.	Er ist Linkshänder.
À gauche, vous voyez ...	Linker Hand sehen Sie ..., Links sehen Sie ...

secouer	erschüttern, schütteln
Cet événement a secoué (ébranlé) tous les secteurs de l'économie.	Dieses Ereignis hat alle Bereiche der Wirtschaft erschüttert.
secouer avant usage	vor Gebrauch schütteln
la secousse sismique	das Erdbeben, der Erdstoß
Il y a eu une violente secousse.	Es gab einen heftigen Stoß. (-"e)
Il faut le secouer un peu !	Man muß ihn ein wenig wachrütteln !
habiter	wohnen in (+D) , bewohnen (+A)
habiter une maison	ein Haus bewohnen (das ganze Haus also)
Il n'habite pas ici.	Er wohnt nicht hier.
Il habite dans ce village.	Er lebt in diesem Dorf.
l'habitation	die Wohnung (-en), die Wohnstätte (-n)
l'habitant	der Bewohner (eines Hauses)
	der Einwohner (eines Landes, einer Stadt)
le revenu moyen par tête d'habitant	das Pro-Kopf-Einkommen
l'âge	das Alter, das Zeitalter
un homme dans la force de l'âge	ein Mann in den besten Jahren
une dame d'un certain âge	eine ältere Dame
l'âge de pierre	die Steinzeit
le moyen-âge	das Mittelalter
l'âge d'or	das goldene Zeitalter
se borner à, se contenter de	sich begnügen mit, sich beschränken auf (+A)
Il s'est contenté de sourire.	Er lächelte nur, er hat bloß gelächelt.
Je me bornerai à l'essentiel.	Ich werde mich auf das Wesentliche beschränken.
Il est un peu borné.	Er ist etwas borniert / dumm / beschränkt.

■ PROGRESSER

1. a) Tous les dirigeants de ce pays combattent la crise.
   b) Il s'agit d'une crise exceptionnellement grave.
   c) Bien que le gouvernement de ce pays semble combattre la crise économique, la situation ne cesse d'empirer.
   d) Même si tous les moyens sont mis en oeuvre pour combattre la crise actuelle, il faudra sans doute plusieurs années pour voir les premiers résultats concrets.
2. a) Il y a trois ans, nous n'avions encore que trois succursales (die Filiale, -n) à l'étranger.
   b) Entre temps, nous avons étendu notre marché sur toute l'Europe.
   c) Ce n'est que lorsque nous aurons conquis le marché européen que nous explorerons de nouveaux débouchés (der Absatzmarkt, -¨e) sur d'autres continents.
3. a) Nous étions contre cette société.
   b) Nous espérions la changer par nos livres et créer "l'homme nouveau".
   c) Comme nous étions en désaccord avec notre société, nous espérions que nos livres contribueraient à créer cet "homme nouveau" qui, de ce fait, serait en partie notre oeuvre.

12. FEMMES EN FRANCE

Cantonnée hier encore dans son rôle de mère, la femme est aujourd'hui reconnue dans sa multiplicité. Elle occupe une place incontestable dans le monde du travail et, maîtresse de sa fécondité, redécouvre le plaisir d'être mère. Une série de conquêtes lui ont donné de l'assurance : elle n'a donc plus besoin de prendre des airs belliqueux et peut à nouveau être tout à fait femme.

Cependant, quoi qu'elle fasse, la femme n'échappe pas aux clichés. Elle se voit aujourd'hui imposer l'image de la superfemme épuisée. En réalité, en cette fin des années 80, la femme n'est pas plus surmenée que sa mère ou ses grand-mères. Par contre, elle commence à en avoir assez de correspondre à ce modèle de femme qui doit tout réussir sans perdre, bien évidemment, ni son éternelle jeunesse, ni son sourire.

Certes, les hommes sont, eux aussi, engagés dans cette course à la réussite obligatoire, mais la société leur pardonne encore facilement leur démission devant les tâches ménagères et vis-à-vis des enfants.

Le Monde, Dossiers et documents, décembre 1987

■ LES MOTS

se cantonner	sich isolieren, sich verschanzen (hinter +D)
être reconnu	anerkannt werden, anerkannt sein
la multiplicité	die Vielfältigkeit, die Vielseitigkeit
incontestable	unanfechtbar
la fécondité ; fécond	die Fruchtbarkeit ; fruchtbar
la conquête	ici : der Erfolg (e), die Errungenschaft (-en)
avoir de l'assurance	selbstbewußt sein, selbstsicher sein
prendre des airs belliqueux	sich kämpferisch geben (a, e)
échapper à	entkommen (a, o, ist) (+D), entfliehen (o, o, ist) (+D)
être épuisé	erschöpft / überfordert / überlastet / sein
être surmené	überfordert / überarbeitet / sein
je commence à en avoir assez	ich habe es langsam satt, es reicht mir langsam
correspondre à	entsprechen (a, o) (+D)
la jeunesse	die Jugend
la course à la réussite	der Wettlauf um den Erfolg
pardonner qqch à qqn	jdm etwas verzeihen (ie, ie)
les tâches ménagères	die Hausarbeit

■ MAIS ENCORE

tout à fait	ganz, ganz und gar, völlig
quoi qu'elle fasse, elle a	was sie auch tun mag, sie hat ...
par contre	dagegen, hingegen, aber
bien évidemment	selbstverständlich, selbstredend, natürlich
certes ... mais	zwar ... aber
certes, il a ...	sicher, er hat ... ; gewiß hat er ... (syntaxe !)

LE POINT DE GRAMMAIRE

● L'ADJECTIF EPITHETE – L'ADJECTIF ATTRIBUT

1. L'adjectif épithète précède toujours le nom et se décline.

→ Absence de déterminatif : l'adjectif porte la marque du nom (genre, cas, nombre)

heißer Kaffee ; frische Butter ; bei schönem Wetter ; heiße Würstchen ; das Kind reicher Eltern

Mais :

guten Mutes ; frohen Herzens ; ein Glas roten Weins (le G est indiqué par le substantif !)

→ L'article indéfini et les possessifs n'ayant pas de marque au N masc. et aux N et A neutre (ein Baum, ein Haus), c'est l'adjectif qui la portera :

Ein hoher Baum ; kein einziger Mensch ; dein ganzes Leben ; unser neues Haus

→ L'article défini, le démonstratif et l'interrogatif portent la marque, l'adjectif prend donc -n , sauf au N sg.(masc. fém. neutre) et a l' A fém. et neutre.

der alte Hund ; diese junge Dame ; für welches blonde Kind ?

mit dem neuen Wagen ; vor der großen Hitze

die letzten Nachrichten ; die ärmsten Länder der Dritten Welt.

N.B. : Curieusement, c'est au pluriel que les erreurs sont les plus fréquentes.

Observez bien :

Les événements tragiques des dernières semaines ont déclenché dans la plupart des pays de sérieuses craintes quant à d'éventuels difficultés d'approvisionnement et des revers économiques.

Die dramatischen Ereignisse der letzten Wochen haben in den meisten Ländern ernste Befürchtungen über mögliche Versorgungsschwierigkeiten und wirtschaftliche Rückschläge ausgelöst.

→ Pour la déclinaison de l'adjectif au pluriel, voir aussi Thème d'approfondissement 18 !

2. L'adjectif attribut est invariable :

das schöne Leben	→	das Leben ist schön
ein guter Rat	→	der Rat ist gut
viele neugierige Leute	→	viele Leute sind neugierig

N.B. : l'adjectif faisant fonction d'adverbe est également invariable :

Sie hat sich schön angezogen. Ich habe gut gegessen. Die Kinder schauten mich neugierig an.

● BRAUCHEN – LIEBEN – MÖGEN

1. brauchen

→ "brauchen" est d'abord un verbe transitif (avoir besoin de qqch) :

Nous avons besoin d'un nouvel ordinateur.
Wir brauchen einen neuen Computer.
L'ordinateur dont nous aurions besoin est malheureusement trop cher.
Der Computer, den wir brauchen würden, ist leider zu teuer.
Nous avons mis trois heures pour établir ce programme.
Wir haben drei Stunden gebraucht, um dieses Programm aufzustellen.
Combien de temps te faudra-t-il pour finir cette lettre ?
Wie lange wirst du brauchen, um diesen Brief fertigzuschreiben ?

→ Ce n'est qu'à la forme négative et restrictive que "brauchen" peut avoir pour complément un infinitif !

Tu n'as pas besoin de te presser.	Du brauchst dich **nicht** zu beeilen.
Il suffit que vous soyez là à 8 heures.	Sie brauchen **erst** um 8 Uhr da zu sein.
Il suffit d'appuyer sur le bouton.	Man braucht **nur** auf den Knopf zu drücken.
Tu n'aurais pas eu besoin de faire cela.	Du hättest das **nicht** zu tun brauchen.

→ Donc : ne jamais employer "brauchen" + infinitif à l'affirmative !

| *J'ai besoin d'aller en ville. (il me faut ...)* | **Ich muß** in die Stadt gehen. |
| *Ils auraient besoin de remplacer toutes les machines.* | **Sie müßten** alle Maschinen (durch neue) ersetzen. |

2. lieben

→ "lieben" (aimer) est également un verbe transitif :

| *J'aime la musique classique.* | Ich liebe klassische Musik. |
| *J'aime les toiles de ce peintre.* | Ich liebe die Gemälde dieses Malers. |

→ avec un complément verbal (aimer – préférer faire qqch), on emploie le verbe en question + gern – lieber – am liebsten.

J'aime écouter du jazz. Ich höre gern Jazz.

Je préfère faire cela toute seule.	Ich mache das lieber alleine.
Ce que je préfère, c'est la glace à la vanille.	Am liebsten habe ich / esse ich / Vanilleeis.

3. mögen

"mögen" s'emploie comme verbe transitif (aimer bien, désirer), ou avec un complément verbal (infinitif sans "zu")

J'aime bien ce paysage.	Ich mag diese Landschaft.
Je n'aime pas les sucreries.	Ich mag keine Süßigkeiten.
Elle n'a pas envie d'aller en ville maintenant.	Sie mag jetzt nicht in die Stadt gehen.
On ment aux gens, mais visiblement ils aiment ça.	Man belügt die Leute, aber offensichtlich mögen sie das.
Je n'aimerais pas être à ta place.	Ich möchte nicht an deiner Stelle sein.
Je ne l'ai jamais aimé (apprécié).	Ich habe ihn nie gemocht.
J'aurais très envie de tout jeter par-dessus bord.	Ich möchte am liebsten alles über Bord werfen.

● **LA PLACE DU PRONOM PERSONNEL / DE "SICH" :**

1. Le pronom personnel

→ Le pronom personnel complément non précédé d'une préposition se place toujours avant le complément nom :

Nous avons donné un échantillon au représentant.
Wir haben dem Vertreter ein Muster gegeben.
Wir haben es dem Vertreter gegeben.
Wir haben ihm ein Muster gegeben.

→ A la différence des compléments noms, où l'élément connu précède toujours l'élément nouveau, c'est-à-dire l'information principale, entre compléments pronoms non précédés d'une préposition, l'accusatif précède toujours le datif.

Wir haben dem Vertreter (D) ein Muster (A) gegeben. (Was ?)

Wir haben **es ihm** gegeben. (A -D)

Ich werde diese Blumen (A) meiner Tante (D) schenken. (Wem ?)

Ich werde **sie ihr** schenken. (A -D)

→ Le pronom précédé d'une préposition passe en 2e, voire 3e position :

Le professeur a fait une traduction pour son élève.
Der Lehrer hat für seinen Schüler eine Übersetzung gemacht.
Er hat sie für seinen Schüler gemacht.
Er hat die Übersetzung **für ihn** gemacht.
Er hat **sie für ihn** gemacht.

Il a donné à Paul un livre pour ma soeur.
Er hat Paul ein Buch für meine Schwester gegeben.
Er hat es Paul für meine Schwester gegeben.
Er hat es ihm für meine Schwester gegeben.
Er hat **es ihm für sie** gegeben.

→ Observez encore :

Si jamais il pleuvait, il viendra nous chercher à la gare.
Er wird **uns**, falls es regnen sollte, vom Bahnhof abholen.

S'il devait pleuvoir, il commandera un taxi pour nous.
Er wird, falls es regnen sollte, ein Taxi **für uns** bestellen.

Nous avons l'intention de vous inviter à dîner samedi prochain.
Wir haben vor, **euch** nächsten Samstag zum Abendessen einzuladen.

Nous avons l'intention de faire une excursion avec vous samedi prochain.
Wir haben vor, nächsten Samstag **mit euch** einen Ausflug zu machen. (Was ?)
Nous avons l'intention de faire cette excursion avec vous.
Wir haben vor, den Ausflug **mit euch** zu machen. (Mit wem ?)
Je dois avouer que ton comportement, hier, m'a vraiment déplu.
Ich muß zugeben, daß **mir** dein Benehmen gestern wirklich sehr mißfallen hat.
En réalité, c'est de moi qu'il tient tout ces détails.
In Wirklichkeit hat er alle diese Einzelheiten **von mir** erfahren.

2. "sich" suit les mêmes règles :

→ Non précédé d'une préposition, "sich" se place le plus "à gauche" possible. Dans le cas d'une inversion du sujet, avant même le sujet si celui-ci est un nom.

→ "Sich" est toutefois soumis à la règle de base : entre pronoms, accusatif avant datif.

→ Précédé d'une préposition, "sich" se place après les autres compléments.

Observez bien :

Voilà pourquoi les étudiants se sont décidés pour la grève.
Deshalb **haben sich die Studenten** zum Streik entschlossen. (avant même le sujet nom)
Et puis un jour, il s'est présenté à eux.
Eines Tages **hat er sich ihnen** dann vorgestellt. (après le sujet pronom, et acc. avant datif)
Pour finir, il a gardé le cadeau pour lui.
Schließlich hat er **das Geschenk für sich** behalten. ("sich" précédé d'une préposition)
Finalement, il s'est fait le cadeau à lui-même.
Schließlich hat er **sich das Geschenk** selbst gemacht. (pas de préposition)
Schließlich hat er **es sich** selbst gemacht. (accusatif avant datif)
En dépit de tous les avertissements, il a pris le volant.
Er hat **sich**, allen Warnungen zum Trotz, ans Steuer gesetzt.
A son tour, la femme a revendiqué le droit de faire carrière.
Die Frau hat das Recht, Karriere zu machen, auch **für sich** beansprucht. (passé)
Heute beansprucht die Frau das Recht, Karriere zu machen, auch **für sich.** (présent)

■ TRADUCTION PROPOSEE
Frauen in Frankreich

Während sich die Frau gestern noch mit ihrer Mutterrolle zu begnügen hatte, wird sie heute in ihrer Vielseitigkeit anerkannt. Sie nimmt in der Arbeitswelt einen unanfechtbaren Platz ein, und da sie über ihre Fruchtbarkeit frei verfügt, entdeckt sie wieder die Freude, Mutter zu sein. Eine Reihe von Erfolgen haben sie selbstsicher gemacht : sie braucht sich also nicht mehr kämpferisch zu geben und kann wieder ganz Frau sein.

Aber was die Frau auch tun mag, sie kann den Klischees nicht entkommen. Sie sieht, wie man ihr heute das Bild der überforderten Superfrau aufzwingt. Im Grunde ist die Frau an diesem Ende der 80er Jahre nicht überarbeiteter als ihre Mutter oder ihre Großmütter es waren. Aber sie hat es langsam satt, dem Modell der Frau zu entsprechen, von der erwartet wird, daß sie in allem Erfolg hat, selbstverständlich ohne dabei weder ihre ewige Jugend noch ihr Lächeln zu verlieren.

Sicher, auch die Männer kennen diesen Stress des Erfolgszwangs, aber die Gesellschaft verzeiht ihnen noch immer mühelos, daß sie sich ihren Pflichten im Haushalt oder den Kindern gegenüber entziehen.

■ VARIANTES
Frauen in Frankreich

Gestern noch in ihrer **Mutterrolle gefangen** / Gestern noch in ihre Mutterrolle verwiesen /, wird die Frau heute in ihrer **Vielfältigkeit** anerkannt. Sie nimmt in der Arbeitswelt einen **unbestrittenen** Platz ein, und **da sie ihre Fruchtbarkeit kontrolliert**, entdeckt sie **die Freuden der Mutterschaft** wieder. Eine Reihe von **Errungenschaften** haben ihr **Selbstsicherheit** gegeben : sie braucht also nicht mehr **kämpferisch aufzutreten** und kann wieder ganz Frau sein.

Und dennoch : was die Frau auch tun mag, **sie wird die Klischees nicht los** / man behaftet sie immer wieder mit Klischees /. Sie sieht sich heute gezwungen, dem Bild der **überforderten Superfrau zu entsprechen**. **In Wirklichkeit** / Eigentlich / ist die Frau an diesem Ende der 80er Jahre nicht **erschöpfter** / überlasteter / als es ihre Mutter und ihre Großmütter waren. Aber es reicht ihr langsam, dem Modell der Frau zu entsprechen, die überall erfolgreich zu sein hat, **ohne natürlich** weder ihre ewige Jugend noch ihr Lächeln zu **verlieren**.

Gewiß sind auch die Männer **in diesem Wettlauf um den unerläßlichen** / obligaten / **Erfolg engagiert** // Gewiß sind auch die Männer zu diesem Wettlauf um den unentbehrlichen Erfolg verpflichtet /, aber die Gesellschaft **zeigt noch immer volles Verständnis für ihre Abdankung vor Haushalt und Kindern** / aber die Gesellschaft **ist noch immer sehr verständnisvoll, wenn sie sich vor der Hausarbeit drücken oder sich nicht um die Kinder kümmern**.

■ LE TOUR DES MOTS

reconnaître — wieder/erkennen (a, a), an/erkennen, zu/geben (a, e) ein/gestehen (hat eingestanden)

Je l'ai reconnu à sa voix — Ich habe ihn an seiner Stimme wiedererkannt.
Il est méconnaissable — Er ist nicht wiederzuerkennen.
Il ne s'est pas fait (re)connaître — Er hat sich nicht zu erkennen gegeben.
Je ne m'y reconnais (retrouve) plus du tout ! — Ich kenne mich überhaupt nicht mehr aus !
Ses performances sont reconnues de tous. — Seine Leistungen werden von allen anerkannt.
Il reconnaît (avoue) son méfait. — Er gibt seine Missetat zu.
Il ne veut pas reconnaître qu'il a tort. — Er will nicht eingestehen, daß er unrecht hat.
Il faut bien reconnaître que ce n'est pas une erreur grave. — Man muß zugeben, daß es kein gravierender Irrtum ist.
Je lui reconnais le droit de se défendre. — Ich gestehe ihm das Recht zu, sich zu verteidigen.
Je te reconnais bien là! — Das sieht dir (wieder einmal) ähnlich !

contester qqch — etwas bestreiten (i, i) / an/fechten (o, o) / leugnen

Personne ne contestera le fait que ... — Niemand wird die Tatsache bestreiten, daß ...
Son discours a été fortement contesté. — Seine Rede wurde vehement angefochten.
Je ne veux nullement contester ses droits. — Ich will seine Rechte keineswegs in Abrede stellen, Ich will ihm seine Rechte nicht streitig machen.
A présent, il conteste ses propres dires. — Nun streitet er seine eigenen Worte ab.
C'est incontestable. — Das ist unbestreitbar / unanfechtbar.
C'est une question contestée (controversée). — Das ist eine umstrittene Frage / eine Streitfrage.
Je refuse ses contestations. — Ich lehne seine Anfechtungen ab.
Je conteste ce point. — Ich erhebe Einspruch gegen diesen Punkt.

le maître — der Herr (-n, en), der Gebieter (-), der Meister (-), der Lehrmeister, der Lehrer (-)

être maître de la situation — die Lage beherrschen / unter Kontrolle haben
la maîtrise — die Beherrschung, die Meisterschaft
maîtriser qqch — etwas beherrschen, meistern, bewältigen
Il maîtrise la langue allemande. — Er beherrscht die deutsche Sprache (in Wort und Schrift).
être son propre maître — sein eigener Herr sein, unabhängig sein
être maître de son temps — über seine Zeit frei verfügen
le maître (la maîtresse) d'école — der Lehrer (die Lehrerin), der Schulmeister
le maître artisan — der Handwerksmeister
le maître d'oeuvre — der Bauherr
le maître d'hôtel — der Oberkellner (Herr Ober, bitte zahlen !)
l'idée maîtresse — der Hauptgedanke (-ns, n)

la pièce maîtresse	das Kernstück, das Meisterstück
la conquête	die Eroberung (-en), die Errungenschaft (-en), der Sieg (e), (-der Erfolg (-e)
la conquête de l'espace	die Eroberung des Weltraums
les conquêtes de la médecine	die Errungenschaften der Medizin
On ne compte plus ses conquêtes (victoires).	Er kann sich zahlloser Siege (G) rühmen.
Il va de conquête en conquête.	Er eilt von Erfolg zu Erfolg / von einem Erfolg zum andern.
Il a fait la conquête de sa belle-mère !	Er hat seine Schwiegermutter für sich gewonnen.
Elle est conquise (a été c. par lui).	Sie ist ganz von ihm eingenommen.
Ils ont conquis des pays et des peuples entiers.	Sie haben ganze Länder erobert und ganze Völker unterworfen.
Vous m'avez conquis ! (convaincu)	Sie haben mich überzeugt !
l'air (avoir l'air)	die Miene (-n), das Aussehen, das Erscheinen
Il a l'air malade.	Er sieht krank aus.
Il a l'air d'être malade.	Er scheint krank zu sein.
Que veut dire cet air maussade ?	Was soll diese betrübte Miene (heißen) ?
Ne prends pas ces airs timides !	Tu nicht so schüchtern !
Elle prend toujours des airs de supériorité.	Sie gibt sich immer so überlegen, sie legt immer eine gewisse Überlegenheit an den Tag, sie spielt immer die Überlegene.
J'aurais l'air de quoi, si je ...	Wie würde das aussehen, wenn ich ... ; was würden die Leute sagen, wenn ich ...
Il a l'air aimable.	Er macht einen freundlichen Eindruck, er wirkt freundlich, er scheint freundlich zu sein.
Il ne faut pas se fier à ses airs farouches.	Man darf sich von seiner groben Art nicht täuschen lassen.
imposer qqch à qqn	jdm etwas auf/zwingen (a, u), / auf/drängen / auf/bürden / auf/erlegen ...
C'est une discipline que je m'impose.	Das ist eine Disziplin, die ich mir (selbst) auferlege.
On ne peut pas lui imposer ce travail supplémentaire.	Man kann ihm diese zusätzliche Arbeit nicht aufbürden. (die Bürde, -n : le fardeau)
Je ne veux pas m'imposer (déranger).	Ich will mich nicht aufdrängen.
Je refuse de me faire imposer mes convictions !	Ich lasse mir meine Überzeugungen nicht aufzwingen / vorschreiben / diktieren !
prix imposé	vorgeschriebener Preis (der Preis, -e)
imposer le silence à qqn	jdm Ruhe gebieten, jdn zum Schweigen bringen
imposer ses droits	seine Rechte geltend machen
Il sait s'imposer.	Er weiß sich durchzusetzen.
Il m'en impose.	Er imponiert mir.
réussir	Erfolg haben (der Erfolg, -e), erfolgreich sein
la réussite obligatoire (être obligé de réussir)	der Erfolgszwang (cf. aussi : der Konsumzwang)
J'ai réussi à arriver à temps.	Es ist mir gelungen, rechtzeitig anzukommen.
Il réussit tout ce qu'il entreprend.	Alles, was er unternimmt, gelingt ihm.
On ne peut pas tout réussir.	Es kann einem nicht alles gelingen, man kann nicht überall Erfolg haben.
Son entreprise a réussi.	Sein Unternehmen hatte Erfolg / war erfolgreich.
Je suis content d'avoir réussi cette traduction.	Ich freue mich, daß mir diese Übersetzung gelungen ist.
C'est un travail réussi.	Das ist eine gelungene Arbeit.
Je ne réussis (je n'arrive) toujours pas !	Es will mir einfach nicht gelingen !
Il a réussi dans la vie.	Er hat es im Leben zu was gebracht.
Tu ne réussiras jamais (dans la vie).	Du wirst es nie zu etwas bringen.
Votre réussite est assurée !	Der Erfolg ist Ihnen sicher !
Est-ce si important de réussir ?	Ist es so wichtig, erfolgreich zu sein ?
Cela ne me réussit pas !	Das bekommt mir nicht ! Das bringt mir nichts Gutes ! Das bringt mir kein Glück !

la course	1. der Wettlauf (-¨e), 2. der Einkauf (-¨e), die Besorgung (-en)
la course à la réussite	der Wettlauf um den Erfolg
la course aux armements	das Wettrüsten
la course d'obstacles	der Hindernislauf
la course de haies	der Hürdenlauf
la course contre la montre	der Wettlauf gegen die Zeit, der Stress
être à bout de course	am Ende sein, erschöpft sein
faire ses courses (achats)	seine Einkäufe machen / tätigen
J'ai une course à faire en ville.	Ich habe in der Stadt eine Besorgung zu machen.
la démission	die Abdankung, der Rücktritt
Le ministre a donné sa démission.	Der Minister ist zurückgetreten.
Le roi a démissionné.	Der König hat abgedankt.
la démission des électeurs	die Stimmenthaltung / die Interesselosigkeit / der Wähler
Il a démissionné devant la première difficulté.	Er hat bei der ersten Schwierigkeit aufgegeben.
démissionner devant (se soustraire à) un travail	sich einer Arbeit (D) entziehen (o, o), sich vor einer Arbeit drücken (fam.)

■ PROGRESSER

1. a) La plupart des femmes ont aujourd'hui leur place dans le monde du travail.
   b) Après avoir lutté pour la reconnaissance de leurs capacités, les femmes ne veulent plus, aujourd'hui, renoncer à leurs acquis.
   c) Si une femme sur deux est surmenée, c'est parce qu'elle croit toujours avoir besoin de prouver à la société qu'elle peut réussir aussi bien qu'un homme.
2. a) Ce que j'aime dans ce travail, c'est sa diversité.
   b) J'ai toujours préféré travailler seul.
   c) Comme il me faudra bien deux heures pour dicter quelques lettres urgentes à ma secrétaire, tu n'as pas besoin de te presser : il suffira que tu sois là à 8 heures.
3. a) Ce résultat ne correspond pas tout à fait à nos attentes.
   b) Certains d'entre nous en ont assez de se contenter d'un résultat aussi médiocre.
   c) Quoi que nous fassions, nous ne réussissons pas à imposer notre nouveau produit sur les marchés étrangers.
   d) C'est une question trop controversée pour que nous puissions prendre des décisions sans avoir auparavant discuté de quelques détails.

13. LA MORGAN

Il faut savoir l'attendre. Longtemps : dix ans. Une commande ferme, accompagnée d'un versement d'arrhes, vaut l'établissement d'un "contrat de livraison" en date de l'an 2000. Encore faut-il que cette demande soit acceptée : "Nous n'obtenons qu'une vingtaine de voitures par an, et nous limitons volontairement les ventes", explique l'importateur français. Qu'importe. L'amateur véritable est fidèle. Et prévoyant : le jour de la livraison de sa Morgan, il passe commande de la suivante. Comme ce médecin parisien, client de longue date de la marque, qui en a récemment réservé deux, une pour chacun de ses fils, âgés seulement de 9 et 10 ans. (...)

Henri Morgan ne rêvait pas d'un tel succès. En 1910, ce fils de pasteur anglican entame la construction de voiturettes populaires. Puis, en 1936, il dessine son premier roadster. Le même que fabrique encore aujourd'hui son fils, Peter. Rien n'a changé. Les Morgan 1990 bénéficient de tous les apports de la technologie moderne. Mais le mythe est respecté. Chaque modèle est entièrement construit à la main et, exemple unique, la structure des carosseries est toujours en bois. Une Morgan d'occasion est plus chère qu'une neuve. Qui parle de crise ?

L'Express, 28.9.1990

■ LES MOTS

la commande	die Bestellung (-en), die Auftragserteilung
passer commande	bestellen, in Auftrag geben (a, e)
ferme	ici : verbindlich
le versement d'arrhes	die Anzahlung
le contrat	der Vertrag (-¨e)
le contrat de livraison / la livraison	der Liefervertrag / die Lieferung (-en)
la demande	ici : der Antrag (-¨e) (einen Antrag stellen)
volontairement	mit Absicht, vorsätzlich, willentlich
l'importateur	der Importeur, der Importhändler, der Vertragshändler (für eine bestimmte Marke)
l'amateur	der Liebhaber
fidèle	treu
le pasteur	der Pastor (-s, -en)
bénéficier de	ici : genießen (o, o) (+A !)
les apports de la technologie	ici : die Vorzüge der Technologie
le mythe ; mythique	der Mythos (pl. die Mythen) ; mythisch
le bois ; en bois	das Holz ; aus Holz
une voiture d'occasion	ein Gebrauchtwagen
d'occasion	gebraucht, schon gefahren, aus zweiter Hand

■ MAIS ENCORE

encore faut-il que	allerdings muß ... ; vorausgesetzt, daß ...
par an	jährlich, pro Jahr
qu'importe	was tut's ?, Das tut nichts zur Sache.
un client de longue date	ein langjähriger Kunde
récemment	neulich, vor kurzem
unique	einzig, einzigartig (unique en son genre)
toujours (comme par le passé)	immer noch

LE POINT DE GRAMMAIRE

● LES COMPLÉMENTS DE TEMPS (voir aussi page 48)

1. Quel cas ?

Tout complément de temps précédé d'une préposition est au datif ; tout complément de temps non précédé d'une préposition est à l'accusatif, à l'exception de : eines Tages, eines Morgens, eines Abends (un jour, un matin, un soir).

Il viendra dans une semaine. – Il viendra la semaine prochaine.
Er kommt in einer Woche. – Er kommt nächste Woche.
J'étais chez lui il y a un an. – J'étais chez lui l'année dernière.
Ich war vor einem Jahr bei ihm. – Ich war letztes Jahr bei ihm.
Je l'ai vu un samedi. – Je l'ai vu samedi dernier.
Ich habe ihn an einem Samstag gesehen. – Ich habe ihn letzten Samstag gesehen.

2. Quelle place ?

Quand plusieurs compléments circonstanciels se suivent, le complément de temps précède généralement les autres. S'il est placé en tête de phrase, ne pas le séparer du verbe par une virgule !

Je prendrai Air France pour aller à Tokyo la semaine prochaine.
Ich werde nächste Woche Woche mit Air France nach Tokio fliegen.

La semaine dernière, j'ai été trois fois au cinéma avec elle.
Ich bin letzte Woche dreimal mit ihr ins Kino gegangen.

En cette saison hivernale, la plupart des gens préfèrent rester à la maison.
In dieser kalten Jahreszeit bleiben die meisten Leute am liebsten zu Hause.

3. Quelle préposition ?

an pour les jours de la semaine et les parties du jour :

am Montag ; am Abend ; am Wochenende ; am Tag (aber : in der Nacht !)

in pour les semaines, mois, saisons, années, siècles :

in der Woche ; im März ; im Sommer ; im Jahre 1995 ; im 19. Jahrhundert

um pour l'heure précise :

um 8 Uhr ; um Mitternacht

zu pour :

zu Mittag ; zu Ostern ; zu Weihnachten ; zur Zeit ; zu meiner Zeit

4. Sans préposition :

1960, Weihnachten, Ostern, ... et les expressions avec "Anfang", "Mitte", "Ende" :

Il est né en 1960
Er ist 1960 geboren. / Er ist im Jahre 1960 geboren..

Venez au milieu de la semaine prochaine.
Kommen Sie Mitte nächster Woche (G).

Je voudrais être livré à la mi-mai / au plus tard dans la première quinzaine du mois prochain.
Ich möchte Mitte Mai / spätestens Mitte nächsten Monats / beliefert werden.

Il a fait une excellente conférence à la fin de l'année dernière.
Er hat Ende vorigen Jahres einen hervorragenden Vortrag gehalten.

Quelques tournures :

dans quinze jours ; dans un an	in 14 (!) Tagen ; in einem Jahr
dans quinze jours à compter d'aujourd'hui	heute in vierzehn Tagen
Pour le moment, je n'ai pas le temps.	Im Augenblick / im Moment / habe ich keine Zeit.
le cours du temps ; au cours de la semaine	der Lauf der Zeit ; im Laufe der Woche
au bout de 10 minutes ; au bout d'un an	nach zehn Minuten ; nach einem Jahr
un an après ; 10 minutes plus tard	ein Jahr danach ; zehn Minuten später
en l'espace de trois jours	innerhalb von drei Tagen
Il m'a fallu trois heures pour venir ici.	Ich habe drei Stunden gebraucht, um hierher zu kommen.
livraison en trois jours	Lieferung binnen drei Tagen (D)
Cela fait quinze jours que j'attends !	Ich warte seit vierzehn Tagen !
Ah, c'était il y a longtemps !	Ach, das ist schon lange her !

● **COMMENT DISTINGUER "ERST" ET "NUR"?**

Les adverbes "erst" et "nur" correspondent au français "ne ... que, seulement".
Mais "erst" ne s'emploie que dans le sens d'un bilan provisoire, d'un moment précis.

Ich habe erst 30 Seiten gelesen. *(pas plus, pour le moment)*

Ich habe nur 30 Seiten gelesen. *(En tout, cela m'a suffi !)*

Er war erst fünf Jahre alt, als ... *(Il n'avait que 5 ans, pas plus, quand ...)*

Er wurde nur fünf Jahre alt. *(Il n'a vécu que 5 ans.)*

Er kam erst um ein Uhr. *(pas avant, on l'attendait plus tôt)*
Ich habe nur eine Stunde Zeit. *(durée)*
Il ne vit en France que depuis un an et parle déjà couramment le français.
Er lebt erst seit einem Jahr in Frankreich und spricht schon fließend französisch.
Il n'a vécu (en tout et pour tout) qu'un an en France et connaît le pays mieux que beaucoup de Français.
Er hat nur ein Jahr in Frankreich gelebt und kennt das Land besser als so mancher Franzose.

● **COMMENT DISTINGUER LES CONJONCTIONS "ALS" ET "WENN"?**

→ **Pour le présent et le futur**, "quand, lorsque" se traduit par "wenn" :

Quand il pleut, je ne sors pas.	Wenn es regnet, bleibe ich zu Hause.
Quand tu viendras, je te montrerai ma nouvelle voiture.	Wenn du kommst (présent), zeige dich dir meinen neuen Wagen.
Ce n'est que lorsque nous aurons fini que nous pourrons juger l'ensemble.	Erst wenn wir fertig sind, werden wir das Ganze beurteilen können.

→ **Pour le passé**, il s'agit de distinguer entre le fait unique, ponctuel (als), et la répétition (wenn). Autrement dit, on n'emploie "wenn" au passé que s'il signifie "jedesmal wenn" (chaque fois que) !

Son père est mort quand il avait cinq ans.	Sein Vater starb, als er fünf (Jahre alt) war.
J'écrivais une lettre quand elle entra.	Ich schrieb gerade einen Brief, als sie eintrat.
Quand je sonnai, le chien aboya.	Als ich klingelte, bellte der Hund.
Quand je sonnais, le chien aboyait.	(Jedesmal) wenn ich klingelte, bellte der Hund.

■ **TRADUCTION PROPOSEE**
Der Morgan

Man muß auf ihn zu warten wissen. Lange : zehn Jahre. Eine verbindliche, von einer Anzahlung begleitete Auftragserteilung gilt als "Liefervertrag", der auf das Jahr 2000 ausgestellt ist. Vorausgesetzt, der Antrag wird überhaupt akzeptiert. "Wir erhalten nur etwa 20 Wagen pro Jahr und wir beschränken unseren Absatz mit Absicht", erklärt der französische Importhändler. Was tut's ? Der wahre Liebhaber ist treu. Und er denkt voraus. Am Tag der Lieferung seines Morgan bestellt er den folgenden. Wie dieser Pariser Arzt, ein langjähriger Kunde der Marke, der vor kurzem gleich zwei Wagen vorbestellt hat, einen für jeden seiner beiden Söhne, die erst 9 und 10 Jahre alt sind. (...)

Henri Morgan hatte einen solchen Erfolg nicht erträumt. Dieser Sohn eines anglikanischen Pastors beginnt im Jahre 1910, Kleinwagen für "kleine Leute" zu bauen. 1936 entwirft er seinen ersten Roadster. Genau den, den sein Sohn Peter heute noch herstellt. Nichts hat sich geändert. Die 1990er Modelle genießen alle Vorzüge der modernen Technologie. Aber der Mythos bleibt unangetastet. Jedes Modell wird ausschließlich in Handarbeit hergestellt, und das Einzigartige daran : der Unterbau ist nach wie vor aus Holz. Ein Morgan aus zweiter Hand kostet mehr als ein neuer. Wer spricht da von Krise ?

■ **VARIANTES**
Der Morgan

Man muß auf ihn warten **können**. Lange : zehn Jahre. Eine verbindliche **Bestellung**, begleitet von einer Anzahlung, **entspricht** einem auf das Jahr 2000 **lautenden** "Liefervertrag". **Allerdings** muß der Antrag überhaupt erst **angenommen** werden. Wir erhalten nur etwa 20 Wagen **pro Jahr** und wir beschränken unseren Verkauf **absichtlich / willentlich /**, erklärt der französische **Importeur / Vertragshändler /**. Was tut's ? Der wahre Liebhaber ist treu. Und **vorsorglich**. Schon am Tag der Lieferung seines Morgan bestellt er **den nächsten / seinen**

Nachfolger /. Wie dieser Pariser Arzt, ein langjähriger Kunde der Marke, der vor kurzem gleich zwei Wagen vorbestellt hat, einen für jeden seiner Söhne, die erst 9 und 10 Jahre alt sind. (...)
   Henri Morgan hat von so einem Erfolg nicht **zu träumen gewagt**. Dieser Sohn eines anglikanischen Pastors beginnt im Jahre 1910, kleine "**Volkswagen**" zu bauen. 1936 entwirft er seinen ersten Roadster. **Den gleichen**, den sein Sohn Peter heute noch herstellt. Nichts hat sich geändert. Die Modelle **von 1990** sind mit allen Vorzügen der modernen Technologie ausgestattet. Aber der Mythos **wird respektiert**. Jedes **Exemplar** wird ausschließlich in Handarbeit hergestellt und ist **insofern einzigartig, als die Grundstruktur immer noch** aus Holz ist. Ein **alter / gebrauchter /** Morgan ist **teurer** als ein neuer. **Hat** da jemand von Krise **gesprochen** ?

■ LE TOUR DES MOTS

savoir	wissen (er weiß !, wußte, hat gewußt)
Il sait se comporter. (bonnes manières)	Er weiß sich zu benehmen.
Elle sait s'habiller.	Sie versteht es, sich zu kleiden.
Il sait y faire. (il s'y connaît)	Er versteht sich darauf.
Il sait tout.	Er weiß alles.
savoir faire ; le savoir-faire	können ; das Know-how
Un analphabète ne sait ni lire ni écrire.	Ein Analphabet kann weder lesen noch schreiben.
le savoir	das Wissen
le savant	der Gelehrte (-n)
la science	die Wissenschaft (-en)
le scientifique	der Wissenschaftler (-)
être omniscient	allwissend sein
Il a fait cela sciemment.	Er hat das wissentlich / absichtlich / getan.
valoir	gelten (a, o), wert sein, gültig sein
Cette interdiction vaut pour tous.	Dieses Verbot gilt für alle.
Ce renseignement vaut de l'or.	Diese Auskunft ist Gold wert.
Cela ne vaut pas la peine.	Das lohnt sich nicht, das ist nicht der Mühe wert.
la valeur ; qui a de la valeur	der Wert (-e) ; wertvoll
la contrevaleur de ...	der Gegenwert für (+A)
un objet de valeur	ein Wertgegenstand (-¨e) (der Gegenstand)
Je conteste la validité de ce papier.	Ich bestreite die Gültigkeit dieses Schriftstücks.
Ce passeport n'est plus valable (périmé).	Dieser Paß ist ungültig.
la date	das Datum, pl. die Daten (= aussi : les données informatiques !)
la date de naissance	das Geburtsdatum
remettre à une date ultérieure	auf einen späteren Zeitpunkt verschieben (o, o)
Il s'est trompé de date.	Er hat sich im Datum geirrt.
Il a confondu les dates.	Er hat die Daten / die Tage / verwechselt.
Jusqu'à quelle date puis-je vous joindre ?	Bis zu welchem Datum / Zeitpunkt / kann ich Sie erreichen ?
la demande	die Nachfrage (-n), das Gesuch (-e), die Bitte (-n), das Anliegen (-)
la loi de l'offre et la demande	das Gesetz von Angebot und Nachfrage
La demande en articles de luxe a fortement augmenté.	Die Nachfrage für Luxusartikel ist stark gestiegen.
J'ai fait une demande de bourse.	Ich habe ein Gesuch für ein Stipendium eingereicht, ich habe um ein Stipendium angesucht.
la demande d'aide / d'un conseil	die Bitte um Hilfe / um einen Rat
Quelle est, au juste, votre demande ? (requête)	Welches ist nun eigentlich Ihr Anliegen ?
limiter	begrenzen, beschränken, ein/schränken
Nos possibilités sont limitées.	Unsere Möglichkeiten sind begrenzt.
Cela dépasse les limites de nos possibilités.	Das liegt nicht (mehr) im Bereich unserer Möglichkeiten.
Nous devons nous limiter à l'essentiel.	Wir müssen uns auf das Wesentliche beschränken.
la SARL	die GmbH (Gesellschaft mit beschränkter Haftung)

J'ai une confiance illimitée en lui	Mein Vertrauen zu ihm ist grenzenlos.
Il faut limiter nos dépenses.	Wir müssen unsere Ausgaben einschränken.
la limite d'âge	die Altersgrenze (die Grenze, -n)
la limitation de vitesse	die Geschwindigkeitsbeschränkung, das Tempolimit
Il est un peu limité (intellectuellement).	Er ist ein wenig beschränkt.
la commande	die Bestellung (-en), der Auftrag (-¨e)
passer commande (pour un projet)	einen Auftrag erteilen (für +A)
commander une marchandise	eine Ware bestellen
le bon de commande	der Bestellschein (-e)
le carnet de commandes	das Auftragsbuch (-¨er)
uniquement sur commande	nur auf Bestellung
payable à la commande	zahlbar bei Bestellung
annuler une commande	eine Bestellung rückgängig machen
la marchandise commandée / décommandée	die bestellte / abbestellte / Ware
changer	wechseln (échanger, remplacer), ändern (modifier) sich ändern
changer de l'argent	Geld wechseln
le cours de change	der Wechselkurs (-e)
changer des DM contre des Francs	DM gegen Francs (Ffr) ein/tauschen
un changement de gouvernement	ein Regierungswechsel (der Wechsel, -)
il n'a pas changé!	er hat sich nicht verändert ! (physiquement)
tu ne changeras jamais!	du wirst dich nie ändern ! (caractère)
changer de tenue (se changer)	sich um/ziehen (o, o, hat), sich um/kleiden
changer de ville	in eine andere Stadt ziehen (o, o, ist)
changer de train	um/steigen (ie, ie, ist) (in einen anderen Zug)
changer de métier	um/satteln, auf einen anderen Beruf um/steigen (ie, ie)
changer de vie	ein neues Leben beginnen (a, o)
les temps changent	die Zeiten ändern sich
bénéficier de	profitieren von (+D), Nutzen ziehen aus (+D), genießen (o, o) (+A !)
Il a bénéficié de la bonne conjoncture.	Er hat aus der guten konjunkturellen Lage Nutzen gezogen, die gute konjunkturelle Lage ist ihm zugute gekommen.
Il bénéficie de tous les avantages.	Er genießt alle Vorteile.
Il a longtemps bénéficié des relations de son père.	Er hat lange Zeit aus den Beziehungen seines Vaters Nutzen gezogen.
le bénéfice	der Nutzen (-), der Ertrag (-¨e) (rendement)
le bénéfice net	der Reingewinn, der Nettogewinn

■ PROGRESSER

1. a) Nous n'attendons la livraison de ce modèle que pour le printemps prochain.
   b) Permettez-moi de vous rappeler que cela fait quinze jours que j'attends la marchandise commandée et que je me verrai contraint d'annuler la commande si je ne suis pas livré dans les trois jours.
   c) Cela fait longtemps que nous n'avons pas eu un carnet de commandes aussi rempli ; en 1991, nous battrons tous les records de vente, et la crise n'y changera rien.

2. a) Que pensez-vous de cette voiture, la dernière née de la maison ?
   b) La semaine dernière, j'ai visité l'usine Volkswagen, à Wolfsburg, et il m'a bien fallu une journée entière pour me rendre compte de l'importance (das Ausmaß) de cette entreprise.
   c) Bien sûr, cette usine bénéficie des techniques les plus avancées ; il n'en demeure pas moins qu'une excellente gestion contribue largement à la réussite de cette entreprise.

3. a) Ce n'est que depuis l'année dernière qu'il est à nouveau en France.
   b) Il était allé en Allemagne en 1936 et y était resté presque dix ans, jusqu'au lendemain de la guerre, puis il est parti aux USA.
   c) Lundi dernier, j'ai revu cet ami dont je ne savais plus ce qu'il était devenu depuis notre dernière rencontre, il y a plus de dix ans.
   d) Quand je l'ai connu (quand j'ai fait sa connaissance), il venait de finir ses études, il avait

d) Quand je l'ai connu (quand j'ai fait sa connaissance), il venait de finir ses études, il avait des projets plein la tête et ne pensait qu'à partir le plus vite possible.
e) Depuis (ce temps là), il a effectivement fait le tour du monde, s'est marié assez tard, a aujourd'hui un fils de treize ans et des cheveux blancs, mais dans le fond, il n'a pas changé vraiment.

14. LA PEUR DES MOTS

Chaque fois que je passe devant l'Hôtel des Invalides – et c'est souvent puisque j'habite tout à côté – , je me demande de quelle façon il aurait été conçu et construit si, en son temps, le mot "invalides" avait été implicitement proscrit du vocabulaire officiel. (...)

Quoi qu'il en soit de notre peur des mots et des barbarismes qu'elle ne cesse d'inventer, le fait est que pour nous il n'y a plus ni pauvres, ni vieillards, ni primitifs, ni estropiés ; nous ne voulons connaître que des "économiquement faibles", des "personnes du énième âge", des pays "en voie de développement" et des "handicapés", ce qui contribue sûrement à apaiser un peu la mauvaise conscience collective, bien que les intéressés eux-mêmes n'en soient guère soulagés. Faute de pouvoir nettoyer le monde de ses hontes bien réelles, nous les évacuons du moins de notre vocabulaire. (...)

En somme, poussés par notre délicatesse, nous travaillons à étouffer le scandale en condamnant les mots qui le désignent trop clairement à s'effacer devant des mots "décents". (...)

Marthe Robert, Livre de lectures, Grasset 1977

■ LES MOTS

l'invalide	der Invalide (-n, -n)
l'Hôtel des Invalides	der Invalidendom
concevoir	denken (dachte gedacht), erdenken
proscrire	verbieten (o, o), ab/schaffen, verbannen
le vocabulaire	der Wortschatz, das Vokabular
les barbarismes	die barbarischen Vokabeln
inventer	erfinden (a, u), sich etwas (A) ein/fallen lassen
le vieillard	der Greis (-e)
l'estropié	der Krüppel (-)
les personnes du 3e âge	die Senioren (pl.)
un handicapé	ein Behinderter (Adj.)
la mauvaise conscience	das schlechte Gewissen
la honte ; les hontes	die Schande (sg.) ; die Schandflecken (pl.)
évacuer (de)	ici : streichen aus (+D), löschen aus (+D)
la délicatesse	ici : die Gewissenhaftigkeit, die Feinfühligkeit
étouffer le scandale	den Skandal vertuschen / leugnen
condamner	verurteilen (zu +D)
s'effacer devant	weichen (i, i, ist) (+D), den Platz räumen (+D)
décent	schicklich, zumutbar, diskret

■ MAIS ENCORE

tout à côté	ganz in der Nähe
le fait est que	Tatsache ist, daß ... ; fest steht, daß...
ni ... ni	weder ... noch
guère	kaum
faute de pouvoir ...	da man nicht ... kann
en somme, il a ...	kurz und gut , er hat ...

LE POINT DE GRAMMAIRE

● LA PROPOSITION CONCESSIVE

Un certain type de proposition concessive – non introduite par une conjonction – est considérée comme étant "hors construction", ce qui signifie qu'elle est suivie d'une principale à construction "directe" : S-V-C

Quoiqu'il arrive, je viendrai. Was auch geschehen mag, ich werde kommen.
Elle a beau crier, personne ne l'entend. Sie mag noch so laut schreien, niemand hört sie.
Bien que cela me soit difficile, il faut que je te dise la vérité. So schwer es mir auch fällt, ich muß dir die Wahrheit sagen.
Qu'il le veuille ou non, il doit payer. Ob er will oder nicht, er muß zahlen.
Il dira ce qu'il voudra, je ne céderai pas ! Was er auch sagen mag, ich werde nicht nachgeben !

Mais :

Même s'il me menace, je ne céderai pas. Auch wenn er mir droht, werde ich nicht nachgeben.

● LE CONDITIONNEL

1. En allemand, le mode du conditionnel est le subjonctif II (formé à partir du radical du prétérit).

Aimerais-tu venir ? Würdest du gern kommen ? Hättest du Lust zu kommen ?
Ce serait dommage ! Das wäre schade !
Qu'auriez-vous fait à ma place ? Was hätten Sie an meiner Stelle gemacht ?
J'aurais dû le savoir. Ich hätte das wissen sollen. (double infinitif)

2. Le conditionnel introduit par la conjonction "wenn" :

Si je pouvais, je partirais dès ce soir. Wenn ich könnte, würde ich schon heute abend abreisen.
Si j'avais du temps, je sortirais davantage. Wenn ich Zeit hätte, würde ich öfter ausgehen.
Si j'avais eu l'argent nécessaire, j'aurais fait ce voyage. Wenn ich das nötige Geld gehabt hätte, hätte ich diese Reise gemacht.
Si tu étais parti plus tard, j'aurais pu venir avec toi. Wenn du später gefahren wärst, hätte ich mit dir kommen können.

3. Construction sans "wenn" :

Hätte ich Zeit, (so) würde ich öfter ausgehen.

Wärst du später gefahren, hätte ich mit dir kommen können.

N.B. : On n'emploie jamais "würde" ni avec un auxiliaire te temps ni avec un verbe de modalité (jamais : ich würde sein, mais : ich wäre, jamais er würde müssen, mais : er müßte).

De même qu'on évite d'employer "würde" dans la subordonnée introduite par "wenn". Toutefois, il est des verbes dont le subj. II a peu de relief (vb. faibles notamment), ou dont la forme est quelque peu bizarre (fliehen – er flöhe, ziehen – er zöge, kriechen – er kröche etc.)

Dans ce cas, on "contourne la loi" en construisant sans "wenn" :

S'ils prenaient des vacances de temps en temps ils seraient un peu moins tendus.
Wenn sie ab und zu Urlaub machten, wären sie ein wenig entspannter.
Würden sie ab und zu Urlaub machen, wären sie ein wenig entspannter.

4. le désir, le regret :

Si je pouvais avoir fini ! Wäre ich doch schon fertig !
S'il avait été là ! Wäre er doch hier gewesen !

■ TRADUCTION PROPOSEE
Die Angst vor den Wörtern

Jedesmal wenn ich am Invalidendom vorbeigehe – und das geschieht häufig, denn ich wohne ganz in der Nähe – frage ich mich, wie er wohl gedacht und gebaut worden wäre, wäre zu seiner Zeit das Wort "Invaliden" implizit aus dem offiziellen Wortschatz verbannt gewesen. (...)

Wie es auch um unsere Angst vor den Wörtern bestellt sein mag, und um die barbarischen Vokabeln, welche diese Angst immer neu erfindet : es steht fest, daß es für uns keine Armen mehr gibt, ebensowenig wie Greise, primitive Völker oder Krüppel ; wir wollen es nur mit "Unterbemittelten", "Senioren", "Entwicklungsländern" und "Behinderten" zu tun haben, was zweifellos dazu beiträgt, das allgemeine schlechte Gewissen ein wenig zu beruhigen, wenn damit den betreffenden Personen auch kaum geholfen ist. Da wir nicht imstande sind, unsere Welt von ihren sehr konkreten Schandflecken zu befreien, streichen wir sie wenigstens aus unserem Wortschatz. (...)

Kurz und gut, wir sind in unserer Gewissenhaftigkeit darum bemüht, den Skandal zu vertuschen, indem wir die Wörter, die ihn allzu deutlich benennen, dazu verurteilen, anderen, "zumutbaren" Wörtern den Platz zu räumen.

■ VARIANTES
Die Angst vor den Wörtern

Jedesmal wenn ich am Invalidendom vorbeigehe – und **das ist oft der Fall,** denn ich wohne ganz in der Nähe – frage ich mich, wie er wohl gedacht und gebaut worden wäre, wäre zu seiner Zeit das Wort "Invaliden" **in einer Art stillschweigender Übereinkunft** aus dem offiziellen Wortschatz verbannt gewesen.

Welches auch die Ursache unserer Angst vor den Wörtern **sein mag** und der barbarischen **Sprachschöpfungen, die ständig aus dieser Angst hervorgehen** : Tatsache ist, daß es für uns keine Armen mehr gibt, auch keine Alten, Primitiven oder Krüppel ; wir wollen nur "Unterbemittelte" **kennen,** "Senioren", "Entwicklungsländer" und "Behinderte", was **sicher** dazu beiträgt, das **kollektive** schlechte Gewissen zu beruhigen, **wenn das auch** den betroffenen Personen selbst **kaum hilft / herzlich wenig** hilft. Da wir nicht **fähig** sind, die sehr konkreten Schandflecken **aus der Welt zu schaffen,** löschen wir sie wenigstens aus unserem Wortschatz.

Im Grunde treibt uns unsere Feinfühligkeit dazu, den Skandal nach Möglichkeit **verschwinden zu lassen / zu ersticken /,** indem wir die Wörter, die ihn allzu deutlich benennen, dazu verurteilen, anderen, **"diskreten" / "schicklichen" /** Wörtern zu weichen.

■ LE TOUR DES MOTS

passer — vergehen (i, a, ist) (Zeit), über/gehen zu (+D) vorbei/gehen an (+D)

Elle passe devant l'église. — Sie geht an der Kirche vorbei.
Je passerai te voir demain. — Ich komme morgen bei dir vorbei.
passer à un autre sujet — zu einem anderen Thema über/gehen
passer à autre chose (conversation) — auf etwas anderes zu sprechen kommen (a, o)
Le temps passe. — Die Zeit vergeht.
La douleur passera. — Der Schmerz wird nach/lassen (ie, a).
Des nuages passent dans le ciel. — Wolken ziehen am Himmel (vorüber).
C'est passé de mode. — Das ist aus der Mode gekommen, das ist überholt (dépassé).

Je me passe très bien de lui. — Ich kann sehr gut auf ihn verzichten, ich kann ihn durchaus entbehren.

le côté — die Seite (-n)
d'un côté, ... de l'autre, ... — auf der einen Seite ... auf der anderen ...
einerseits ... andererseits ...

du côté de la gare	in der Nähe des Bahnhofs, beim Bahnhof
J'habite à côté.	Ich wohne in der Nähe (pas loin), ich wohne nebenan (la maison d'à-côté).
de l'autre côté du Rhin	jenseits des Rheins
de l'autre côté de la rue	gegenüber, auf der anderen Straßenseite
côté cour / côté rue	hofseitig / straßenseitig
À côté de lui, je n'ai aucune chance.	Im Vergleich zu ihm habe ich gar keine Chance.
de quelque côté que l'on considère la chose	von welcher Seite man die Sache auch betrachtet / betrachten mag
moi, de mon côté, ...	ich meinerseits ...
mettre de côté	beiseite legen

le fait	1. die Tatsache (-n), 2. die Tat (-en)
le fait est que	Tatsache ist, daß ...
Il m'a mis devant le fait accompli.	Er hat mich vor die vollendete Tatsache gestellt.
Aux faits !	Zur Sache !
Les paroles ne sont pas suivis de faits.	Den Worten folgen keine Taten.
Il a été pris sur le fait.	Er wurde auf frischer Tat ertappt.
De ce fait, il n'a pas pu nier son acte.	Deshalb / folglich / konnte er seine Tat nicht leugnen.
Mais en fait, je n'en savais rien.	Aber in Wirklichkeit wußte ich nichts davon.
les faits divers	Lokalnachrichten, gemischte Nachrichten

apaiser	beruhigen, befriedigen, stillen ...
apaiser sa conscience	sein Gewissen beruhigen
apaiser sa faim, sa soif	seinen Hunger stillen, seinen Durst löschen
apaiser une querelle	einen Streit schlichten
La douleur s'est apaisée.	Der Schmerz hat nachgelassen.
J'ai réussi à l'apaiser (calmer).	Ich konnte ihn beruhigen / beschwichtigen.

contribuer à	bei/tragen (u, a) zu, einen Beitrag leisten zu (+D)
la contribution	der Beitrag (-¨e)
Tout le monde a contribué.	Alle haben mitgeholfen.
Il a contribué à l'achat du cadeau.	Er hat zum Kauf des Geschenks beigesteuert.
le contribuable	der Steuerzahler

la conscience	das Gewissen, das Bewußtsein
avoir bonne / mauvaise / conscience	ein gutes / schlechtes Gewissen haben
Il n'a rien sur la conscience.	Er hat ein reines Gewissen, er hat nichts auf dem Gewissen.
en mon âme et conscience	nach bestem Wissen und Gewissen
Il n'en a pas conscience.	Er ist sich (+D) dessen nicht bewußt.
Il est très conscient de sa valeur.	Er ist sehr selbstbewußt .
consciencieux	gewissenhaft (scrupuleux), pflichtbewußt (responsable) / sorgfältig (appliqué)

l'intérêt	das Interesse (-n), der Vorteil (-e)
les intérêts (écon.)	die Zinsen (pl.)
le taux d'intérêt	der Zinssatz (-¨e)
Je n'ai pas d'intérêt particulier pour cela.	Ich habe kein besonderes Interesse daran, ich bin daran nicht besonders interessiert.
montrer de l'intérêt pour qqch	für etwas (A) Interesse zeigen
Je ne vois pas l'intérêt de faire cela.	Ich sehe keinen Sinn / keinen Vorteil / darin, das zu tun.
c'est sans intérêt	das ist sinnlos / unnötig
C'est une proposition très intéressée !	Das ist ein sehr eigennütziger Vorschlag ! (= ein V. aus dem ich Nutzen zu ziehen hoffe)
dans l'intérêt public	im öffentlichen Interesse, zum öffentlichen Wohl
sauvegarder ses intérêts personnels	seine eigenen Interessen wahren
réclamer les dommages-intérêts	einen Schadenersatz fordern
s'intéresser à qqch	sich für etwas (A) interessieren, an etwas (D) interessiert sein

effacer	aus/löschen, verwischen, aus/streichen (i, i)
effacer le tableau	die Tafel ab/wischen
effacer à la gomme	aus/radieren

Les contours se sont effacés.	Die Konturen sind verblaßt / haben sich verwischt / sind undeutlich geworden.
effacer les traces	die Spuren verwischen (die Spur, -en)
s'effacer devant qqn	jdn vorbei/lassen (ie, a), jdm den Platz räumen

■ PROGRESSER

1. a) Je me demande ce qu'il aurait fait s'il n'avait pas eu de la famille à Hambourg.
   b) Dès la chute du mur de Berlin, beaucoup d'Européens ont eu peur de la puissance d'une Allemagne réunifiée.
   c) Quels que soient les efforts de Bonn, il faudra plusieurs années avant que le niveau de vie soit le même dans les 16 länder de la "nouvelle RFA".
2. a) Il a conscience de son pouvoir.
   b) Le pouvoir des mots est souvent supérieur à celui des actes ; c'est un fait dont nous ne sommes pas toujours conscients.
   c) L'aide aux pays en voie de développement n'est souvent qu'un de ces mots qui nous servent à avoir la conscience tranquille tout en nous permettant de sauvegarder nos intérêts politiques et économiques.
3. a) Ils auraient aimé être riches. Ils croyaient qu'ils auraient su l'être. (G. Perec)
   b) Ils auraient eu le tact, la discrétion nécessaire pour ne pas s'en glorifier ; ils auraient aimé vivre et leur vie aurait été un art de vivre. (G.Perec)
   c) Même si tu avais su qu'il ne s'agissait là que de l'erreur d'une personne peu consciencieuse, tu ne te serais pas comporté différemment.

15. LE MYSTÈRE DE NOS DÉPENSES

Mais où passe l'argent des Français ? Ils ne s'habillent plus, ne mangent plus, ne sont pas encore persuadés des mérites du lave-vaisselle, se contentent d'une hygiène sommaire. A se demander si cela vaut bien la peine de repartir à la conquête du marché intérieur ! Chaque livraison d'études de l'INSEE nous révèle des désaffectations des consommateurs. Chaque sondage réalisé pour le compte d'une fédération professionnelle dévoile des retards honteux par rapport à nos partenaires. Du coup, l'addition de ces traits de comportement nous donne l'impression d'être les "affreux, sales et méchants" de l'Europe ! Alors que nous arrivons à la deuxième place de la CEE, derrière l'Allemagne Fédérale, pour le revenu par habitant ! Bizarre !

Une chose est claire : nous ne sommes pas nets. Quand, l'an dernier, la SOFRES est passée de l'autre côté du miroir pour nous observer dans nos salles de bains, elle a découvert que 42 % seulement des personnes interrogées estimaient normal de se laver tous les jours.

Le Nouvel Economiste, nov.1986

■ LES MOTS

le mystère	das Geheimnis (-sse), das Rätsel (-)
la dépense	die Ausgabe (-n)
s'habiller ; les habits	sich kleiden ; die Kleidung (sg.), die Kleider (pl.)
être persuadé de ...	überzeugt sein von (+D)
le lave-vaisselle ; la vaisselle	der Geschirrspüler (-) ; das Geschirr
l'hygiène	die Hygiene, die Körperpflege
la conquête	die Eroberung
le marché intérieur	der Inlandsmarkt, der Binnenmarkt (-¨e)
le grand marché intérieur (CEE)	der große Binnenmarkt (EWG)
l'INSEE	staatliches Institut für Statistik und Wirtschaftsstudien (en RFA : statistisches Bundesamt)

la désaffectation du consommateur	die geringe Kauflust des Verbrauchers
le sondage	die Umfrage (-n)
les traits de comportement	die Verhaltensweisen (pl.)
le revenu par habitant	das Pro-Kopf-Einkommen
la SOFRES	französisches Meinungsforschungsinstitut
le miroir	der Spiegel (-)
les personnes interrogées (sondage)	die Testpersonen, die befragten Personen

■ MAIS ENCORE

cela vaut la peine	es lohnt sich
pour le compte de	im Auftrag von (+D), im Auftrag (+G), für (+A)
du coup, ...	ici : das führt dazu, daß ... ; so kommt es, daß ...
tous les jours	täglich, jeden Tag

LE POINT DE GRAMMAIRE

● LA TRADUCTION DE "OÙ"

1. "où" interrogatif

se traduit par "wo" s'il s'agit d'un locatif (lieu où l'on est), par "woher" ou "wohin" s'il s'agit d'un directif (lieu d'où l'on vient, où l'on va)

Observez :

Si seulement je savais où le trouver !	Wenn ich nur wüßte, wo ich ihn finden kann !
Où allons-nous ?	Wohin gehen wir ?
Je ne savais plus où aller.	Ich wußte nicht mehr, wohin ich gehen sollte.
D'où viennent tous ces gens ?	Woher kommen alle diese Leute ?
Il ne m'a pas dit d'où il savait tout cela.	Er hat mir nicht gesagt, woher er das alles wußte.
Que faire des déchets ?	Wohin mit dem Müll ?

2. "où" relatif

L'endroit où j'habite me plaît de plus en plus.	Der Ort, wo ich wohne, gefällt mir immer besser.
Je connais la ville d'où ils viennent.	Ich kenne die Stadt, aus der sie kommen.
Le pays où nous allons est très petit.	Das Land, in das wir fahren / ziehen /, ist sehr klein.

● LES CONTINENTS – LES PAYS – LES VILLES

→ Sont **du genre neutre**, et ne prennent pas d'article, sauf s'ils sont accompagnés d'un adjectif ou d'un complément de nom : les continents, les villes, et la plupart des pays :

La différence entre la France et l'Allemagne.	Der Unterschied zwischen Frankreich und Deutschland.
Le Berlin des années trente.	Das Berlin der dreißiger Jahre.
L'Europe de demain.	Das zukünftige Europa.
Regardez l'Italie, elle est sortie de la crise.	Seht euch Italien an, es hat die Krise hinter sich.

Mais :

Toute l'Europe ; dans toute l'Asie ; ...	Ganz Europa ; in ganz Asien ; ...

→ Sont **du genre féminin** et prennent toujours l'article :

die BRD, die Sowjetunion (die UdSSR), die Türkei, die Tschechoslowakei, die Schweiz

→ Sont **du pluriel** et prennent toujours l'article :

die Vereinigten Staaten (die USA), die Niederlande (pluriel ancien)

→ **Sont du genre masculin :**

der Iran, der Irak (généralement avec l'article)

→ **N.B.**

Je vais en France / en Afrique / à Berlin ...	Ich fahre nach Frankreich / nach Afrika / nach Berlin ...
J'habite en Autriche / en Australie / à Bonn.	Ich lebe in Österreich / in Australien / in Bonn
Il vient d'Allemagne.	Er kommt aus Deutschland (er ist Deutscher). Er kommt von Deutschland (er war eben dort).
Je vais aux USA / en URSS /en RFA.	Ich fahre in die USA / in die UdSSR / in die BRD
Il vit en Suisse / en Turquie / aux Pays Bas.	Er lebt in der Schweiz / in der Türkei / in den Niederlanden.

● LA TRADUCTION DE "COMBIEN"

La conjonction "combien" se traduit par "wie", **immédiatement suivi de** "sehr", "viel" ou d'un adj. / adv.

Observez bien :

Tu ne peux t'imaginer ...	Du kannst dir nicht vorstellen, ...
... combien je t'admire !	... **wie sehr** ich dich bewundere !
... combien cela nous a fait de la peine.	... **wie viel** Kummer uns das bereitet hat.
... combien ce que tu dis est juste.	... **wie wahr** das ist, was du sagst.
... combien je te suis reconnaissant.	... **wie dankbar** ich dir bin.
... combien il conduit dangereusement.	... **wie gefährlich** er fährt.
... combien de fois je lui ai déjà dit cela.	... **wie oft** ich ihm das schon gesagt habe.
... combien de temps cela nous a pris.	... **wie lange** wir dazu gebraucht haben.

■ TRADUCTION PROPOSEE

Das Geheimnis um unsere Ausgaben

Was machen die Franzosen bloß mit ihrem Geld ? Sie kleiden sich nicht mehr, essen nicht mehr, sind noch nicht von den Vorzügen des Geschirrspülers überzeugt und nehmen es mit der Hygiene nicht allzu genau. Man fragt sich wirklich, ob es sich überhaupt noch lohnt, den Inlandsmarkt neu erobern zu wollen ! Jede neue Veröffentlichung von INSEE-Studien (von Studien des Statistischen Instituts) enthüllt uns die mangelnde Kauflust der Verbraucher. Jede von einem Berufsverband in Auftrag gegebene Umfrage deckt einen beschämenden Rückstand gegenüber unseren Partnern auf. Das führt dazu, daß die Summe dieser Verhaltensweisen uns den Eindruck vermittelt, die "schrecklichen, dreckigen Ekel" Europas zu sein ! Wo wir doch für das Pro-Kopf-Einkommen in der EWG an zweiter Stelle stehen, gleich hinter der Bundesrepublik ! Sonderbar !

Als sich letztes Jahr das Meinungsforschungsinstitut SOFRES hinter den Spiegel gestellt hat, um uns in unseren Badezimmern zu beobachten, hat es herausgefunden, daß nur 42 Prozent der befragten Personen es für normal halten, sich täglich zu waschen.

■ VARIANTES

Das Geheimnis um unsere Ausgaben

Was machen denn die Franzosen mit ihrem Geld ? Sie kleiden sich nicht mehr, essen nicht mehr, sind noch nicht von den Vorzügen des Geschirrspülers überzeugt und **begnügen sich mit einer oberflächlichen Hygiene**. Man fragt sich wirklich, **ob es sich denn noch lohnt / ob es überhaupt der Mühe wert ist /,** den Inlandsmarkt neu erobern zu wollen ! **Jede Veröffentlichung** von INSEE-Studien **deckt uns jedesmal die geringe Kauflust / die Gleichgül-**

tigkeit / der Verbraucher auf. Jede Umfrage, die im Auftrag eines Berufsverbands **durchgeführt wird, zeigt, daß wir im Vergleich zu unseren Partnern auf beschämende Weise im Rückstand sind. Das hat zur Folge, daß wir das Gefühl haben, durch unser gesamtes Verhalten die "bösen Schmuddelkinder" Europas zu sein** ! Und dabei stehen **wir** für das Pro-Kopf-Einkommen in der EWG an zweiter Stelle, gleich hinter der Bundesrepublik ! Sonderbar !

Als letztes Jahr das Meinungsforschungsinstitut SOFRES hinter den Spiegel **getreten ist,** um uns in unseren Badezimmern zu beobachten, **hat sich herausgestellt,** daß nur 42 Prozent der **Testpersonen es normal finden,** sich **jeden Tag** zu waschen.

■ LE TOUR DES MOTS

le mystère	das Geheimnis (-sse), das Rätsel (-)
Cet homme est un mystère pour moi.	Dieser Mann ist mir ein Rätsel.
Ce n'est plus un mystère pour personne.	Das ist für niemanden mehr ein Geheimnis.
le mystère de ce château	das Geheimnis um dieses Schloß
Ne fais pas tant de mystères !	Tu nicht so geheimnisvoll !
la dépense	die Ausgabe (-n), der Verbrauch (sg.)
dépenser de l'argent pour	Geld aus/geben für (+A)
réduire les dépenses	die Ausgaben verringern
réduire les dépenses d'énergie	den Energieverbrauch ein/schränken
le mérite	das Verdienst (-e), der Vorzug (-̈e)
Il m'a vanté les mérites de cet appareil.	Er hat mir die Vorzüge dieses Apparats gepriesen.
Vous méritez cette promotion.	Sie verdienen diese Beförderung.
C'est un succès tout à fait mérité.	Das ist ein durchaus verdienter/gerechtfertigter Erfolg.
la croix du mérite	das Verdienstkreuz
se contenter de	sich begnügen mit, sich zufrieden geben mit (D+)
Il est facile à contenter.	Er ist leicht zufriedenzustellen.
Il se contente du deuxième prix.	Er gibt sich mit dem zweiten Platz zufrieden.
Ils doivent se contenter d'une poignée de riz.	Sie müssen sich mit einer Handvoll Reis begnügen.
la peine	die Mühe (-n), die Plage (labeur, fléau)
avoir de la peine	Kummer haben (der Kummer)
à grand-peine	mit Müh und Not
Ce n'est pas la peine.	Das ist nicht der Mühe (G) wert.
Cela vaut la peine d'essayer.	Das ist eines Versuchs (arch.) / einen Versuch / wert.
Est-ce que cela vaut vraiment la peine ?	Lohnt sich das wirklich ? Zahlt sich das wirklich aus ?
Le détour valait la peine.	Der Umweg hat sich gelohnt.
révéler	offenbaren, erkennen lassen, enthüllen
révéler un secret	ein Geheimnis verraten (ie, a)
Ce sondage a révélé que ...	Diese Umfrage hat enthüllt, daß ... ; durch diese Umfrage hat sich herausgestellt, daß ...
Les résultats se sont révélé truqués.	Die Resultate haben sich als gefälscht erwiesen.
la révélation	die Offenbarung
le retard	1. die Verspätung 2. der Rückstand
Le train a trois heures de retard.	Der Zug hat drei Stunden Verspätung.
Je suis en retard.	Ich habe mich verspätet.
Je me suis mis en retard d'une heure.	Ich habe mich um eine Stunde verspätet.
rattraper le retard	die Verspätung auf/holen
Par rapport à nous, ces pays sont en retard.	Im Vergleich zu uns sind diese Länder im Rückstand.
observer qqn	jdn beobachten, jdm zu/schauen
Je l'ai observé pendant qu'il jouait.	Ich habe ihm beim Spielen zugeschaut ; ich habe ihn beobachtet, während er spielte.
On a observé un net ralentissement.	Man hat eine deutliche Verlangsamung festgestellt.

observer une loi	ein Gesetz befolgen
observer une règle	eine Regel ein/halten (ie, a)
je vous ferai observer que ...	Ich möchte Sie darauf aufmerksam machen, daß ...
estimer	1. schätzen 2. achten 3. meinen
La valeur de ce bijou est estimée à ... DM.	Der Wert dieses Schmuckstücks wird auf ... DM geschätzt.
une bague d'une valeur inestimable	ein Ring von unschätzbarem Wert
Il est difficile d'évaluer la portée de cet événement.	Es ist nicht leicht, die Auswirkungen dieses Ereignisses abzuschätzen (ab/schätzen).
Il est capable d'estimer qqch à sa juste valeur.	Er ist fähig, eine Sache richtig einzuschätzen.
C'est un homme très estimé / respecté.	Er ist ein sehr geachteter Mann.
Il est digne de la plus haute estime.	Er verdient alle Hochachtung.
Le journaliste estime que la situation pourra évoluer très rapidement.	Der Journalist meint, daß sich die Situation sehr rasch ändern kann.
J'estime qu'il est inutile de poursuivre.	Ich halte es für nutzlos / sinnlos / unnötig /, weiterzumachen.
J'estime qu'on peut lui faire confiance.	Ich bin der Ansicht / ich meine / ich glaube /, daß man ihm vertrauen kann.

■ PROGRESSER

1. a) Tout son argent passe dans sa moto.
    b) Par rapport aux Allemands, les Français dépensent très peu d'argent pour les soins du corps.
    c) Lorsque les résultats de ce sondage ont été publiés, toute la France eut peur que ses voisins, et notamment ceux de l'autre côté du Rhin, n'apprennent cette vérité gênante.
2. a) Est-ce que cela vaut encore la peine de faire réparer cette machine ?
    b) Ce vendeur mérite vraiment une promotion (die Beförderung) : il a tellement vanté (inf. loben) les mérites de cet appareil que j'en ai acheté deux.
    c) Après trois années d'études d'allemand, il estime en savoir assez pour (aller) faire une étude de marché en Allemagne.
3. a) A votre place, je ne révélerais pas ces secrets !
    b) On se demande un peu partout en Europe si l'unification de l'Allemagne ne va pas retarder la création effective du grand marché intérieur.
    c) Que l'Allemagne tienne la première place dans la CEE ne fait aucun doute ; mais est-ce que ses partenaires se rendent compte combien la modernisation de l'industrie est-allemande sera coûteuse ?

16. LES ENJEUX DES THÉRAPIES GÉNIQUES

La thérapie génique relève de la même morale que les pratiques médicales plus conventionnelles : donner à tous des chances égales face à la maladie et à la mort. La réussite des expériences de greffe de cellules souches *in utero* permet déjà, dans quelques cas très précis, de renforcer la fiabilité du diagnostique prénatal. Déceler une anomalie chez le foetus ne conduit plus forcément à la question : faut-il laisser cet enfant venir au monde ? Il existe désormais des possibilités de traitement. (...)

Les craintes soulevées par ce type d'expériences sont, bien sûr, légitimes, mais elles sont davantage basées sur l'ignorance que sur un risque réel. Il ne s'agit pas d'isoler les gènes des yeux bleus et des cheveux blonds. (...) Il n'est pas non plus question de modifier le caractère des individus. Ce ne sont là que des fantasmes. (...)

Le scientifique a donc pour mission d'expliquer à la population les enjeux et les retombées possibles. Une fois l'information clairement passée, le débat doit être ouvert sur l'utilisation des connaissances. Comme tout homme, le scientifique doit participer à ce débat. Mais ce n'est pas à lui seul de fixer les limites à ne pas franchir. Cette décision doit émaner d'un consensus général.

Sciences et Avenir, décembre 1990 (réflexions du professeur J.-L. Tourraine, Lyon)

■ LES MOTS

l'enjeu	was auf dem Spiel steht
la thérapie	die Therapie (-n), die Behandlung (-en)
la thérapie génique ; le gène	die Gentherapie ; das Gen (-e)
relever de	beruhen auf (+D), sich berufen (ie, u) auf (+A)
la morale	ici : die ethischen / moralischen / Prinzipien
les pratiques médicales	die medizinischen Praktiken (die Praktik)
la mort ; le mort	der Tod (-e) ; der Tote (Adj.)
l'expérience	ici : das Experiment (-e)
la greffe	die Verpflanzung (-en), die Einpflanzung
la cellule	die Zelle (-n)
la cellule-souche	die Stammzelle (-n)
la fiabilité ; le degré de fiabilité	die Verläßlichkeit ; der Verläßlichkeitsgrad
le diagnostic	die Diagnose (-n)
prénatal	vorgeburtlich
déceler	ici : entdecken, fest/stellen
le foetus	der Embryo (-s)
légitime	ici : gerechtfertigt, berechtigt
l'ignorance	das Unwissen, das mangelhafte Wissen
modifier	verändern, ici aussi : beeinflussen
le fantasme	die Wahnvorstellung (-en)
le scientifique ; le chercheur	der Wissenschaftler (-) ; der Forscher (-)
avoir pour mission	die Aufgabe haben
les retombées	die Auswirkungen (pl.), die Folgen (pl.)
l'utilisation	die Anwendung (-en)
franchir une limite	eine Grenze überschreiten (i, i)
émaner de	hervor/gehen (i, a, ist) aus (+D)
le consensus	die Übereinstimmung, der Konsens (sg.)

■ MAIS ENCORE

face à ...	gegenüber (+D), angesichts (+G)
face à cela	demgegenüber
forcément	notwendigerweise, unbedingt
désormais	bereits, schon, schon heute, von jetzt an
davantage ... que (intensité)	eher ... als, vielmehr ... als
il est question de ...	es geht darum / es handelt sich darum /, ... zu ...
pas non plus	auch nicht

LE POINT DE GRAMMAIRE

● MÜSSEN – SOLLEN

(sens fondamental et nuances)

1. müssen

ich muß, ich mußte, ich habe arbeiten müssen (double infinitif !), ich müsse (subj. I), ich müßte (subj. II)

→ l'obligation, la nécessité

En France, tous les enfants doivent aller à l'école.	In Frankreich müssen alle Kinder zur Schule gehen.

Il faut que je parte maintenant.   Ich muß jetzt gehen.
Il importe que vous sachiez que ...   Sie müssen wissen, daß ...
N'est-il pas possible de faire autrement ?   Muß das so gemacht werden ?

→ la déduction logique

Il doit avoir manqué son train, sinon il serait déjà là.
Er muß seinen Zug versäumt haben, sonst wäre er schon da.

2. sollen

ich soll, ich sollte, ich solle (subj. I), ich sollte (subj. II)

→ expression de la volonté d'autrui (personne ou institution)

Veux-tu que je t'aide ?
Soll ich dir helfen ?

Ton père veut que tu l'appelles.
Du sollst deinen Vater anrufen.

Tu ne tueras point.
Du sollst nicht töten.

Je devrais travailler, mais je n'en ai pas envie.
Ich sollte arbeiten, aber ich habe keine Lust dazu.

Je ne sais que penser de tout cela.
Ich weiß nicht, was ich von alldem denken soll.

Dis-lui de se dépêcher. (injonction indirecte)
Sag ihr, sie soll sich beeilen.

Tu ne devrais pas te faire de soucis.
Du solltest dir keine Sorgen machen.

Avec un bruit pareil, comment voulez-vous que je comprenne quelque chose ?
Wie soll ich bei solch einem Lärm etwas verstehen ?

→ expression d'un regret (passé du subj. II)

Tu n'aurais pas dû dire cela.   Das hättest du nicht sagen sollen.
J'aurais dû rentrer à la maison.   Ich hätte nach Hause gehen sollen.

→ affirmation d'autrui

On le dit très riche.   Er soll sehr reich sein.
Il aurait effectivement dit cela.   Er soll das tatsächlich gesagt haben.

→ idée de projet, de prévision

On prévoit la fin des travaux pour 1995.   Die Bauarbeiten sollen 1995 beendet sein.
Cette maison sera démolie demain.   Dieses Haus soll morgen abgerissen werden.
La semaine des 35 heures va   Die 35-Stunden-Woche soll das Problem
(est destinée à) résoudre le problème.   lösen.
On envisage l'interdiction de circuler dans   In der Innenstadt soll der Verkehr verboten
le centre-ville.   werden.
Cela rime à quoi, au juste ?   Was soll das alles eigentlich ?

● MÜSSEN - DÜRFEN

Il y a entre "müssen" et "dürfen" une sorte de chassé-croisé qui est source de fréquentes erreurs.

Pourtant, il suffit de se servir des substituts de "devoir" et de "pouvoir" pour que les choses soient claires :

müssen = être obligé de = contrainte / nicht müssen = ne pas être obligé de = liberté

dürfen = avoir le droit de = liberté / nicht dürfen = ne pas avoir le droit de = contrainte

Est-ce que je peux fumer ici ?
Darf ich hier rauchen ?

Tu ne dois pas fumer ici.
Du darfst hier nicht rauchen.
Tu n'es pas obligé de venir si cela ne te dit rien.
Du mußt nicht kommen, wenn du keine Lust hast.
On ne peut ni ne doit penser une telle chose.
Man kann und darf so etwas nicht denken.
Il ne faut plus attendre, il faut agir !
Wir dürfen nicht mehr warten, wir müssen handeln !

● **LES VERBES INTRANSITIFS / FACTITIFS (DU TYPE "SINKEN / SENKEN")**

A partir d'un certain nombre de verbes forts (et intransitifs) ont été formés des verbes faibles (et transitifs), dont voici les plus courants :

stehen (stand, hat gestanden) / **stellen**	être debout / mettre debout, poser
liegen (lag, hat gelegen) / **legen**	être couché / coucher, poser à plat
hängen (hing, hat gehangen) / **hängen**	être suspendu / suspendre
sitzen (saß, hat gesessen) / **setzen**	être assis / asseoir
sinken (sank, ist gesunken) / **senken**	baisser, diminuer, sombrer / baisser (les prix)
steigen (stieg, ist gestiegen) / **steigern**	monter, augmenter / augmenter (la productivité)
trinken (trank, hat getrunken) / **tränken**	boire / abreuver
fallen (fiel, ist gefallen) / **fällen**	tomber / abattre (un arbre)
springen (sprang, ist gesprungen) / **sprengen**	sauter / faire sauter (à l'explosif)

Les prix ont fortement augmenté.	Die Preise sind stark gestiegen.
Nous avons pu augmenter le rendement.	Wir haben den Gewinn steigern können.
Le taux d'intérêt a été baissé.	Der Zinssatz ist gesenkt worden.
Des prix en baisse, est-ce que cela existe ?	Sinkende Preise, gibt es das denn ?

■ **TRADUCTION PROPOSEE**

Was bei der Gentherapie auf dem Spiel steht

Die Gentherapie beruht auf demselben moralischen Grundsatz wie die traditionelleren medizinischen Praktiken auch : allen Menschen vor dem Tod und der Krankheit die gleichen Chancen zu bieten. Der Erfolg der Experimente mit Stammzelleneinpflanzungen "in utero" ermöglicht in einigen ganz spezifischen Fällen heute schon, den Verläßlichkeitsgrad der vorgeburtlichen Diagnose zu erhöhen. So führt die Entdeckung einer Anomalie bei einem Embryo nicht mehr unbedingt zur Frage : soll dieses Kind geboren werden ? Es gibt bereits Möglichkeiten der Behandlung. (...)

Die Befürchtungen, die diese Art von Experimenten auslösen, sind natürlich gerechtfertigt, aber sie beruhen eher auf einem mangelhaften Wissen als auf einem tatsächlichen Risiko. Es handelt sich nicht darum, die Gene von blauen Augen oder blonden Haaren zu isolieren. Genausowenig wie davon die Rede sein kann, den Charakter der einzelnen Personen zu verändern. Das sind lauter Wahnvorstellungen. (...)

Daher ist es die Aufgabe des Wissenschaftlers, den Leuten zu erklären, was auf dem Spiel steht und welche Auswirkungen es geben kann. Ist einmal die Information klar vermittelt worden, dann muß die Anwendung dieser Erkenntnisse zur Debatte stehen. Wie jeder andere auch, muß der Wissenschaftler an dieser Debatte teilnehmen. Aber es obliegt nicht ihm allein, die nicht zu überschreitenden Grenzen festzulegen. Diese Entscheidung kann nur aus einer allgemeinen Übereinstimmung hervorgehen.

■ VARIANTES
Was bei der Gentherapie auf dem Spiel steht

Die Gentherapie beruht auf demselben ethischen Prinzip wie die traditionelleren medizinischen Praktiken auch : **die Chancengleichheit aller Menschen vor dem Tod und der Krankheit anzustreben / zu garantieren /**. **In ganz bestimmten Fällen** ermöglicht **heute** der Erfolg der Experimente mit **Stammzellenverpflanzungen** "in utero" bereits **eine größere Verläßlichkeit** der vorgeburtlichen Diagnose. **Die Feststellung** einer Anomalie bei einem Embryo führt nicht mehr **unweigerlich** zur Frage, **ob dieses Kind leben soll**. Es gibt bereits Möglichkeiten der Behandlung.

Die Befürchtungen, die von dieser Art von Experimenten **ausgelöst werden**, sind natürlich **verständlich**, aber sie beruhen eher auf **Unwissen** als auf einem tatsächlichen Risiko. **Es geht nicht darum**, die Gene von blauen Augen oder blonden Haaren zu isolieren. **Es ist auch nicht davon die Rede**, den Charakter **des einzelnen Menschen / des jeweiligen Individuums /** zu verändern. **Solche Vorstellungen sind reine Gebilde der Phantasie / Das sind lauter Schaudermärchen /**.

Deshalb ist es die Aufgabe des Wissenschaftlers, den Mitmenschen zu erklären, was auf dem Spiel steht und **welche Auswirkungen denkbar / möglich / nicht auszuschließen / sind. Ist einmal die Information klar vermittelt, muß über** die Anwendung dieser Erkenntnisse **debattiert werden**. Und wie jeder andere auch, muß **sich** der Wissenschaftler an dieser Debatte **beteiligen. Aber es ist nicht an ihm allein, die Grenzen zu bestimmen, die nicht überschritten werden dürfen**. Diese Entscheidung kann nur **aus einem öffentlichen Konsens** hervorgehen.

■ LE TOUR DES MOTS

la génétique	die Genetik, die Genforschung
la thérapie génique	die Behandlung mit Genen, die Gentherapie
le gène	das Gen (-e)
génétique (adj.)	genetisch
le généticien	der Genforscher (-)
le patrimoine génétique	das genetische Erbgut
l'intervention dans le patrimoine génétique	der Eingriff (-e) in das genetische Erbgut
la modification des dispositions héréditaires	die Veränderung der Erbanlagen (die Anlage, -n)
la pratique	die Praxis (-xen), die Praktik (-en)
les pratiques médicales	die medizinischen Praktiken
le praticien (généraliste)	der praktische Arzt
le guérisseur	der Heilpraktiker
en théorie et dans la pratique	in der Theorie und in der Praxis
mettre en pratique	in die Praxis um/setzen
Il n'a aucune expérience pratique.	Er hat überhaupt keine praktische Erfahrung.
la pratique, le stage	das Praktikum (-ka / -ken)
faire son stage	sein Praktikum absolvieren
Cela peut être très pratique.	Das kann sehr praktisch sein.
l'opération	die Operation (-en), der chirurgische / operative / Eingriff (-e)
subir une opération (méd.)	sich einer Operation unterziehen (o, o)
Il a été opéré hier.	Er wurde gestern operiert.
le bloc opératoire	der Operationssaal (-säle)
l'opération militaire	die Kampfhandlung (-en)
l'opération (mathémat.)	die Rechenart, die Rechnungsart
l'opération bancaire	das Bankgeschäft (-e)
effectuer une opération bancaire	ein Bankgeschäft tätigen
être opérationnel	einsatzfähig sein
l'expérience	1. das Experiment (-e), 2. die Erfahrung (-en)
faire une expérience ; le laboratoire	ein Experiment durch/führen ; das Labor (-s, -s)
on peut tenter l'expérience	man kann das Experiment / den Versuch / wagen
les expériences sur les animaux	die Tierversuche (der Versuch, -e)
Il n'a pas d'expérience pratique.	Er hat keine praktische Erfahrung.

être inexpérimenté	unerfahren sein
Je le sais par ma propre expérience.	Ich weiß es aus eigener Erfahrung.
la mission	die Aufgabe (-n), die Pflicht (-en), der Auftrag (-¨e)
avoir pour mission de ...	die Pflicht / die Aufgabe / haben, etwas zu tun
C'est sa mission / son devoir / de ...	Es unterliegt seiner Pflicht / er ist damit beauftragt / er ist dazu berufen / es obliegt ihm /, das zu tun.
une mission spéciale	ein Sonderauftrag (-¨e)
le chef de mission	der Missions- / Delegationschef
remplir sa mission	seinen Auftrag erfüllen
la mission (vocation) de l'artiste	die Berufung des Künstlers
le débat	die Debatte (-n), die Diskussion (-en)
Ce n'est pas l'objet du débat.	Das steht nicht zur Debatte.
le sujet en question	das zur Debatte stehende Thema
ouvrir le débat	die Diskussion eröffnen / ein/leiten
clore le débat	die Diskussion beenden / ab/schließen (o, o)
intervenir dans le débat	in die Diskussion ein/greifen (i, i)
participer à un débat	an einer Debatte teil/nehmen (a, o)
une question violemment débattue	eine heftig umstrittene Frage
débattre du prix	über den Preis verhandeln, einen Preis aus/handeln, sich auf einen Preis einigen
prix à débattre	Preis nach Vereinbarung
la décision	die Entscheidung (-en), der Entschluß (-¨sse)
prendre une décision (choix)	eine Entscheidung (eine Wahl) treffen (a, o)
se décider entre X et Y	sich zwische X (D) und Y (D) entscheiden (ie, ie)
prendre une décision (se décider d'agir)	einen Entschluß fassen
se réserver la décision	sich die Entscheidung vor/behalten (ie, a)
forcer une décision	eine Entscheidung erzwingen (a, u)
revenir sur sa décision	seinen Entschluß wieder in Frage stellen / rückgängig machen
La décision n'a pas encore été prise.	Die Entscheidung steht noch aus.
le pouvoir de décision	die Entscheidungsbefugnis (-sse) / die E.-macht
Il est décidé à tout risquer.	Er ist entschlossen, alles aufs Spiel zu setzen.
Je suis encore indécis.	Ich bin noch unentschlossen.
au moment décisif	im entscheidenden Augenblick

■ PROGRESSER

1. a) Faut-il avoir peur des thérapies géniques ?
   b) De plus en plus de chercheurs sont conscients qu'aujourd'hui nous ne devons plus faire tout ce que les progrès scientifiques nous permettent de faire.
   c) C'est le cas notamment pour la génétique qui semble donner à quelques rares spécialistes un pouvoir inquiétant sur les lois de la nature. (jdm eine Macht geben über +A)
2. a) Les médias ont un rôle important à jouer dans ce débat.
   b) Plus l'information sera précise, moins le public aura peur de ces nouveaux "apprentis sorciers" (der Zauberlehrling, -e) que sont devenus les généticiens.
   c) Comment, en effet, prendre des décisions quant aux limites à ne pas franchir sans tenir compte de l'opinion publique ?
3. a) Peux-tu me dire qui va payer tout cela ? (sollen)
   b) Depuis le début de la crise, la vente des livres a baissé de 30 %.
   c) Comment voulez-vous que le pouvoir d'achat augmente si les salaires n'arrivent même pas à suivre (Schritt halten mit +D) l'augmentation des prix ?
   d) Il ne faut pas oublier que l'année dernière le gouvernement a dû prendre des mesures de restriction dont nous ressentons à présent les retombées.

17. L'INVASION DES DÉCHETS

Le second obstacle, en aval cette fois, est l'accumulation exponentielle des déchets résultant de l'accélération des processus de production et de consommation. Comment éviter la multiplication des décharges sauvages, dont les cimetières de voitures qui prolifèrent impunément sont les plus spectaculaires ? Comment contenir la vague déferlante des dépôts d'ordures dans les sociétés où, comme aux États-Unis, chaque individu rejette chaque année plus de vingt fois son poids en déchets de toutes sortes ? Que faire des 750 000 automobiles et des 500 000 mètres cubes d'appareils ménagers mis hors d'usage en France chaque année ?

Pour économiser les ressources en matières premières et pour maîtriser le problème des déchets, l'obligation de récupérer, de traiter, de trier et de recycler s'impose comme une inéluctable nécessité. Des dispositions légales ont d'ailleurs été prises récemment en ce sens.

Jean-Marie Pelt, L'homme re-naturé, Seuil, 1977

■ LES MOTS

les déchets	die Abfälle (sg. der Abfall), der Müll (sg.)
l'obstacle	das Hindernis (-sse)
l'accumulation	die Anhäufung (-en)
l'accélération	die Beschleunigung
le processus	der Prozeß (-sse)
la consommation	der Konsum, der Verschleiß (sg.) (usure)
la multiplication ; proliférer	die Vermehrung ; sich vermehren
la décharge sauvage	die Müllkippe (-n) (kippen : faire basculer)
la vague déferlante	die Flut (-en), die Woge (-n)
le mètre cube	der Kubikmeter (-)
l'appareil (éléctro-)ménager	das (elektrische) Haushaltsgerät (-e)
récupérer ; traiter ; trier ; recycler	ein/sammeln, ; verarbeiten ; sortieren ; wieder/verwerten, zurück/gewinnen (a, o)
inéluctable	unvermeidlich, unausweichlich
prendre des dispositions légales	gesetzliche Anordnungen treffen (a, o)

■ MAIS ENCORE

en aval ; en amont (litt.)	stromabwärts ; stromaufwärts
en aval ; en amont (fig.)	als Folgeerscheinung ; als Voraussetzung
comment éviter	wie soll / kann man ... vermeiden ?
vingt fois son poid	das Zwanzigfache seines Gewichts
de toutes sortes	aller Art (G), allerlei
comme (en tant que)	als
en ce sens	in diesem Sinn

LE POINT DE GRAMMAIRE

● L'ORDRE DES COMPLÉMENTS

La structure de la phrase allemande étant, à l'inverse du français, **régressive**, c'est à partir de la fin de la phrase que s'éclaire son sens. C'est vrai pour **les mots composés** (das Waldsterben : le dépérissement des forêts), pour **le groupe nominal** (die Berliner Mauer : le mur de Berlin, der computergestützte Sprachunterricht : l'enseignement des langues assisté par ordinateur), et pour **l'ordre des**

compléments entre eux : le fait connu (Bezugsteil) précède le fait nouveau ou jugé important (Informationsteil). Ceci est parfaitement logique, puisque le groupe verbal, porteur d'information par excellence, occupe généralement la dernière place (exception faite de la forme personnelle).

Observez bien :

Ich habe gestern meinen Eltern **das Geld** gegeben. (Was ?)

Ich habe das Geld gestern **meinen Eltern** gegeben. (Wem ?)

Ich habe meinen Eltern das Geld **gestern** gegeben. (Wann ?)

Ce soir, le Professeur X fera une conférence à l'université populaire.
Herr Professor X wird heute abend in der Volkshochschule **einen Vortrag** halten. (Was ?)
Le Professeur X fera sa conférence à l'université populaire.
Herr Professor X wird seinen Vortrag **in der Volkshochschule** halten. (Wo ?)
C'est ce soir que le Professeur X fera sa conférence à l'université populaire.
Herr Professor X wird seinen Vortrag in der Volkshochschule **heute abend** halten. (Wann ?)
Ce n'est que demain que je pourrai te rendre ton livre.
Ich werde dir das Buch **erst morgen** zurückgeben können.

Important :

Il faut cependant tenir compte de tournures, prépositionnelles ou non (feste Verbindungen), où le complément est lié au verbe à la manière d'une particule séparable.

Il sort tous les soirs à la même heure.
Er geht jeden Abend um dieselbe Stunde **aus**.
Tous les soirs, il rentre à la même heure.
Er kommt jeden Abend um dieselbe Stunde **nach Hause**.
Il n'a dit la vérité qu'au bout de trois heures d'interrogatoire.
Er hat erst nach dreistündigem Verhör **die Wahrheit gesagt**.

Voici quelques tournures de ce genre :

dire la vérité	die Wahrheit sagen
faire du piano	Klavier spielen
être le premier	der Erste sein
se donner la mort	sich das Leben nehmen (a, o)
peser le pour et le contre	das Für und Wider erwägen (o, o)
être / rentrer à la maison	zu Hause sein / nach Hause gehen (i, a, ist)
avoir une peur bleue	sich zu Tode erschrecken (a, o)
mettre qqn à l'épreuve	jdn auf die Probe stellen
mettre qqn à la porte	jdn vor die Tür setzen
mettre qqn devant le fait accompli	jdn vor die vollendete Tatsache stellen
remettre qqch en question	etwas in Frage stellen
mettre qqn en danger	jdn in Gefahr bringen (brachte, gebracht)
tenir compte de qqch	etwas in Betracht ziehen (zog, gezogen)
ne pas tenir compte de qqch	etwas außer acht lassen (ie, a)
demander raison à qqn	jdn zur Rede stellen
mettre qqn devant ses responsabilités	jdn zur Verantwortung ziehen (o, o)
être à court de temps	in Zeitnot sein, unter Zeitdruck stehen (a, a)

● **LES NOMBRES**

1. Les nombres cardinaux

→ eins, zwei, drei, vier, fünf, **sechs**, **sieben**, acht, neun, zehn, elf, zwölf, dreizehn, vierzehn, fünfzehn, **sechzehn**, **siebzehn**, achtzehn, neunzehn, zwanzig, **dreißig**, vierzig, fünfzig, sechzig, **siebzig**, achtzig, neunzig, hundert, tausend.

1	eins
21	einundzwanzig
100	einhundert
1936	neunzehnhundertsechsunddreißig (millésime)
1275 DM	eintausendzweihundertfünfundsiebzig D-Mark

2. Les nombres ordinaux

→ de 1 à 19, on ajoute **-te** au nombre cardinal, sauf pour :

le 1er	der erste (der 1.)
le 3e	der dritte (der 3.)
le 8e	der achte (der 8.)
François Ier	Franz I. (Franz der Erste)

→ à partir de 20, on ajoute **-ste**

c'est arrivé le 21 décembre : es geschah am 21. Dezember (am einundzwanzigsten Dezember)

3. Les formes adverbiales

premièrement ; deuxièmement ; troisièmement ... : erstens ; zweitens ; drittens ; viertens ; etc.

● LES FRACTIONS

A l'exception de 1/2, on forme les nombres fractionnaires en ajoutant **-l** au nombre ordinal.

1/3	ein Drittel (das Drittel)
1/4	ein Viertel
1/20	ein Zwanzigstel
la moitié	die Hälfte
j'en avais moitié moins	ich hatte nur halb so viel
un et demi	eineinhalb, anderthalb
la douzaine	das Dutzend
une demi- douzaine	ein halbes Dutzend

N.B.

un ouvrier sur trois	jeder dritte Arbeiter
une voiture sur dix	jedes zehnte Auto
à deux ; à trois ; à quatre ; ...	zu zweit ; zu dritt ; zu viert ; ...

● LES MULTIPLES

une fois ; deux fois ; ...	einmal ; zweimal ; ...
le simple ; le double ; le triple ; ...	das Einfache ; das Zweifache (das Doppelte) ; das Dreifache ;...
doubler ; tripler ; quadrupler ; ...	sich verdoppeln ; sich verdreifachen ; sich vervierfachen ; ...
deux sortes de ; trois sortes de ; ...	zweierlei ; dreierlei ; ...
toutes sortes de	allerlei

■ TRADUCTION PROPOSEE
Die Invasion der Abfälle

Das zweite Hindernis ist, diesmal als Folgeerscheinung, die sich vervielfachende Anhäufung von Abfällen, welche aus der Beschleunigung der Produktions- und Konsumzyklen hervorgeht. Wie sollen wir die Vermehrung der wilden Müllkippen verhindern, unter denen die ungestraft um sich greifenden Autofriedhöfe das traurigste Beispiel liefern ? Wie sollen wir die Müllflut anhalten, in Gesellschaften, in denen, wie etwa in den Vereinigten Staaten, jeder einzelne jährlich das Zwanzigfache seines Gewichts in Form von Müll jeder Art wegwirft ? Wohin mit den 750 000 Autos und den 500 000 Kubikmetern Haushaltsgeräten, die in Frankreich jährlich außer Betrieb gesetzt werden ?

Um Rohstoffressourcen zu sparen und um das Problem der Abfälle zu bewältigen, müssen wir die Pflicht, einzusammeln, zu verarbeiten, zu sortieren und wieder zu verwerten, als eine unausweichliche Notwendigkeit betrachten. Gesetzliche Anordnungen, die in diese Richtung gehen, sind übrigens vor kurzem getroffen worden.

■ VARIANTES
Die Invasion der Abfälle

Das zweite Hindernis, diesmal als Folgeerscheinung, ist die **gigantisch wachsende** Anhäufung von Abfällen, die **aus** der Beschleunigung **von Produktionsverfahren und Verschleiß erfolgt**. Wie sollen wir die Vermehrung der wilden **Müllhalden** verhindern, **deren traurigstes Beispiel wohl** die Autofriedhöfe liefern, welche **sich** ungestraft **vermehren** ? Wie sollen wir **in Ländern wie beispielsweise** den Vereinigten Staaten, **wo jeder Einwohner** jährlich mehr als das Zwanzigfache seines Gewichts in Form von Müll jeder Art wegwirft, **der Müllflut Herr werden ? Was soll mit den** 75 000 Autos und den 500 000 Kubikmetern Haushaltsgeräten **geschehen**, die in Frankreich jährlich **zum alten Eisen geworfen werden / ausrangiert werden /?**

Angesichts der unbedingten Notwendigkeit, mit Rohstoffen sparsamer umzugehen und das Problem der Abfälle zu lösen, haben wir die Pflicht, einzusammeln, zu verarbeiten, zu sortieren und wieder zu verwenden. Gesetzliche Bestimmungen / Verordnungen / in diesem Sinne wurden übrigens vor kurzem erlassen.

■ LE TOUR DES MOTS

le déchet	der Abfall (-¨e)
les déchets	die Abfälle, der Müll (sg.)
les eaux usées	die Abwässer
les gaz d'échappement	die Abgase (das Gas, -e)
les ordures ménagères	der Hausmüll
l'élimination des déchets / des ordures	die Entsorgung (vb. entsorgen)
les déchets radioactifs	der Atommüll
la poubelle	der Mülleimer (-), die Mülltonne (-n)
la consommation	der Verbrauch, der Konsum, der Verschleiß
la société de consommation	die Konsumgesellschaft
le consommateur	der Verbraucher (-), der Konsument (-en, -en)
le consommateur courant	der Normalverbraucher
la protection du consommateur	der Verbraucherschutz
les produits de consommation	die Konsumgüter (pl.)
les produits de consommation courante	Güter des täglichen Bedarfs, gängige Konsumgüter
consommer	konsumieren, verbrauchen
On ne peut pas rester sans consommer (café).	Man kann nicht bleiben, ohne etwas zu bestellen.
la décharge (d'ordures)	die Müllhalde (-n), die Schrotthalde (Autos)
la décharge sauvage	die Müllkippe (-n)
décharger ; jeter ; rejeter	ab/laden (u, a) ; werfen (a, o) ; weg/werfen
la société du "prêt à jeter"	die Wegwerfgesellschaft
le dépôt (d'ordures)	der Schuttabladeplatz (-¨e), die Mülldeponie (-n)
le dépôt (chim.)	der Rückstand (-¨ e), der Bodensatz
le dépôt de marchandises	das Warenlager (-), das Lager, das Depot (-s)
le dépôt de calcaire / de poussière	die Kalkschicht / die Staubschicht
mettre qqch en dépôt (chez qqn)	etwas (bei jdm) hinterlegen / in Aufbewahrung geben
l'usage	der Gebrauch, die Anwendung (-en), die Benutzung

mettre hors d'usage	weg/werfen, aus/rangieren
être hors d'usage	außer Gebrauch sein, nicht mehr brauchbar sein
faire usage de	etwas (A) benutzen
Ce n'est pas l'usage ici.	Das ist hier nicht gebräuchlich / nicht üblich.
secouer avant usage	vor Gebrauch schütteln
par (l'usage de) la force	unter Gewaltanwendung (die Gewalt)
l'usage frauduleux / abusif	der Mißbrauch (-¨e)
la valeur d'usage	der Gebrauchswert (der Wert, -e)
le droit d'usage	das Nutzungsrecht (-e)
l'usager	der Benutzer (-)
l'usager des transports	der Verkehrsteilnehmer (-)
usagé	gebraucht, getragen (Kleider)

la ressource — die Ressourcen (pl.), die Quelle (-n), der Reichtum (-¨er), das Potential (sg.)

les ressources énergétiques	die Energiequellen
les ressources du sous-sol	die Bodenschätze (der Schatz)
les ressources en matières premières	die Rohstoffvorkommen (pl.), das Kapital an Rohstoffen (D)
les ressources humaines (main d'oeuvre)	das Arbeitskräftepotential
les ressources financières	die Geldmittel (pl.)
être sans ressources	mittellos sein

récupérer — zurück/gewinnen (a, o), wieder verarbeiten, wieder verwerten, ein/sammeln

le papier de récupération	Altpapier (das Papier)
la récupération	die Rückgewinnung, die Wiederverarbeitung
récupérer son argent	sein Geld zurück/bekommen (a, o)
récupérer des heures de travail	Arbeitsstunden nach/holen / wieder ein/bringen
récupérer ses forces / sa santé	sich erholen
On a récupéré la manifestation des étudiants.	Die Demo der Studenten wurde vereinnahmt.

recycler (écol.) — wieder/verwerten, auf/bereiten

le recyclage	das Recycling, die Wiederverarbeitung
se recycler (prof.)	sich weiter/bilden, sich um/schulen
le cours de recyclage	der Fortbildungskurs (-e)
changer son fusil d'épaule	um/satteln (auf +A)

la disposition — die Verfügung, die Bestimmung, die Vorschrift

prendre ses dispositions (en vue de ...)	seine Vorkehrungen treffen (a, o)
être à la disposition de qqn	jdm zur Verfügung stehen (a, a)
mettre qqch à la disposition de qqn	jdm etwas (A) zur Verfügung stellen
disposer de...	über (+A) verfügen (können)
prendre une disposition légale	eine gesetzliche Anordnung treffen (a, o), eine gesetzliche Verordnung erlassen (ie, a)
Ils ont le droit de libre disposition.	Sie genießen das Selbstbestimmungsrecht.
Ils ont obtenu le droit de libre disposition.	Ihnen wurde das Selbstbestimmungsrecht zuerkannt.
Il est bien disposé à mon égard.	Er ist mir gut gesinnt.

■ PROGRESSER

1. a) Je n'ai pas le droit de boire du café le soir.
   b) Je n'ai pas envie de boire ce café maintenant.
   c) On doit prendre en considération tous les prix des produits de consommation courante.
2. a) Plus de la moitié des ordures ménagères est constituée d'emballages (die Verpackung).
   b) En Allemagne, un ménage sur deux possède deux poubelles, une "verte" et une autre.
   c) Si je n'avais pas pris mes dispositions à temps, ce voyage m'aurait coûté le triple.
3. a) Le Japon est pauvre en matières premières.
   b) Comme les réserves de pétrole ne sont pas inépuisables, il va falloir exploiter d'autres sources d'énergie.
   c) Les sociétés industrielles réalisent, certes, des performances de plus en plus brillantes, mais elles le font aux dépens de (auf Kosten +G) notre environnement.

d) Par l'utilisation d'engrais chimiques (der Kunstdünger, sg.), l'agriculture a certes presque quadruplé son rendement, mais quand on pense qu'un litre de lait sur trois est excédentaire, on est en droit de se poser des questions sur la logique de ce "progrès".

18. BISMARCK ET SON DOUBLE

Jamais encore les deux grandes affaires du siècle dernier, la révolution industrielle et la révolution égalitaire, n'ont été présentées avec autant de clarté. "L'or et le fer" est vraiment un grand livre, et son auteur, Fritz Stern, Américain d'origine allemande, un historien d'exception.

Il s'agit d'une double biographie, celle de Bismarck, l'aristocrate prussien, et celle de Bleichröder, son banquier juif. Chacun dans son domaine est une sorte de génie et domine son époque. (...) Ensemble, ils ont réalisé l'unification de l'Allemagne et dominé le jeu diplomatique européen ; ils ont créé une industrie moderne, ont été impliqués dans la plupart des aventures coloniales, et, chemin faisant, ont brassé allègrement la politique et l'argent, avec ce curieux mélange de cynisme et de principes qui caractérise l'hypocrisie du siècle dernier. L'échec a été le dénouement de leur vie : Bismarck renvoyé et sa politique désavouée, Bleichröder et les siens balayés par un antisémitisme ravageur. (...)

Même si l'on ne s'intéresse pas à l'Allemagne, si l'on se moque de Bismarck, si l'on déteste la banque, si l'on éprouve peu de curiosité pour le XIXe siècle, son aristocratie déclinante, sa bourgeoisie inquiète, sa presse achetée, ses peuples misérables et furieux, il faut encore lire ce livre.

Gérard de Montassier, Le Point, 27.08.90

■ LES MOTS

le double ; double	ici : das Alter Ego ; doppelt, zweifach
les affaires	ici : die Angelegenheiten
l'historien ; l'histoire	der Historiker (-) ; die Geschichte
la Prusse ; prussien	Preußen ; preußisch
le Juif ; juif	der Jude (-n) ; jüdisch
être impliqué	ici : seine Hand im Spiel haben
brasser	ici : handhaben
le mélange de ... et de ...	die Mischung aus (+A) ... und aus (+A)
caractériser	charakterisieren, kennzeichnen, typisch sein für (+A), bezeichnend sein für (+A)
l'hypocrisie	die Heuchelei
l'échec	ici : die Niederlage (-n)
désavouer	ici : verurteilen (das Urteil (-e) : le jugement)
la bourgeoisie ; le peuple	das Bürgertum ; das Volk (-¨er)

■ MAIS ENCORE

jamais encore	noch nie
vraiment	wirklich, wahrlich
chemin faisant	unterwegs, nebenbei, dabei
même si	auch wenn ... , selbst wenn ...

LE POINT DE GRAMMAIRE

● **L'APPOSITION**

L'apposition se met toujours au cas du mot auquel elle est apposée ; elle est toujours précédée de l'article, défini ou indéfini.

Observez bien :

Munich, la capitale de la Bavière, est une belle ville.
München, die Hauptstadt Bayerns, ist eine schöne Stadt. =
München ist eine schöne Stadt. + Die Hauptstadt Bayerns ist eine schöne Stadt.

Hier, j'ai parlé avec A.R., un industriel français.
Ich habe gestern mit A.R., einem französischen Industriellen, gesprochen. =
Ich habe gestern mit A.R. gesprochen. + Ich habe gestern mit einem französischen Industriellen gesprochen.

Demain je vais à Rome, l'une des plus belles villes du monde.
Morgen fliege ich nach Rom, einer der schönsten Städte der Welt.

Vous voyez ici une copie de la Tour Eiffel, l'emblème de Paris.
Sie sehen hier eine Kopie des Eiffelturms, des Wahrzeichens von Paris.

● **LA DÉCLINAISON DE L'ADJECTIF AU PLURIEL**

1. Après : die, keine, beide, sämtliche, alle (qui tous expriment une totalité), l'adjectif prend la marque -n.

tous les grands hommes	alle großen Männer
le succès des deux équipes belges	der Erfolg beider belgischen Mannschaften
Je n'ai pas de chaussures rouges.	Ich habe keine roten Schuhe.

2. Après les pronoms indéfinis : viele, mehrere, manche, etliche, einige, wenige, drei, vier, fünf etc., l'adjectif prend la marque de l'article.

de nombreux artisans chômeurs	viele arbeitslose Handwerker (N)
pour trois petites journées de congé	für drei kurze Urlaubstage (A)
J'ai parlé avec plusieurs jeunes employés.	Ich habe mit mehreren jungen Angestellten gesprochen. (D).
les passeports de quelques touristes allemands	die Reisepässe einiger deutscher Touristen (G)

● **LE PRONOM POSSESSIF**

meiner (meine, meines), deiner, seiner, ihrer, unserer, eurer, ihrer, Ihrer
der meine, der deine, der unsere ... (plus rare)

Puis-je prendre ta voiture ? La mienne est déjà au garage.
Kann ich deinen Wagen nehmen ? Meiner ist schon in der Garage. (der Wagen)
Kann ich dein Auto nehmen ? Meines ist schon in der Garage. (das Auto)

Mes enfants sont déjà partis. Et les vôtres ?
Meine Kinder sind schon weg. Und Ihre ? / Und die Ihren ?

Tu n'as pas de cigarettes ? Prends les miennes.
Du hast keine Zigaretten ? Nimm meine.

Amitiés à toi et aux tiens.
Liebe Grüße Dir und den Deinen.

■ TRADUCTION PROPOSEE
Bismarck und sein Alter Ego

Noch nie wurden die beiden großen Angelegenheiten des vorigen Jahrhunderts, nämlich die industrielle Revolution und der revolutionäre Kampf um die Gleichheit vor dem Gesetz, so klar dargestellt. "Gold und Eisen" ist wahrhaftig ein hervorragendes Buch und sein Autor, der Amerikaner deutscher Abstammung Fritz Stern, ist ein außergewöhnlicher Historiker.

Es handelt sich um eine doppelte Biographie, die Bismarcks, des preußischen Adligen, und die Bleichröders, seines jüdischen Banquiers. Jeder ist in seinem Fach eine Art Genie, jeder eine überragende Persönlichkeit seiner Zeit. Die Deutsche Einheit war ihr gemeinsames Werk, und gemeinsam beherrschten sie die diplomatische Szene Europas ; sie waren die Gründer einer modernen Industrie, hatten in den meisten kolonialen Abenteuern ihre Hand im Spiel und handhabten nebenbei locker Geld und Politik, mit jener fragwürdigen Mischung aus Zynismus und Prinzipien, welche für die Heuchelei des letzten Jahrhunderts so bezeichnend ist. Beider Leben endete mit einer Niederlage : Bismarck wurde seines Amtes enthoben und seine Politik verurteilt, Bleichröder und die Seinen fielen einem schonungslosen Antisemitismus zum Opfer.

Auch wenn man sich nicht für Deutschland interessiert, wenn einem Bismarck gestohlen bleiben kann und man das Bankwesen verabscheut, auch wenn einem das 19. Jahrhundert mit dem Verfall seines Adels und den Ängsten seines Bürgertums, mit seiner korrupten Presse und dem Elend seiner empörten Völker gleichgültig ist, ja, auch dann noch muß man dieses Buch lesen.

■ VARIANTES
Bismarck und sein Alter Ego

Noch nie wurden die beiden großen Angelegenheiten **des letzten Jahrhunderts, das heißt** die industrielle Revolution und der revolutionäre Kampf um die Gleichheit vor dem Gesetz, so klar dargestellt. "Gold und Eisen" **ist wirklich ein ausgezeichnetes Buch** und sein Autor, der **aus Deutschland stammende** Amerikaner Fritz Stern, ist ein außergewöhnlicher Historiker.

Es handelt sich um **eine zweifache Lebensgeschichte, diejenige des preußischen Adligen Bismarck und diejenige seines jüdischen Bankiers Bleichröder**. Jeder ist in seinem Fach **gewissermaßen** ein Genie, jeder eine überragende Persönlichkeit seiner Zeit. Die Deutsche Einheit war ihr gemeinsames Werk, und gemeinsam beherrschten sie **das diplomatische Spiel in Europa** ; sie waren die Gründer einer modernen Industrie, hatten in den meisten kolonialen Abenteuern ihre Hand im Spiel und **gingen nebenbei unerschrocken mit Geld und Politik um, und sie taten dies mit jener eigenartigen Mischung aus Zynismus und Prinzipienreiterei**, welche die Heuchelei des letzten Jahrhunderts **kennzeichnet / charakterisiert /**. Beider Leben endete mit einer Niederlage : **Bismarck wurde entlassen** und seine Politik verurteilt, Bleichröder und die Seinen **wurden Opfer eines verheerenden Antisemitismus**.

Auch wenn man sich nicht für Deutschland interessiert, **wenn man für Bismarck nichts übrig hat / wenn einem Bismarck egal ist /** und man die Bank haßt, **auch wenn man mit dem 19. Jahrhundert**, mit dem Verfall seines Adels und den Ängsten seines Bürgertums, mit seiner korrupten Presse und dem Elend seiner empörten Völker **nichts zu tun haben will, auch dann noch ist es unerläßlich, dieses Buch zu lesen.**

■ LE TOUR DES MOTS

le double	der Doppelgänger, das Alter Ego, das Ebenbild
le thème du double (chez les romantiques)	das Doppelgängermotiv
Cela coûtera le double.	Das wird das Doppelte kosten.
Il a doublé sa mise.	er hat seinen Einsatz verdoppelt
Les prix ont doublé.	Die Preise sind um das Doppelte / um das

	Zweifache / gestiegen.
C'est une double victoire.	Das ist ein doppelter / zweifacher / Sieg.
passer du simple au double	sich verdoppeln, auf das Zweifache steigen
l'égalité	die Gleichheit, die Gleichwertigkeit
l'égalité devant la loi	die Gleichheit vor dem Gesetz
l'égalité (des droits) des femmes	die Gleichberechtigung der Frauen
Les deux produits sont également valables.	Die beiden Produkte sind gleichwertig.
Les deux appareils sont également performants.	Die beiden Apparate sind gleich leistungsfähig.
Je suis sur un pied d'égalité avec lui.	Ich stehe mit ihm auf gleichem Fuß.
Les équipes ont fini à égalité.	Das Spiel ist unentschieden ausgegangen.
Cela m'est égal.	Das ist mir egal / gleich / gleichgültig.
l'origine	der Ursprung (sg.), der Anfang (-¨e)
remonter aux origines	zum Ausgangspunkt / zum Ursprung / zurück/kehren
Il est d'origine française.	Er ist gebürtiger Franzose.
Il est d'origine allemande.	Er ist deutscher Abstammung / deutscher Herkunft / gebürtiger Deutscher.
le pays d'origine	das Heimatland (personnes), das Herkunftsland (marchandise)
À l'origine, c'était un musée.	Ursprünglich war das ein Museum (pl. Museen).
le certificat d'origine	das Ursprungszeugnis (-sse), der Herkunftsnachweis (-e)
l'emballage d'origine	die Originalverpackung (-en)
le domaine	der Bereich (-e), das Gebiet (-e), das Fach (-¨er)
dans ce domaine	auf diesem Gebiet, in diesem Bereich
dans son domaine (professionnel)	in seinem Fach
dominer	beherrschen (+A), vor/herrschen (intr.) überragen (+A)
Il domine son sujet.	Er beherrscht sein Thema.
Il maîtrise la langue allemande.	Er beherrscht die deutsche Sprache.
D'ici, on domine toute la plaine.	Man kann von hier aus die ganze Ebene überblicken.
Il domine tout le monde (d'une tête).	Er überragt alle (um einen Kopf).
C'est une figure dominante.	Er ist eine überragende Persönlichkeit.
C'est le trait dominant de son caractère.	Das ist sein vorherrschender Charakterzug.
Il ne sait pas se dominer.	Er kann sich nicht beherrschen.
le principe	das Prinzip (pl. die Prinzipien), der Grundsatz (-¨e)
En principe, il a raison.	Im Prinzip hat er recht.
Il proteste par principe.	Er protestiert aus Prinzip.
Je vous donne un accord de principe.	Ich gebe Ihnen eine prinzipielle Zusage.
Il est très à cheval sur les principes.	Er ist ein wahrer Prinzipienreiter.
l'échec	der Mißerfolg (-e), die Niederlage (-n), das Versagen (sg.)
Le lancement de ce produit a été un échec.	Die Einführung dieses Produkts war ein Mißerfolg.
L'équipe a connu un échec (une défaite).	Die Mannschaft hat eine Niederlage erlitten.
Je ne suis pas responsable de l'échec de cet homme.	Ich bin für das Versagen dieses Mannes nicht verantwortlich.
renvoyer	1. zurückschicken, 2. entlassen (ie, a)
renvoyer qqn	jdn entlassen (ie, a), jdn feuern (fam.), jdn seines Amtes entheben (o, o)
Il a été renvoyé sans délai.	Er wurde fristlos entlassen.
Je vous renvoie à vos propres dires.	Ich verweise Sie auf Ihre eigenen Worte.
Cela renvoie à un cas analogue.	Das weist auf einen ähnlichen Fall hin.
renvoyer qqch (colis) (faire	zurück/schicken, zurück/senden, nach/senden suivre)
Il a été renvoyé de son école.	Er flog aus der Schule.
renvoyer à une date ultérieure	auf einen späteren Zeitpunkt / auf später / verschieben (o, o)

■ PROGRESSER

1. a) Je ne m'intéresse pas à l'histoire.
   b) Ce n'est pas une raison pour mépriser ceux qui désirent connaître le passé pour mieux comprendre le présent.
   c) Après un tel échec, comment pouvait-il encore espérer garder son emploi ? (attention à la syntaxe, c'est une interrogative !)
2. a) Dans ce domaine, il est considéré comme le meilleur.
   b) Ses travaux se distinguent de ceux de la plupart de ses collègues par une présentation claire et structurée.
   c) Il est évident que plus on se spécialise dans son domaine, plus le risque de se sentir isolé est grand. (syntaxe ! traduire : une chose est claire : plus ... plus ...)
3. a) J'ai longuement discuté avec Fritz Stern, cet éminent historien américain.
   b) Stern présente la vie des deux personnalités (die Persönlichkeit, -en) les plus importantes de la deuxième moitié du XIXe siècle.
   c) L'unité allemande, dont on dit souvent qu'elle était exclusivement l'oeuvre de Bismarck, n'aurait pas pu être réalisée sans l'aide de son banquier Bleichröder.

19. L'ARRIVISTE

J'entrepris donc d'organiser mes études de manière à m'assurer des coudées franches et un rendement rapide. En même temps que ma propédeutique, je fis une année de sciences politiques, afin de prendre le ton de la maison. Il y a des choses qui ne s'inventent pas : porter avec aisance un parapluie roulé même quand le temps est sec, parler de conjoncture ou de prospective quand on n'a rien d'autre à dire, dissimuler ses ignorances sous un silence critique et un sourire entendu mais courtois, faire le tour des problèmes sans y entrer et y entrer sans en toucher les bords, porter sous le bras gauche le matin quelquefois "Le Figaro" et le soir toujours "Le Monde", montrer enfin en toutes choses une merveilleuse et royale tolérance, quitte à faire preuve de caractère en tenant tête à l'univers sur quelque point accessoire dont la défense n'engage à rien.

Le jeu m'amusait et je quittai l'Institut d'Études Politiques avec regret. (...) Mais j'avais extrait tout le suc de ces amusettes, et en deuxième année il fallait travailler réellement.

Robert Escarpit, Le Littératron, Flammarion 1964

■ LES MOTS

l'arriviste	der Streber (-), der Emporkömmling (-e)
les études (universitaires)	das Studium (sg. !)
avoir des coudées franches	freien Spielraum / Bewegungsfreiheit / haben
la propédeutique	ici : das Vorbereitungsjahr
les sciences politiques	die politischen Wissenschaften, die Politologie
la conjoncture ; la prospective	die Konjunktur ; die Planung (-en)
l'ignorance	die Unwissenheit, die Unkenntnis, das Unwissen
un sourire entendu	ein vielsagendes Lächeln
montrer	ici : an den Tag legen, zur Schau stellen
accessoire	nebensächlich, unwichtig, unwesentlich
avec regret	mit Bedauern (das Bedauern, sg.)
le suc	der Saft (-¨e), ici : die Freuden
l'amusette	die Spielerei (-en)

■ MAIS ENCORE

en même temps que	gleichzeitig (mit)
ça ne s'invente pas	das läßt sich nicht aus dem Ärmel schütteln

rien d'autre (que)	nichts anderes (als)
quitte à	auf die Gefahr hin, daß ... ; auch wenn man dann ... muß
faire preuve de qqch	etwas beweisen, etwas unter Beweis stellen (ie, ie)
tenir tête à qqn	jdm trotzen, jdm die Stirn bieten (o, o)
cela n'engage à rien	das verpflichtet zu nichts, das ist unverbindlich

LE POINT DE GRAMMAIRE

● LA PROPOSITION INFINITIVE PRÉPOSITIONNELLE

→ um ... zu (pour) ; ohne ... zu (sans) ; statt / anstatt ... zu (au lieu de)

Il travaille vite pour avoir fini plus tôt.
Er arbeitet schnell, um früher fertig zu sein.

Il est passé à côté de moi sans me voir.
Er ist an mir vorbeigegengen, ohne mich zu sehen.

Au lieu de critiquer, tu pourrais faire une proposition.
Statt zu kritisieren, könntest du einen Vorschlag machen.

Mais :

Il n'est pas conseillé de ne venir qu'une fois sur deux.
Es wird davon abgeraten, nur jedes zweite Mal zu kommen (pas de "um" !)

Notez aussi :

sans quoi nous sommes perdus	sonst sind wir verloren
au lieu de cela, il est parti	stattdessen ist er fortgegangen
Nous sommes là pour (faire) ça.	Wir sind dazu da.

● LA TRADUCTION DE "MEME"

1. le même : derselbe, dieselbe, dasselbe ... s'écrivent **en un mot**, mais fonctionnent comme un article défini suivi d'un adjectif épithète.

Il est toujours le même.	Er ist immer (noch) derselbe.
Nous parlons de la même femme.	Wir sprechen von derselben Frau.
Il n'en est pas de même pour moi.	Für mich ist es nicht dasselbe .

N.B. : l'allemand distingue entre : "le même" (identique) :"derselbe", et "le même" (semblable) :"der gleiche".

Ton pull me plaît, je m'achèterai le même demain.
Dein Pulli gefällt mir, ich kaufe mir morgen den gleichen.

Le fait que mon employé ait la même voiture que moi m'irrite.
Es ärgert mich, daß mein Angestellter das gleiche Auto hat wie ich.

Nous habitons dans la même maison.
Wir wohnen in demselben Haus.

2. même si : auch wenn, selbst wenn

Même si nous ne venons pas, tu peux ...   Auch wenn wir nicht kommen, kannst du ...

3. lui-même, elle-même, moi-même, ...

Il fait tout lui-même.	Er macht alles selbst.
C'est lui-même qui me l'a dit.	Er hat es mir selbst gesagt.
On ne peut compter que sur soi-même.	Man kann nur auf sich selbst zählen.
Devine qui était là : le chef lui-même !	Rate, wer da war : der Chef in Person !
Aide-toi, le ciel t'aidera !	Hilf dir selbst, so hilft dir Gott !

● LE GÉRONDIF (EXPRESSION D'UNE SIMULTANÉITÉ)

1. indem (la manière, le moyen de faire qqch)

Il montra son irritation en quittant la salle.
Er zeigte seinen Ärger, indem er den Saal verließ.

Nous ne pourrons y arriver qu'en faisant des heures supplémentaires.
Wir können es nur schaffen, indem wir Überstunden machen.

2. während

En écrivant sa lettre, elle écoute de la musique.
Während sie ihren Brief schreibt, hört sie Musik.

3. und gleichzeitig

Je ne peux pas travailler en écoutant de la musique !
Ich kann nicht arbeiten und gleichzeitig Musik hören !

4. und ... dabei

Je l'écoutais (tout) en pensant qu'il ne disait que des bêtises.
Ich hörte ihm zu und dachte dabei, daß er lauter Unsinn redete.

5. beim + V (infinitif substantivé)

On ne lit pas en mangeant !
Beim Essen soll man nicht lesen !

■ TRADUCTION PROPOSEE
Der Streber

Ich machte mich also daran, mein Studium so zu organisieren, daß es mir freien Spielraum und raschen Nutzen garantierte. Gleichzeitig mit meinem Vorbereitungsjahr studierte ich ein Jahr Politologie, um mir den Stil des Hauses anzueignen. Es gibt Dinge, die man gelernt haben muß : wie man mit Selbstverständlichkeit einen zusammengerollten Regenschirm trägt, auch wenn das Wetter nicht nach Regen aussieht, wie man über Konjunktur und Planungen spricht, wenn man nichts anderes zu sagen hat, wie man seine Unwissenheit hinter einem kritischen Schweigen und einem vielsagenden aber höflichen Lächeln verbirgt, wie man Probleme umfassend behandelt, ohne sie anzuschneiden und sie anschneidet, ohne sie zu berühren, wie man morgens gelegentlich "Le Figaro" unter dem linken Arm trägt und abends stets "Le Monde", wie man schließlich in allen Dingen eine wunderbare und souveräne Toleranz an den Tag legt, auch wenn man dann wieder seine Charakterstärke beweisen muß, indem man der Welt in irgendeiner belanglosen Frage, deren Verteidigung zu nichts verpflichtet, die Stirn bietet.

Das Spiel machte mir Spaß und ich verließ das Institut für Politische Wissenschaften nicht ohne Bedauern. Aber ich hatte alle Freuden dieser Spielereien ausgekostet und im zweiten Jahr mußte man sich dann wirklich an die Arbeit machen.

■ VARIANTES
Der Emporkömmling

Ich machte mich also daran, mein Studium so zu organisieren, daß es mir **Bewegungsfreiheit** garantierte und ich **rasch auf meine Rechnung kam / und ich möglichst schnell Nutzen daraus ziehen konnte** /. Gleichzeitig mit meinem Vorbereitungsjahr studierte ich ein Jahr Politologie, um mir den Stil des Hauses anzueignen. **Es gibt Dinge, die man nicht erfinden**

kann : mit Selbstverständlichkeit **einen zusammengerollten Regenschirm zu tragen, auch wenn das Wetter trocken ist**, von Konjunktur und Planungen zu sprechen, wenn man nichts anderes zu sagen hat, **sein Unwissen** hinter einem kritischen Schweigen und einem vielsagenden aber höflichen Lächeln zu verbergen, Probleme umfassend zu behandeln, ohne sie anzuschneiden und sie anzuschneiden, ohne sie zu berühren, morgens **manchmal "Le Figaro" und abends immer "Le Monde"** unter dem linken Arm zu haben, und schließlich in allen Dingen **eine wunderbare und königliche Toleranz zur Schau zu tragen**, auch wenn man dann wieder seine Charakterstärke beweisen muß, indem man sich **in irgend einer unwichtigen Sache, deren Verteidigung völlig unverbindlich ist, gegen die Welt stellt.**

Das Spiel amüsierte mich, und ich bedauerte es, das Institut verlassen zu müssen. Aber ich hatte **allen Saft aus diesen Spielereien gesogen** und im zweiten Jahr **mußte man dann wirklich arbeiten / mußte dann wirklich gearbeitet werden /.**

■ LE TOUR DES MOTS

la manière	die Art (sg.), die Weise (sg.)
de cette manière	auf diese Art (und Weise)
de toutes manières	auf jeden Fall, sowieso, ohnehin
de manière générale	allgemein, gewöhnlich
de quelque manière que ce soit	wie auch immer
quelle que soit la manière de s'y prendre	wie man die Sache auch angehen mag
en aucune manière	in keiner Weise, keineswegs
à la manière des anciens	nach Art der Alten (G)
assurer	sichern, versichern
Il est assuré contre le feu (contrat).	Er ist gegen Brand versichert.
Je vous assure que c'est vrai.	Ich versichere Sie, daß es wahr ist.
J'ai assuré mes arrières.	Ich habe mir den Rückzug gesichert.
Avec de telles méthodes le succès est assuré.	Mit solchen Methoden ist der Erfolg gesichert.
Il a assurément raison.	Er hat sicher /zweifellos / recht.
le rendement	der Ertrag (-̈e), der Nutzen, der Erlös (-e), der Gewinn (-e)
le rendement par an	der jährliche Ertrag (z.B.in der Landwirtschaft)
augmenter le rendement.	die Produktivität steigern
Cette usine tourne à plein rendement.	Diese Fabrik läuft auf vollen Touren, die Kapazitäten dieser Fabrik sind voll ausgelastet.
le taux de rendement	die Gewinnquote (-n)
le rendement est redistribué	der Erlös wird (wieder) verteilt
l'aisance ; l'aise	die Ungezwungenheit ; das Wohlbehagen
Il s'exprime avec aisance.	Er ist sehr redegewandt.
Il a beaucoup d'aisance.	Er ist sehr natürlich / ungezwungen /, er hat ein sehr ungezwungenes Auftreten.
Ils vivent dans l'aisance.	Sie leben in guten Verhältnissen, sie sind wohlhabend.
Mettez-vous à l'aise !	Machen Sie es sich bequem !
J'en suis fort aise.	Ich freue mich darüber, das freut mich sehr.
Je me sens mal à l'aise ici.	Ich fühle mich hier nicht wohl.
dissimuler	verbergen (a, o), verheimlichen
Il ne pouvait dissimuler son irritation.	Er konnte seinen Ärger nicht verbergen.
Il dissimule son ignorance derrière ...	Er verbirgt sein Unwissen hinter (+D) ...
Il tente de dissimuler sa peine.	Er will sich seinen Kummer nicht anmerken lassen.
Tu n'as pas besoin de le dissimuler.	Du brauchst das nicht zu verheimlichen.
(Tu n'as pas besoin d'en faire un secret.)	
le problème	das Problem (-e)
soulever un problème	ein Problem auf/werfen (a, o)
aborder un problème	ein Problem an/schneiden (i, i)
faire le tour d'un problème	ein Problem umfassend / gründlich / behandeln
tourner autour d'un problème	um ein Problem herum/reden
entrer dans un problème	einem Problem auf den Grund gehen (i, a)

Le problème proprement dit est...	Das eigentliche Problem ist ...
C'est le fond du problème.	Das ist der Kern des Problems.
Il voit des problèmes partout.	Er sieht überall Probleme, er macht alles zum Problem, er macht aus allem ein Problem.
montrer	zeigen, zur Schau stellen, an den Tag legen, sich erweisen (ie, ie) als
montre-moi ce document !	Zeig mit dieses Dokument !
montrer qqn du doigt	mit dem Finger auf jdn zeigen
il n'y va que pour se montrer.	Er geht nur hin, um sich zur Schau zu stellen /, um gesehen zu werden.
Il s'est montré très aimable.	Er hat sich von der freundlichen Seite gezeigt.
Il fait montre d'une grande assurance	Er legt eine große Selbstsicherheit an den Tag, Er tritt sehr selbstsicher / selbstbewußt / auf.
Il s'est montré capable.	Er hat sich als fähig erwiesen.
Il s'est montré à la hauteur de la situation.	Er war dieser Situation (D) gewachsen.
Il nous a montré l'exemple.	Er ging uns (D) mit gutem Beispiel voran.
Il nous a montré le chemin.	Er hat uns den Weg gewiesen / gezeigt.
la défense	die Verteidigung, das Verbot (-e)
la défense nationale	die Landesverteidigung
être livré (sans défense) à qqn	jdm wehrlos / schutzlos / ausgeliefert sein
prendre la défense de qqn	jemanden verteidigen, jdn in Schutz nehmen (a, o)
défense de fumer / d'afficher	Rauchen / Plakatieren / verboten
défense de stationner	Parkverbot
agir en état de légitime défense	aus Notwehr / in Notwehr (D) / handeln

■ PROGRESSER

1. a) Il a fait des études de médecine.
   b) Au cours de la deuxième année, il dut interrompre ses études.
   c) S'il avait pu passer tous ses examens sans vraiment travailler, il serait volontiers resté à l'Université, uniquement pour passer son temps à discuter.
2. a) Vous soulevez là un problème tout à fait actuel.
   b) Ces problèmes nous concernent tous et ne doivent pas être traités de manière superficielle.
   c) On doit avoir le droit de dire ce que l'on pense de tel ou tel problème sans se sentir obligé de ne plus jamais changer d'avis.
3. a) Je ne suis pas d'accord avec vous sur ce point.
   b) On ne peut prendre des décisions qu'après avoir fait le tour de la question.
   c) Il a parlé pendant une heure en tournant autour du sujet comme s'il voulait surtout éviter de dévoiler son ignorance en la matière.

20. DU TEMPS LIBRE ? PAS QUESTION !

Ces Italiens, ils nous étonneront toujours. Croyez-vous qu'ils aient du temps libre ? Pas question. Ils sont bien trop occupés : à travailler au noir ou à doubler leur salaire grâce à un autre boulot. Car, du moins pour les catégories socioprofessionnelles les plus modestes, on reste attaché à sa région, agrippé à la protection syndicale, indéfectiblement liée à la sécurité de l'emploi. Que le travail soit routinier importe peu, puisque ces autres critères aident à digérer l'ennui d'un travail répétitif. Et puis, cela n'empêche pas de rêver qu'avec des diplômes on aurait pu bénéficier d'un métier plus prestigieux.

Mais les Italiens ne sont pas tous ainsi. Ce serait oublier les Benetton, Agnelli et autres Benedetti. Des modèles de réussite – à juste titre – pour beaucoup de leurs compatriotes : les deux tiers des actifs aimeraient disposer certes d'une rémunération plus importante, mais assortie de risques et de participation aux bénéfices.

Car en Italie, on a encore une autre ambition, bien ancrée elle aussi : monter sa propre affaire, à l'image de ces ferrailleurs de Brescia qui ont dynamisé la sidérurgie.

Le Nouvel Observateur, octobre 1989

■ LES MOTS

étonner qqn	jdn erstaunen, jdn in Staunen versetzen
travailler au noir	schwarz arbeiten (die Schwarzarbeit)
doubler	verdoppeln
la catégorie socioprofessionnelle	die Berufskategorie (-n)
s'agripper à	sich klammern an (+A), fest/halten an (+D)
le syndicat	die Gewerkschaft (-en)
la confédération des syndicats allemands	der DGB (der deutsche Gewerkschaftsbund)
indéfectiblement	unweigerlich, unausweichlich
le critère	das Kriterium (pl. die Kriterien)
bénéficier de	in den Genuß (+G) kommen (a, o, ist)
le compatriote	der Landsmann (pl. die Landsleute)
le tiers ; les deux tiers	das Drittel ; zwei Drittel
assorti de	ici : verbunden mit (+D)
la participation aux bénéfices	die Gewinnbeteiligung
l'ambition ; être ambitieux	der Ehrgeiz ; ehrgeizig sein
être ancré	verankert / verwurzelt / sein (in +D)
la ferraille ; mettre à la casse	der Schrott ; verschrotten
la sidérurgie	die Stahlindustrie, die Eisen- und Stahlindustrie

■ MAIS ENCORE

pas question !	(das) kommt nicht in Frage !, davon kann keine Rede sein ! ausgeschlossen !
toujours (répétition)	immer wieder
grâce à	durch (+A), dank (+D ou +G)
du moins	wenigstens, zumindest
à juste titre	zu Recht
certes ..., mais	zwar ..., aber ...
à l'image de	nach dem Vorbild (+G)

LE POINT DE GRAMMAIRE

● SUBJONCTIF FRANÇAIS / INDICATIF ALLEMAND

(voir aussi page 67)

L'emploi du subjonctif obéit à des règles propres à chaque langue. En allemand, le subjonctif est le mode de l'hypothèse, de la comparaison irréelle (als ob), du désir, du regret, du discours indirect. Il faut donc faire attention en traduisant, p. ex. :

Croyez-vous qu'ils aient du temps ?	Glauben Sie, daß sie Zeit haben ?
Que le travail soit monotone importe peu.	Daß die Arbeit eintönig ist, tut nichts zur Sache.
L'important est qu'on le leur dise.	Wichtig ist, daß man es ihnen sagt.

Toutefois :

Voilà une bonne chose de faite !	Das hätten wir ! (Das hätten wir geschafft !)
Nous y voilà !	Da wär'n wir also !

● HEIẞEN

1. s'appeler

Comment vous appelez-vous ?   Wie heißen Sie ?
Je m'appelle Untel.   Ich heiße Soundso.

2. signifier, vouloir dire

Qu'est-ce que cela veut dire ?   Was heißt das ?
Cela signifie, si je comprends bien, que ... Das heißt, wenn ich richtig verstehe, daß ...
c'est à dire (c.à d.)   das heißt (d.h.)
Venez avec vos documents, c'est-à-dire votre étude de marché.   Kommen Sie mit Ihren Unterlagen, d.h. Ihrer Marktstudie. (apposition !)
Lui proposer de l'argent ? Ce serait l'offenser !   Ihm Geld anbieten ? Das hieße ihn beleidigen ! (subj. II)

3. demander, ordonner, dire de faire qqch

Dans ce cas, "heißen" fait partie des verbes (heißen, helfen, lehren, lernen, lassen, machen et les verbes de modalité) dont le complément infinitif n'est pas précédé de "zu" et qui suivent la règle du "double infinitif". Cet emploi de "heißen" est rare aujourd'hui.

Il lui dit de se lever.   Er heißt ihn aufstehen.
Il lui a dit de se lever.   Er hat ihn aufstehen heißen.
Qui t'a demandé de faire cela ?   Wer hat dich das tun heißen ?

● LA TRADUCTION DE "TOUJOURS"

1. immer, stets, ständig, dauernd, andauernd

Je l'ai toujours fait de cette manière.   Ich hab das immer so gemacht.
Ne me dérange pas toujours (sans cesse) ! Bitte, störe mich nicht ständig !
Il a toujours un tourne-vis sur lui.   Er hat stets einen Schraubenzieher bei sich.
Il a plu sans discontinuer.   Es hat andauernd geregnet.

2. immer noch, nach wie vor

Il pleut toujours. (la pluie n'a pas encore cessé)
Es regnet immer noch.

Je n'ai toujours pas compris.
Ich habe immer noch nicht verstanden.

Tu es toujours là ? Tu devais être chez X. à huit heures, non ?
Du bist immer noch da ? Du solltest doch um acht bei Herrn X. sein, oder ?

Malgré les troubles politiques, ce pays est toujours très apprécié des touristes.
Trotz der politischen Unruhen ist dieses Land bei den Touristen nach wie vor sehr beliebt.

3. immer wieder (répétition)

Je ne sais pas pourquoi j'oublie toujours son nom.
Ich weiß nicht, warum ich seinen Namen immer wieder vergesse.

Pourquoi revient-il sans cesse sur ce sujet ?
Warum kommt er immer wieder auf dieses Thema zu sprechen ?

Et aussi :

Essaye toujours !   Versuch doch !
     Mach doch (wenigstens) einen Versuch !
C'est toujours ça (de gagné) !   Wenigstens das ! Wenigstens so viel !

■ TRADUCTION PROPOSEE
Freizeit ? Ausgeschlossen !

Diese Italiener, sie werden uns immer wieder in Staunen versetzen. Glauben Sie, daß sie freie Zeit haben ? Keine Rede davon ! Sie sind viel zu beschäftigt : mit Schwarzarbeit oder damit, ihren Lohn mit Hilfe einer Zweitbeschäftigung zu verdoppeln. Denn zumindest in den bescheidenen Berufskategorien hängt man an seiner Gegend und hält am gewerkschaftlichen Schutz fest, der unweigerlich mit der Sicherheit des Arbeitsplatzes verbunden ist. Daß die Arbeit eintönig ist, fällt kaum ins Gewicht, denn jene anderen Kriterien tragen dazu bei, die Langeweile einer repetitiven Arbeit leichter zu ertragen. Und außerdem bleibt immer noch der Traum, daß man mit entsprechenden Diplomen in den Genuß eines angeseheneren Berufs hätte kommen können.

Aber nicht alle Italiener sind so. Es hieße die Benetton, Agnelli und ähnliche Benedetti vergessen, die für viele ihrer Landsleute – und zu Recht – als beispielhafte Erfolgsmenschen gelten : zwei Drittel der Erwerbstätigen möchten zwar über ein höheres Einkommen verfügen, aber es soll mit Risiken und Gewinnbeteiligung verbunden sein. Denn in Italien hat jeder noch einen anderen, ebenfalls tief verwurzelten Ehrgeiz : sein eigenes Unternehmen zu gründen, nach dem Vorbild jener Schrotthändler von Brescia, welche die Stahlindustrie wiederbelebt haben.

■ VARIANTES
Freie Zeit ? Kommt nicht in Frage ! / Wo denken Sie hin ?

Diese Italiener werden uns doch immer wieder **erstaunen / wir werden uns doch immer wieder über diese Italiener wundern (müssen) /**. Glauben Sie, daß sie etwa freie Zeit haben? **Keine Rede !** Sie sind viel zu beschäftigt : **schwarz zu arbeiten** oder **mit einem zweiten Job** ihren Lohn zu verdoppeln. Denn zumindest in den untersten **Berufsschichten** bleibt man seiner Gegend **verbunden / treu / und klammert sich** an den gewerkschaftlichen Schutz, der unweigerlich mit der Arbeitsplatzsicherung zusammenhängt. Daß es sich um eine **Routinearbeit** handelt, **ist nicht so wichtig / tut kaum etwas zur Sache / ist kaum von Belang /**, denn jene anderen Kriterien **ermöglichen es / erleichtern es /**, die Langeweile einer repetitiven Arbeit **hinzunehmen / zu akzeptieren /**. Und außerdem **kann man trotzdem davon träumen**, daß man mit Diplomen **die Vorteile** eines angeseheneren Berufs **hätte genießen können.**

Aber nicht alle Italiener sind so. Es hieße die Benetton, Agnelli und ähnliche Benedetti vergessen, die für viele ihrer Landsleute – und **mit vollem Recht** – als beispielhafte Erfolgsmenschen gelten : zwei Drittel der Erwerbstätigen **würden zwar gerne** über ein höheres Einkommen verfügen, aber es soll mit Risiken und Gewinnbeteiligung verbunden sein. Denn in Italien hat jeder noch einen anderen, tief **verankerten** Ehrgeiz : seinen eigenen **Betrieb** zu gründen, **wie** jene Schrotthändler von Brescia, **die der Eisen-und Stahlindustrie neue Lebenskraft gegeben haben / deren Unternehmungsgeist die Stahlindustrie neu belebt hat /**.

■ LE TOUR DES MOTS

la question	die Frage (-n)
poser une question à qqn	jdm eine Frage stellen
se poser la question de la finalité	sich die Frage nach dem Ziel / dem Zweck / stellen
soulever une question	eine Frage auf/werfen (a, o)
éluder une question	einer Frage (D) aus/weichen (i, i, ist)
répondre à une question	eine Frage beantworten, auf eine Frage antworten
Il n'en est pas question !	Das kommt nicht in Frage ! Davon kann nicht die Rede sein ! Ausgeschlossen !
Il est question de ...	Es ist die Rede von (+D), es geht um (+A), es handelt sich darum, ... zu ... (etwas zu tun)

La question est de savoir, si ...	Es stellt sich die Frage, ob ... ; die Frage ist, ob ...
Ce n'est plus qu'une question de temps.	Das ist nur noch eine Frage der Zeit.
C'est une question de coûts, d'argent.	Es ist eine Kostenfrage, eine Geldfrage.
le questionnaire	der Fragebogen (-¨)
remplir un questionnaire	einen Fragebogen aus/füllen
occuper	1. beschäftigen 2. besetzen
Il est très occupé.	Er ist sehr beschäftigt, er hat alle Hände voll zu tun.
Il est occupé à coller des étiquettes.	Er ist mit dem Aufkleben von Etiketten beschäftigt.
La ville fut occupée par les ennemis.	Die Stadt wurde von den Feinden besetzt.
occuper un emploi	einen Arbeitsplatz haben
occuper une (haute) fonction	ein (hohes) Amt bekleiden
cette place est occupée	dieser (Sitz)platz ist besetzt
s'occuper de	sich beschäftigen mit (+D), sich befassen mit, sich kümmern um (+A)
s'occuper d'un enfant (soins)	sich um ein Kind kümmern
s'occuper d'un enfant (activités, observation)	sich mit einem Kind beschäftigen / befassen
Cette question m'occupe depuis longtemps.	Diese Frage beschäftigt mich seit langem, ich befasse mich schon lange mit dieser Frage.
lier	verbinden (a, u) (mit +D), in Zusammenhang bringen (a, a) (mit +D)
être lié	zusammen/hängen (i, a), verbunden sein
Les deux questions sont liées.	Die beiden Fragen hängen zusammen, es besteht ein Zusammenhang zwischen beiden Fragen (D).
C'est lié à la crise.	Das hängt mit der Krise zusammen, das hat mit der Krise zu tun.
Je suis lié à cette entreprise par un contrat.	Ich bin dieser Firma (D) vertraglich verpflichtet, ich bin durch einen Vertrag an diese Firma gebunden.
ils se sont liés d'amitié	sie haben Freundschaft geschlossen
l'emploi	1. die Beschäftigung, die Stelle (-n), die Arbeit
l'offre d'emploi	das Stellenangebot (-e)
chercher un emploi	eine Arbeit / eine Stelle suchen
la demande d'emploi (écrite)	das Stellengesuch (-e)
le marché de l'emploi	der Arbeitsmarkt
un emploi bien rémunéré	eine gut bezahlte Arbeit
un emploi à temps partiel	eine Teilzeitarbeit / eine Teilzeitbeschäftigung
être sans emploi	arbeitslos sein
créer des emplois	Arbeitsplätze schaffen (u, a)
supprimer des emplois	Arbeitsplätze ab/bauen / weg/rationalisieren
l'emploi (usage, utilisation)	2. der Gebrauch (sg.), die Anwendung (-en)
agiter avant l'emploi	vor Gebrauch schütteln
employer une formule à bon / mauvais / escient	eine Formel gut / schlecht / an/wenden (wandte ... an, angewandt)
l'importance	die Wichtigkeit, die Bedeutung
C'est très important.	Das ist sehr wichtig.
C'est de la plus haute importance.	Das ist von größter Wichtigkeit.
C'est la question la plus importante.	Das ist die zentrale Frage / die Kernfrage.
Cela n'a pas d'importance ici.	Das tut hier nichts zur Sache.
Cela n'a aucune importance.	Das ist völlig unwichtig / unbedeutend.
Il est conscient de l'importance du problème.	Er ist sich (D) der Bedeutung des Problems wohl bewußt.
une affaire de moindre importance	eine geringfügige Sache
Le mouvement prend de l'importance.	Die Bewegung gewinnt an Bedeutung (D).
Cela m'importe	Das ist wichtig für mich.
Qu'importe !	Was tut's ?
empêcher	verhindern, hindern an (+D)
empêcher qqn de faire qqch	jdn daran hindern, etwas zu tun
empêcher un effondrement des cours	einen Sturz des Wechselkurses verhindern

Il n'empêche qu'il a raison	Trotzdem hat er recht ; man muß dennoch sagen / zugeben /, daß er recht hat.
J'ai été empêché de venir.	Ich war verhindert, zu kommen ; ich konnte nicht kommen.
Je ne peux m'empêcher de penser que ...	Ich kann nicht umhin, zu denken, daß ...
le modèle	das Modell (-e), das Beispiel (-e), das Vorbild (-er), das Muster (-)
C'est notre dernier modèle.	Dies ist unser neuestes Modell (z.B. Auto).
Tu peux le prendre pour modèle.	Du kannst dir ein Beispiel an ihm nehmen.
Les jeunes, dit-on, ont besoin de modèles.	Die Jugendlichen, heißt es, brauchen Vorbilder.
Elle est un enfant modèle, vraiment !	Sie ist ein wahres Musterkind !
l'élève modèle, le fort en thème	der Musterschüler
modèle (adj.)	beispielhaft, mustergültig, vorbildlich
le bénéfice	der Gewinn (-e), der Ertrag (-̈e), der Nutzen
le bénéfice net	der Reingewinn, der Reinertrag
la marge bénéficiaire	die Gewinnspanne
tirer bénéfice de qqch	aus einer Sache (D) Nutzen (A) ziehen (o, o)
bénéficier de tous les avantages	alle Vorteile / Vorzüge / genießen (o, o)
la participation au bénéfice	die Gewinnbeteiligung

■ PROGRESSER

1. a) Il double son salaire en faisant des heures supplémentaires.
   b) Dans certains pays, le secteur informel occupe presque la moitié de la population et "produit" (erwirtschaften) près d'un tiers du PNB.
   c) Certes, toutes ces personnes qui travaillent au noir ne payent pas d'impôts, mais ils prennent aussi le risque de n'avoir aucune protection sociale en cas d'accident ou de maladie.

2. a) Peux-tu me dire en deux mots de quoi il était question dans cette réunion syndicale ?
   b) Pour de nombreux employés, il est plus important de rester dans leur ville que de chercher un travail plus intéressant ailleurs.
   c) Au point où nous en sommes, nous avons investi trop de temps et trop d'argent pour qu'il puisse être question d'abandonner notre projet.

3. a) Elle ne s'est toujours pas occupée de ses papiers bien que je le lui aie rappelé déjà plusieurs fois.
   b) Je ne cesse de lui répéter combien cette lettre est importante, mais elle ne semble toujours pas avoir compris.
   c) De plus en plus de jeunes cadres ont le courage de créer leur propre entreprise et le nombre de ceux qui réussissent est tout à fait encourageant.

21. EXPLORER L'ESPACE, POURQUOI FAIRE ?

Pourquoi explorer l'espace ? Pourquoi envoyer des sondes dans le système solaire ? Pour "coloniser" l'espace ? Pour recueillir des informations sur la nature et la constitution des objets qui composent le système solaire, (...) pour résoudre l'énigme de l'origine de la vie et déterminer si nous sommes seuls dans l'Univers ?

L'immense majorité des scientifiques pensent que la seconde réponse est non seulement la bonne, mais la seule possible ; or, cette information scientifique n'est pas présentée comme le but réel du "spatial". On semble tout faire, au contraire, pour persuader le public qu'il s'agit de préparer l'homme à vivre dans l'espace. (...) Aussi, au lieu d'y envoyer des robots et des sondes, on se propose d'y larguer à grands frais des hommes.

"L'espace, une nouvelle frontière" dit-on. On assimile par là les astronautes aux pionniers des temps jadis qui désertaient la vieille Europe pour conquérir le

Nouveau Monde où il suffisait de défricher des terres vierges. Or, les planètes du système solaire sont inhabitables, comme l'espace. (...) Imaginer que l'on puisse modifier l'atmosphère et le climat de Mars pour les rendre semblables à ceux de la Terre relève pour le moment de la science-fiction.

Daniel Gautier, *Pour la Science*, décembre 1987

■ LES MOTS

explorer	erforschen
l'espace ; l'univers	der Weltraum, der Raum ; das Universum, das Weltall, das All
la sonde	die Sonde (-n), ici : die Raumsonde
la constitution	ici : die Beschaffenheit, die Zusammensetzung
résoudre l'énigme	das Rätsel lösen, das Geheimnis enthüllen
l'origine de la vie	der Ursprung des Lebens (der Ursprung, -¨e)
la grande majorité	die überwiegende Mehrheit
le "spatial"	die Raumforschung
persuader qqn de qqch	jdn von etwas (D) überzeugen
larguer	ici : ab/werfen (a, o)
assimiler à	vergleichen (i, i) mit, gleich/stellen mit (+D)
l'atmosphère ; le climat	die Atmosphäre ; das Klima
la science-fiction	die Science-Fiction (pron. à l'anglaise)

■ MAIS ENCORE

non seulement...mais aussi	nicht nur ..., sondern auch
or, c'est ...	jedoch ist es ..., es ist aber ...
aussi (en début de phrase)	daher, deshalb, so (V S C)
jadis	früher, ehemals
semblable à	ähnlich (+D), vergleichbar mit, gleich (+D)
pour le moment	vorerst, zunächst, zur Zeit

LE POINT DE GRAMMAIRE

● COMMENT TRADUIRE L'INFINITIF FRANÇAIS ?

Un certain nombre d'infinitifs français ne sont pas transposables tels quels en allemand.

1. La place de l'infinitif :

Explorer l'espace est un des rêves les plus anciens de l'homme.
Das Weltall zu erforschen ist einer der ältesten Träume des Menschen.

Connaître les secrets du monde est le désir de tout chercheur.
Die Geheimnisse der Welt zu kennen ist der Wunsch jedes Forschers.

2. Avec ou sans "zu" ?

L'infinitif complément des verbes de modalité (können, dürfen, müssen ...) ainsi que des verbes : lehren, lernen, heißen, helfen, sehen, hören n'est pas précédé de "zu".

Comparez :

La seule chose qu'il sache faire vraiment, c'est parler.	Das Einzige, was er wirklich kann, ist reden.
Tout ce que tu as à faire, c'est te taire !	Alles, was du zu tun hast, ist zu schweigen.

3. Pas d'infinitif en allemand ! :

Ils ne savent pas comment se nourrir.	Sie wissen nicht, wie sie sich ernähren sollen.
Pourquoi faire tant d'efforts ?	Wozu sollen wir uns so bemühen ?
	Wozu alle diese Bemühungen ?
Si je savais où aller, je ne viendrais pas chez toi.	Wenn ich wüßte, wohin ich gehen könnte, würde ich nicht zu dir kommen.
Comment définir l'Allemagne, désormais ?	Wie sollen / können / wir nun Deutschland definieren ?
Ils ne savent pas quoi faire d'autre.	Sie wissen nicht, was sie sonst tun könnten.

● **WARUM ? – WOZU ?**

→ **Warum ?** pose la question : pourquoi ?, pour quelle raison ? (réponse : ..., weil ...).

→ **Wozu ?** pose le question : pourquoi faire ? (réponse : ..., um ... zu ...).

Warum gehst du in die Stadt ? Weil ich Zeit habe.

Wozu gehst du in die Stadt ? Um einzukaufen.

Pourquoi (faire) tout cela ?	Wozu das alles ?
Il veut me parler, mais je ne sais pas pourquoi. (pour quelle raison)	Er will mich sprechen, ich weiß aber nicht, warum.

■ **TRADUCTION PROPOSEE**

Raumforschung ? Wozu ?

Wozu sollte man den Raum erforschen ? Wozu (sollte man) Sonden in das Sonnensystem senden ? Um den Weltraum zu "kolonisieren" ? Um Informationen über die Art und die Beschaffenheit der Himmelskörper einzuholen, die das Sonnensystem bilden ? (...) Um das Rätsel vom Ursprung des Lebens zu lösen und herauszufinden, ob wir im Universum allein sind ?

Die überwiegende Mehrheit der Wissenschaftler denkt, daß die zweite Antwort nicht nur die richtige ist, sondern die einzig mögliche diese wissenschaftliche Erkundschaftung wird aber nicht als das wahre Ziel der Raumforschung dargestellt. Im Gegenteil : man scheint alles zu tun, um das Publikum davon zu überzeugen, daß es sich darum handelt, den Menschen auf ein Leben im Weltall vorzubereiten. (...) Statt also Roboter und Sonden ins All zu schicken, hat man vor, mit hohem Kostenaufwand Menschen auszusenden.

"Der Raum, eine neue Grenze", heißt es. Man vergleicht dabei die Astronauten mit den Pionieren vergangener Zeiten, die den alten Kontinent verließen, um die Neue Welt zu erobern, wo man nur das unberührte Land zu roden brauchte. Man weiß aber, daß die Planeten des Sonnensystems unbewohnbar sind, wie auch das All. (...) Sich einzubilden, daß man die Atmosphäre und das Klima des Mars verändern kann, um sie denen der Erde anzugleichen, gehört vorerst noch in den Bereich der Science-Fiction.

■ **VARIANTES**

Wozu sollte man den Raum erforschen ?

Wozu sollte man den Raum erforschen ? Wozu Sonden in das Sonnensystem **ausschicken** ? Um den Weltraum zu "kolonisieren" ? **Um sich über** die Art und die Beschaffenheit der Himmelskörper **zu informieren, aus denen** das Sonnensystem **besteht ? Um das Geheimnis** vom Ursprung des Lebens **zu enthüllen** und herauszufinden, ob wir im Universum allein sind ?

Die überwiegende Mehrheit der Wissenschaftler denkt, daß die zweite Antwort nicht nur die richtige ist, sondern auch die einzig mögliche ; **tatsächlich aber wird diese wissen-**

schaftliche Erforschung nicht als das wahre Ziel des **Raumprogramms** dargestellt. **Man scheint im Gegenteil** alles zu tun, um das Publikum davon zu überzeugen, **daß es darum geht**, den Menschen auf ein Leben im All vorzubereiten. **So kommt es, daß** man, statt Roboter und Sonden ins All zu schicken, **davon spricht, Menschen dorthinzusenden, und dies unter Aufwand hoher Kosten** .// **Statt also** Roboter und Sonden ins All zu schicken, **trägt man sich mit dem kostspieligen Gedanken,** Menschen auszusenden.//

"Der Weltraum, eine neue Grenze", **sagt man. Man stellt dabei die Astronauten den Pionieren von früher gleich,** die **das alte Europa** verließen, um die Neue Welt zu erobern, **wo es genügte,** unberührtes Land zu roden. Man weiß aber, daß die Planeten des Sonnensystems unbewohnbar sind, **ebenso wie** das All. **Die Vorstellung, man könne** die Atmosphäre und das Klima des Mars **beeinflussen, so daß sie denen der Erde ähnlich werden, ist heute noch** Science-Fiction.

■ LE TOUR DES MOTS

explorer	erforschen, erkunden, untersuchen
explorer les fonds marins	die Meeresgründe erforschen
explorer les alentours	die Umgebung / die Gegend / erkunden
explorer les possibilités	die Möglichkeiten prüfen / untersuchen
des possibilités non encore explorées	noch unerforschte / unbekannte / Möglichkeiten
l'explorateur	der Forschungsreisende (Adj), der Entdecker
l'exploration de l'espace	die Raumforschung
l'espace	der Raum, das Weltall, das All
la conquête de l'espace	die Raumforschung, die Eroberung des Alls
l'espace vide, creux	der Hohlraum (-¨e)
l'espace vert	die Grünfläche (-n)
l'espace vital	der Lebensraum
laisser un espace	einen Zwischenraum lassen (ie, a)
en l'espace d'une heure / d'un an	binnen einer Stunde / innerhalb eines Jahres
la navigation spatiale	die Raumfahrt
le "spatial"	das Raumforschungsprogramm
l'engin spatial, le vaisseau spatial	der Raumflugkörper (-), das Raumschiff (-e)
l'objet	der Gegenstand (-¨e), das Objekt (-e), die Sache der Zweck, das Ziel (-e)
l'objet observé	der beobachtete Körper, das beobachtete Objekt
l'objet de ma visite	der Zweck meines Besuchs
nous avons pour objet de...	wir beabsichtigen, ... zu ; unser Ziel ist, ... zu ...
un objet trouvé	ein Fundgegenstand, pl. Fundsachen
un objet d'art	ein Kunstgegenstand, ein Kunstwerk (-e)
Ces critiques sont sans objet.	Diese Kritiken sind gegenstandslos.
toutes sortes d'objets	alle möglichen Gegenstände / Sachen /, Gegenstände aller Art
envoyer	senden (sandte, gesandt), schicken
envoyer une lettre à qqn	jdm einen Brief senden / schicken
envoyer par la poste / par avion	mit der Post senden / per Flugpost senden
l'envoi postal	die Postsendung
envoyer chercher qqn	jdn holen lassen
Il m'a envoyé te chercher.	Er hat mich nach dir ausgeschickt.
envoyer qqn en prison	jdn ins Gefängnis schicken / befördern
envoyer qqn au diable	jdn zum Teufel wünschen
les frais	die Kosten (pl.)
à mes frais	auf meine Kosten
aux frais des contribuables	auf Kosten der Steuerzahler
les faux frais	die Unkosten, die Nebenkosten, die Spesen
la note de frais	die Spesenrechnung
la participation aux frais	die Kostenbeteiligung, die Beteiligung an den Kosten
participer aux frais	sich an den Kosten beteiligen, an den Kosten beteiligt sein
tous frais payés	alles inbegriffen, inklusive aller Nebenkosten

les frais de transport	die Transportkosten
à grands frais	mit hohem Kostenaufwand, unter Aufwand hoher Kosten
entraîner des frais	Kosten verursachen
rentrer dans ses frais	auf seine Kosten kommen (a, o)
supporter les frais	die Kosten tragen (u, a)
les frais de douane	die Zollgebühren (die Gebühr, -en)
les frais d'inscription	die Einschreibegebühren
suffir	genügen, reichen, aus/reichen
Cela me suffit pour le moment.	das genügt mir für's erste / zunächst / vorerst .
Il suffit d'appuyer sur le bouton.	Man braucht nur auf den Knopf zu drücken.
Il suffit d'appeler ! (tél.)	Anruf genügt !
Ces stocks ne suffiront pas.	Diese Vorräte werden nicht ausreichen.
Nous avons encore suffisamment de temps.	Wir haben noch genug Zeit.
Je l'ai suffisamment répété.	Ich habe es oft genug wiederholt.
Il ne suffit pas de le dire, il faut aussi agir en conséquence.	Es genügt nicht, es zu sagen, man muß auch danach handeln.
Merci, ça suffit, j'en ai assez !	Danke, mir reicht's, ich hab die Nase voll !
Ça suffit maintenant !	Jetzt reicht's aber !
imaginer	1. sich etwas vor/stellen (se représenter qqch), 2. sich etwas ein/bilden (illusion)
Tu ne peux pas t'imaginer ce qui m'est arrivé !	Du kannst dir nicht vorstellen, was mir passiert ist !
C'est inimaginable !	Das ist unvorstellbar.
Il s'imagine tout savoir.	Er bildet sich ein, alles zu wissen.
Mais qu'est-ce qu'il s'imagine ?	Was bildet er sich eigentlich ein ?
l'imagination	die Phantasie (-en), die Einbildungskraft
Tu as trop d'imagination.	Du hast zu viel Phantasie.
relever de	gehören zu (+D), gehören in (+D), sein
Cela relève de l'exploit !	Das ist eine wahre Leistung / Heldentat !
Cela ne relève pas de mes fonctions.	Das gehört nicht in meinen Amtsbereich, dafür bin ich nicht zuständig.
Cela ne relève pas de mes compétences.	Das gehört nicht in meinen Kompetenzbereich.
Cela relève du ministère de la recherche.	Dafür ist das Forschungsministerium zuständig.
Il a été relevé de ses fonctions.	Er wurde seines Amtes enthoben, er wurde aus seinem Amt entlassen.
la relève de la garde	die Wachablösung, die Wachablöse (österr.)
Personne ne m'a relevé (remplacé).	Niemand hat mich abgelöst.

■ PROGRESSER

1. a) C'est la seule réponse possible.
   b) Attendre la réponse des autorités me semble être la meilleure attitude possible en ce moment.
   c) Avant d'envoyer des hommes dans l'espace, il faut faire de nombreuses expériences pour savoir comment les préparer à vivre dans un engin spatial.
2. a) Il ne m'a pas encore présenté sa nouvelle amie.
   b) La façon dont il nous a présenté le but de ce voyage ne m'a pas permis d'y voir clair.
   c) Chaque fois qu'il lit un roman de science-fiction, il s'imagine être un des héros, ce qui pose à ses parents le problème de savoir comment le ramener sur terre pour qu'il fasse au moins une partie de ses devoirs.
3. a) On dit que les planètes du système solaire sont inhabitables.
   b) Pourtant, il se pourrait qu'un jour, après la disparition de l'humanité, des habitants d'une autre planète arrivent sur la Terre et se mettent à faire des recherches.
   c) Après avoir recueilli toutes sortes d'informations, ces êtres venus de l'espace se demanderont pourquoi les habitants de notre planète s'étaient tant efforcés à rendre la vie plus agréable, si, en même temps, ils détruisaient les bases mêmes de cette vie.

22. L'ENSEIGNEMENT ASSISTÉ PAR ORDINATEUR

Il est essentiel, au moment d'aborder ce sujet, d'avoir pleinement conscience, d'une part, des possibilités offertes par cet instrument, d'autre part, de l'objectif que l'on s'est fixé.

En ce qui concerne l'instrument qu'est le micro-ordinateur, il offre, à première vue, trois avantages fondamentaux : il permet de faire des calculs et des analyses à une rapidité et sur des quantités qui dépassent de loin les facultés d'exécution du cerveau humain ; il permet de stocker et donc de restituer rapidement un nombre de données qu'aucune mémoire humaine ne peut emmagasiner ; il exige, certes, une précision qui doit être scrupuleusement respectée, tant par le programmateur que par l'utilisateur, sinon l'instrument est totalement inutilisable – mais, de par cette précision même, il offre des garanties d'efficacité inégalables.

Voyons à présent l'objectif.

Le problème qui se pose à chaque enseignant, à la sortie de son cours, est celui de l'assimilation par les enseignés de ce qui vient d'être étudié. Ce problème surgit à nouveau au moment d'amorcer le cours suivant.

Dans quelle mesure l'ordinateur peut-il combler ce hiatus qui se produit régulièrement ?

André Strauss, La Pensée du XXe siècle, 1983

■ LES MOTS

l'ordinateur	der Computer (-)
l'objectif	das Ziel (-e), der Zweck
le calcul	das Rechnen, die Rechnung (-en)
la faculté d'exécution	die Fähigkeit (-en), die Leistung (-en)
le cerveau humain	das menschliche Gehirn
stocker des données	Daten speichern
le programmeur	der Programmierer
l'efficacité	die Effizienz, die Verläßlichkeit (fiabilité)
l'enseignant	der Lehrer, der Unterrichtende (Adj.)
l'assimilation	die Verarbeitung
le hiatus	die Kluft (-¨e), die Unterbrechung, die Lücke (-n)

■ MAIS ENCORE

il est essentiel	es ist unerläßlich, es ist wesentlich
d'une part, d'autre part	einerseits ... andererseits, zum einen ... zum andern, sowohl ... als auch
à première vue	auf den ersten Blick, zunächst
de loin	1. von weitem (er grüßt mich von weitem) 2. bei weitem (er ist bei weitem der Beste)
en revanche, il a ...	aber er hat ..., dagegen hat er ..., hingegen hat er ...
dans quelle mesure peut-on dire que ...	inwiefern kann man sagen, daß ...

LE POINT DE GRAMMAIRE

● LA VOIX PASSIVE

→ Le passif se forme à l'aide de l'auxiliaire "werden" et du participe passé du verbe.

Le complément d'agent est introduit par "von +D" (personne) ou par "durch +A" (institution).

Au passif, le participe passé de "werden" ne prend pas "ge-" (er **ist** getötet **worden**).

Ici, on construit / on est en train de construire / une maison.
Hier wird ein Haus gebaut. (présent)
Le mur fut abattu.
Die Mauer wurde abgerissen.(prét.)
Les frontières ont été ouvertes.
Die Grenzen sind geöffnet worden. (p. composé)
Les prospectus avaient été distribués par la poste.
Die Prospekte waren durch die Post verteilt worden. (plus que parfait)
Vous serez examinés par le professeur X.
Sie werden von Professor X geprüft werden. (futur)

→ Le sujet apparent "es" disparaît dès que la première place est prise par un complément ou un adverbe :

Es wird hier nicht geraucht → Hier wird nicht geraucht. *(Ici, on ne fume pas)*

Es wurde gestern abend darüber diskutiert → Gestern abend wurde darüber diskutiert. *(On en a discuté hier soir. / Il en a été question hier soir. / Ce fut l'objet d'une discussion hier soir.)*

→ Si le passif est l'infinitif complément d'un verbe de modalité, il est, par définition, invariable et se présente toujours groupé et dans l'ordre p.p. + werden.

être utilisé / être envoyé ...	benutzt werden / gesendet werden ...
Il a pu être prévenu.	Er konnte benachrichtigt werden.
	Er hat benachrichtigt werden können. (double inf.)
Il devra être licencié.	Er wird entlassen werden müssen.
Il sait qu'il devra être licencié.	Er weiß, daß er wird entlassen werden müssen.
Il m'a dit qu'il a dû être licencié.	Er hat mir gesagt, daß er hat entlassen werden müssen. /, daß er entlassen werden mußte
Tous les enfants ont voulu être récompensés.	Alle Kinder wollten belohnt werden.
	Alle Kinder haben belohnt werden wollen.

→ Attention aux verbes suivis du datif en allemand, de l'accusatif en français ! Le datif ne saurait devenir sujet !

On peut aider cet homme.	Diesem Mann kann geholfen werden.
Il a été cordialement remercié.	Es wurde ihm herzlich gedankt.
	Ihm wurde herzlich gedankt.

→ Comment "reconnaître" le passif ?

La voix passive, parfois aussi appelée "passif action" (auxiliaire "werden"), exprime toujours une action en cours à un moment donné. Le "passif état" (auxiliaire "sein") exprime une action achevée ; le participe passé a alors valeur d'adjectif attribut.

Die Stadt wurde zerstört. (Man zerstörte die Stadt.)

Die Stadt ist zerstört worden. (Man hat die Stadt zerstört.)

Die Stadt war zerstört. *(La ville était détruite, en ruines.)*
Die Stadt ist zerstört. *(C'est une ville détruite.)*
Das Museum wird geöffnet. *(On est en train d'ouvrir le musée.)*
Das Museum ist geöffnet. *(Le musée est ouvert.)*

→ La voix passive peut avoir valeur d'impératif :

Maintenant, il faut dormir !	Jetzt wird endlich geschlafen !
Il est interdit de fumer ici !	Hier wird nicht geraucht !
Ici, on ne fume pas !	
Debout maintenant !	(Jetzt wird) aufgestanden !

● **LES FONCTIONS DE "WERDEN"**

1. verbe (werden, wurde, ist geworden : devenir)

A zéro degré, l'eau devient de la glace.
Bei null Grad wird das Wasser zu Eis.
Il est devenu un excellent vendeur.
Er ist ein ausgezeichneter Verkäufer geworden.

2. auxiliaire du futur (werden + infinitif)

Demain, il pleuvra.
Morgen wird es regnen.
Il devra bien se rendre à l'évidence.
Er wird es wohl einsehen müssen.

3. auxiliaire du passif (werden + p.p.)

Le samedi, on ne travaille pas.	Am Samstag wird nicht gearbeitet.
Il a été nommé président.	Er ist zum Vorsitzenden ernannt worden.

■ **TRADUCTION PROPOSEE**

Computer als Unterrichtshilfe

Wenn man dieses Thema anschneidet, ist es unerläßlich, sich einerseits der von diesem Medium gebotenen Möglichkeiten voll bewußt zu sein, und andererseits das angestrebte Ziel nicht aus den Augen zu verlieren.

Was das Instrument Mikrocomputer betrifft, so bietet es, auf den ersten Blick, drei grundlegende Vorteile : es ermöglicht, Rechnungen und Analysen mit einer Geschwindigkeit und in einer Vielzahl auszuführen, die die Denkfähigkeiten des menschlichen Gehirns bei weitem übertreffen ; es erlaubt, eine Anzahl von Daten zu speichern und folglich auch schnell wiederzugeben, die kein menschliches Gedächtnis aufzunehmen imstande ist ; es fordert zwar von der Person, die damit umgeht, also sowohl vom Programmierer als auch vom Benützer, eine Präzision, deren Vernachlässigung das Medium völlig unbrauchbar macht ; durch genau diesen Anspruch auf Präzision aber bietet es andererseits die Gewißheit unvergleichbarer Effizienz.

Betrachten wir nun das Ziel.

Das Problem, dem jeder Lehrer am Ende seiner Unterrichtsstunde gegenübersteht, ist zu wissen, wie nun der eben durchgenommene Stoff von den Studenten verarbeitet wird. Dieses Problem taucht am Anfang der folgenden Unterrichtsstunde erneut auf.

In welchem Maße kann man also vom Computer erwarten, daß er die Lücke füllt, die da regelmäßig entsteht ?

▪ VARIANTES
Computergestützter Unterricht

Wenn man dieses Thema anschneidet, ist es **von größter Wichtigkeit**, sich **sowohl** über die Möglichkeiten völlig **im Klaren zu sein**, welche dieses Instrument bietet, **als auch** das Ziel nicht aus den Augen zu verlieren, welches man anstrebt / als auch **das gewünschte Endziel im Auge zu behalten /**.

Was das Instrument Mikrocomputer / **PC** / betrifft, so bietet es **zunächst** drei grundlegende Vorteile : es erlaubt, Rechnungen und Analysen **so rasch und in so großer Zahl durchzuführen**, daß es die Fähigkeiten eines menschlichen Gehirns bei weitem **überbietet** ; es erlaubt, eine Anzahl von Daten zu speichern und also auch schnell wiederzugeben, die kein menschliches Gedächtnis **aufnehmen kann / aufzunehmen fähig ist /** ; es verlangt von **dem**, der damit umgeht, also sowohl vom Programmierer als auch vom Benützer, **eine Genauigkeit, die respektiert werden muß, sonst ist das Instrument völlig unbrauchbar** ; eben dieser Anspruch auf Genauigkeit aber macht das Instrument so unvergleichbar **verläßlich**.

Kommen wir nun **zu** den Zielen.

Die Frage, die **sich** jedem Lehrer am Ende seiner Unterrichtsstunde **stellt**, **ist zu wissen**, wie die Studenten den eben behandelten Stoff verarbeiten werden. **Es ist eine Frage, die sich** am Anfang der folgenden Unterrichtsstunde **wieder stellt**.

Inwiefern kann der Computer **diese Unterbrechung, die regelmäßig stattfindet**, verhindern / überbrücken / ?

▪ LE TOUR DES MOTS

l'enseignement	der Unterricht, der Lehrgang (-¨e)
l'enseignement par correspondance	der Fernunterricht
la méthode d'enseignement	die Unterrichtsmethode (-n)
la matière enseignée (spécialité)	das Unterrichtsfach (-¨er)
la matière enseignée (contenu)	der Lehrstoff, der Stoff
l'enseignant,e	der Lehrer (-), die Lehrerin (-innen), der Unterrichtende
le corps enseignant	der Lehrkörper (-)
l'enseigné, e	der Schüler (-), die Schülerin (-innen), der Lernende (Adj.)
enseigner	jdn unterrichten (in +D), jdm etwas bei/bringen
Elle m'a enseigné / appris à tricoter.	Sie hat mir das Stricken beigebracht.
Il m'a enseigné le piano.	Er hat mir Klavierunterricht gegeben, er hat mich im Klavierspiel unterrichtet, er war mein Klavierlehrer.
l'ordinateur	der Computer (-), der Elektronenrechner
l'ordinateur pour traitement de textes	der Computer für Textverarbeitung
le micro-ordinateur	der Mikrocomputer, der Personal Computer (PC), der Arbeitsplatzcomputer
l'ordinateur domestique	der Heimcomputer
La fabrication est entièrement commandée par ordinateur.	Die Herstellung ist total computergesteuert / ist total computerisiert.
Ce n'est pas lisible par ordinateur.	Das ist nicht computergerecht / nicht maschinenlesbar.
programmer l'ordinateur	den Computer programmieren
savoir se servir d'un ordinateur	mit einem Cumputer um/gehen können, sich eines Computers bedienen können
l'objectif	das Ziel (-e), der Zweck (-e)
nous avons pour objectif de ...	wir haben zum Ziel, ... zu ... / unser Ziel ist, ... zu ... / wir streben (+A) an (etw. an/streben)
l'objectif de l'opération est ...	(der) Zweck dieses Unternehmens ist ...
Nous avons atteint / manqué / notre objectif.	Wir haben unser Ziel erreicht / verfehlt.
l'objectif visé	das angestrebte Ziel
Sinon, l'appareil a manqué son but.	Sonst hat der Apparat seinen Zweck verfehlt.
fondamental	grundlegend, wesentlich
la différence fondamentale	der grundlegende Unterschied, der

	Hauptunterschied (-e)
l'avantage fondamental	der wesentliche Vorteil (-e)
Ils sont fondamentalement différents.	Sie sind völlig / gänzlich / verschieden.
permettre	erlauben, gestatten, ermöglichen
Permettez-moi de vous dire ...	Erlauben Sie mir, Ihnen zu sagen, ...
Est-il permis de fumer ici ?	Ist es gestattet, hier zu rauchen ?
L'ordinateur permet de gagner du temps.	Der Computer ermöglicht es, Zeit zu sparen.
Il permet de travailler avec plus de précision.	Er ermöglicht eine präzisere Arbeit.
Il se croit tout permis.	Er glaubt, sich (D) alles erlauben zu können.
Tout le monde ne peut pas se permettre cela.	Das kann sich nicht jeder erlauben.
Tout le monde ne peut pas se permettre d'avoir une résidence secondaire.	Eine Zweitwohnung kann sich nicht jeder leisten.
le permis de conduire	der Führerschein (-e)
le permis de circulation	die Zulassung (-en)
le permis de séjour	die Aufenthaltsgenehmigung (-en)
le permis de travail	die Arbeitserlaubnis (sg.)
dépasser	übersteigen (ie, ie), übertreffen (a, o), überholen
Ce modèle est dépassé.	Dieses Modell ist überholt.
La voiture m'a dépassé.	Der Wagen hat mich überholt.
l'interdiction de dépasser	das Überholverbot
Cela dépasse mes forces.	Das übersteigt meine Kräfte.
Il me dépasse dans tous les domaines.	Er übertrifft mich in allen Bereichen, er ist mir in allen Bereichen überlegen.
Nous devons dépasser cette limite.	Wir müssen diese Grenze überwinden (a, u).
Il est interdit de dépasser (franchir) cette frontière.	Es ist verboten, diese Grenze zu überschreiten (i, i).
Il s'est surpassé.	Er hat sich selbst übertroffen.
les données (informatiques)	die Daten (pl.)
introduire des données dans un ordinateur	den Computer mit Daten füttern
L'ordinateur mémorise les données.	Der Computer speichert die Daten.
appeler les données	die Daten ab/rufen (ie, u)
le traitement électronique des données	elektronische Datenverarbeitung (EDV)
la banque de données	die Datenbank (-en)
la protection des données ; la loi pour la protection du citoyen de la divulgation des données	der Datenschutz ; das Datenschutzgesetz (-e)
la mémoire	das Gedächtnis (sg.), die Erinnerung (-en)
la mémoire d'un ordinateur	der Datenspeicher (-)
la mémoire centrale	der Kernspeicher
avoir une bonne mémoire	ein gutes Gedächtnis haben
Il a la mémoire des chiffres.	Er hat ein gutes Zahlengedächtnis.
un trou de mémoire	eine Gedächtnislücke (-n)
Je ne l'ai plus en mémoire.	Ich erinnere mich nicht mehr daran.
en mémoire de...	in Erinnerung an (+A)
mémoriser	lernen, auswendig lernen (par coeur), (im Gedächtnis) behalten (ie, a)
Je n'arrive pas à mémoriser tous ces noms.	Ich kann alle diese Namen nicht behalten.
Si j'ai bonne mémoire...	Wenn ich mich nicht irre, ...
de mémoire d'homme	seit Menschengedenken
le cours	1. der Kurs (-e), die Vorlesung (Universität), die Unterrichtsstunde (-n), 2. der Lauf (-̈e), 3. der Kurs (-e) (Währung)
s'inscrire à un cours	einen Kurs / eine Vorlesung / belegen
suivre un cours	einen Kurs besuchen
Le cours de lundi est supprimé.	Am Montag fällt der Unterricht / die Stunde / aus.
faire cours	unterrichten, Unterricht halten (ie, a)
le cours du temps	der Lauf der Zeit
au cours de la semaine prochaine	im Lauf der nächsten Woche

au cours de la soirée	im Verlauf des Abends
Les cours montent / baissent.	Die Kurse steigen (ie, ie) / fallen (ie, a).
le cours du change	der Wechselkurs
Ces idées n'ont plus cours aujourd'hui.	Diese Ideen sind heute nicht mehr gültig.

■ PROGRESSER

1. a) Le micro-ordinateur est de plus en plus utilisé.
   b) On ne peut presque plus s'imaginer, aujourd'hui, un bureau sans cet instrument indispensable : l'ordinateur.
   c) Avant d'introduire l'ordinateur dans l'enseignement, il faut avoir une idée claire de ce qu'il sait faire et de ce que l'on veut qu'il fasse.
2. a) Il est devenu un spécialiste dans ce domaine.
   b) Tu seras étonné quand tu verras avec quelle rapidité cet appareil enregistre et traite un nombre impressionnant de données.
   c) On dit toujours que l'homme sera évincé par les robots, mais on oublie que cette machine a été créée par le cerveau humain et qu'elle sera toujours programmée, perfectionnée et controlée par l'homme.
3. a) Aucune mémoire humaine ne peut enregistrer ni garder une telle quantité d'informations.
   b) Ou bien tu essayes sérieusement de trouver toi-même la solution, ou bien tu vas voir Pierre pour qu'il te donne des explications.
   c) Etant donné les possibilités du micro-ordinateur, dans quelle mesure peut-on espérer s'en servir dans l'enseignement sans que le travail devienne un simple jeu aux yeux des enseignés ?

23. LA VIE SOUS VIDE

– Vous avez écrit un jour que la publicité crée un vide dans lequel elle s'engouffre. Peut-on dire la même chose de l'art ?

– La publicité est bien née de l'inadéquation entre un produit et un besoin : si les produits correspondaient tous à des besoins précis, il n'y aurait pas besoin de publicité. La publicité entretient et comble un vide. Cela court-circuite toutes les questions qu'on pourrait se poser sur l'homme et son désir, l'homme et sa liberté. Et tout le monde est complice ...

– Mais l'art ne pourra-t-il pas être dans l'avenir un lieu de rébellion contre cette indifférence ?

– Je ne le crois pas ... Le moteur de l'Occident a toujours été le dépassement continuel par la critique. Je ne suis pas sûr que ce mouvement-là ne soit pas sur sa fin. Nous ne sommes pas dans une société qui tend à se dépasser elle-même. Nous sommes dans une société qui conserve et illustre. Or, si l'art a une existence, c'est bien de mettre en cause, de risquer, de mettre en jeu autre chose que la conservation de tout et de rien, ce à quoi nous assistons aujourd'hui.

Entretien de "Télérama" avec Jean Baudrillard, octobre 1990

■ LES MOTS

sous vide (emballage) ; le vide	vakuumverpackt ; die Leere, der leere Raum
combler un vide	eine Leere aus/füllen / füllen / an/füllen
s'engouffrer dans	ein/strömen in (+A)
le produit ; produire	das Produkt (-e) ; produzieren
le producteur	der Produzent (-en)
l'adéquation	die Übereinstimmung (mit +D)
court-circuiter	aus/schalten
être complice	ici : mit/machen, einverstanden sein
la rébellion	die Auflehnung (gegen +A), der Aufstand (-¨e)
l'indifférence	die Gleichgültigkeit

le moteur	ici : die Triebfeder (ressort)
l'Occident	das Abendland
le dépassement ; se dépasser	die Überwindung ; ici : sich überbieten (o, o)
être sur sa fin	seinem Ende zu/gehen, ici : erlahmen (s'affaiblir)
assister à	bei/wohnen (+D)

■ MAIS ENCORE

dans l'avenir	künftig, in Zukunft
cela a toujours été ainsi	das war von jeher so, das war immer schon so
or, si...	wenn aber ...
mettre en cause	in Frage stellen
mettre en jeu	aufs Spiel setzen, ins Spiel bringen, ein/bringen
tout et rien	alles und nichts

LE POINT DE GRAMMAIRE

● LA NEGATION

1. Quelques déterminants, pronoms, adverbes : **affirmation / négation** :

ein	→	kein	schon einmal	→	noch nie
alle	→	keine	noch	→	nicht mehr
etwas	→	nichts	noch (ein)	→	kein ... mehr
schon	→	noch nicht	noch jemand	→	niemand mehr
schon (ein)	→	noch kein	noch etwas	→	nichts mehr
schon jemand	→	noch niemand	noch einmal	→	nicht noch einmal, nie mehr, nie wieder.
schon etwas	→	noch nichts			

2. La place du "nicht"

→ **La négation est globale** (porte sur l'ensemble de la phrase) :

Dans ce cas, "nicht" se place après le complément non précédé d'une préposition et avant le complément précédé d'une préposition.

Observez bien :

Il ne veut pas s'asseoir.	Er will sich nicht setzen.
Il ne veut pas s'asseoir sur le divan.	Er will sich nicht auf das Sofa setzen.
Il ne veut pas payer la facture.	Er will die Rechnung nicht bezahlen.
Il ne veut pas payer pour les autres.	Er will nicht für die anderen bezahlen.
Il a encore manqué son train.	Er hat den Zug schon wieder nicht erreicht.
Il n'est pas venu en train.	Er ist nicht mit dem Zug gekommen.
Tu n'as toujours pas rentré la voiture au garage.	Du hast den Wagen noch immer nicht in die Garage gefahren.

→ **La négation est partielle :**

Comparez :

Arbeiten Sie jetzt ?

Nein, ich arbeite jetzt nicht. *(négation globale)*
Nein, ich arbeite nicht jetzt, sondern später.*(négation partielle : pas maintenant, mais plus tard)*

Wird er morgen operiert ?

Nein, er wird morgen nicht operiert.
Nein, er wird nicht morgen operiert . (sondern übermorgen : *pas demain, mais après-demain)*

→ Il y a **des tournures** ("feste Verbindungen"), où le complément fonctionne comme une particule séparable

Klavier / Tennis / Schach / spielen *(jouer du piano / du tennis / aux echecs)*
Er hat heute noch nicht Klavier gespielt.

die Wahrheit sagen *(dire la vérité)*
Er will mir nicht die Wahrheit sagen.

sich das Leben nehmen *(se donner la mort)*
Er hat sich deshalb nicht das Leben genommen.

recht haben / unrecht haben *(avoir raison / avoir tort)*
Du hast nicht unrecht gehabt.

3. Attention au partitif

Il n'a pas eu peur / faim / bonne conscience.
Er hat keine Angst / keinen Hunger / kein schlechtes Gewissen / gehabt.

● ALLES

1. "alles" déterminant, suivi d'un adjectif substantivé neutre.

Bon anniversaire !	Alles Gute zum Geburtstag !
Il est équipé de tout ce qui est nécessaire.	Er ist mit allem Nötigen ausgerüstet.
Il s'intéresse à tout ce qui est beau.	Er interessiert sich für alles Schöne.
Le reste, on en discutera demain.	Alles andere besprechen wir morgen. (pas de majuscule)
Il m'a raconté toutes sortes de choses à ton sujet.	Er hat mir alles mögliche über dich erzählt. (pas de majuscule)

2. "alles" pronom

Il veut tout garder pour lui.	Er will alles für sich behalten.
Et ce n'est pas tout.	Und das ist noch nicht alles.
Avec ça, tout est dit.	Damit ist alles gesagt.
Je tâcherai de venir malgré tout.	Ich werde trotz allem zu kommen versuchen.
Tu dois surtout veiller à ta santé.	Du sollst vor allem auf deine Gesundheit achten.

● ETWAS – NICHTS – VIEL

(qqch de ... – rien de ... – beaucoup de ...) suivis d'un adjectif substantivé neutre. Majuscule obligatoire sauf pour "etwas anderes".

N /A :   etwas Schönes ; nichts Neues ; viel Überflüssiges

D :   mit etwas Schönem ; von nichts Erfreulichem ; nach viel Schwerem

A :   durch etwas Heiteres ; für nichts Besonderes ; ohne viel Überraschendes

Raconte-moi quelque chose de drôle !	Erzähl mir etwas Lustiges !
Il ne s'intéresse à rien de particulier.	Er interessiert sich für nichts Besonderes.
Il y avait peu de choses surprenantes.	Es gab nicht viel Überraschendes.
Parlons d'autre chose.	Sprechen wir von etwas anderem. (pas de maj.)
N'as-tu rien d'autre à me dire ?	Hast du mir nichts anderes zu sagen ? (pas de maj.)

● GANZ – ALLE

1. ganz : tout, entier (sg.)

Il a plu toute la journée.	Es hat den ganzen Tag geregnet.
Il a mangé tout le gâteau.	Er hat den ganzen Kuchen gegessen.
Qu'as-tu fait pendant tout ce temps ?	Was hast du die ganze Zeit gemacht ?

2. alle (pl.)

Tous les enfants étaient là.	Alle Kinder waren da. (pas d'article !)
Pour toutes ces raisons.	Aus allen diesen Gründen.
D'où sortent tous ces gens ?	Wo kommen alle diese Leute her ?
Tous mes amis sont d'accord.	Alle meine Freunde sind einverstanden.

■ TRADUCTION PROPOSEE

Vakuumverpacktes Leben

– Sie haben einmal geschrieben, daß die Werbung ein Vakuum schafft, in das sie dann einströmt. Kann man dasselbe von der Kunst behaupten?

– Die Werbung ist ja aus der fehlenden Übereinstimmung zwischen einem Produkt und einem Bedürfnis entstanden : würde jedes einzelne Produkt einem bestimmten Bedürfnis entsprechen, so brauchte man keine Werbung. Die Werbung schafft und füllt ständig eine Leere. Das schaltet von vornherein alle Fragen aus, die man sich über den Menschen und seine Wünsche, den Menschen und seine persönliche Freiheit stellen könnte. Und alle machen da mit. (...)

– Könnte aber die Kunst in Zukunft nicht ein Nährboden der Auflehnung gegen diese Gleichgültigkeit sein?

– Ich glaube nicht. Die Triebfeder des Abendlandes war von jeher die ständige Überwindung des Bestehenden durch den kritischen Geist. Ich frage mich, ob diese Dynamik nicht langsam erlahmt. Die Gesellschaft, in der wir leben, strebt nicht danach, über sich selbst hinauszuwachsen. Wir leben in einer Gesellschaft, die konserviert und illustriert. Wenn aber Kunst eine Daseinsberechtigung hat, so besteht diese eben darin, daß sie anderes in Frage stellt, anderes wagt und ins Spiel bringt als nur die Konservierung von allem und von nichts, die wir heute beobachten.

■ VARIANTES

Vakuumverpacktes Leben

Man kann in einer Ihrer Schriften lesen, daß die Werbung einen leeren Raum schafft, **den sie dann augenblicklich anfüllt**. Kann man dasselbe von der Kunst **sagen**?
– Die Werbung ist ja **aus der Diskrepanz** zwischen einem Produkt und einem Bedürfnis **hervorgegangen / Die Werbung hat ja ihren Ursprung in** der Diskrepanz zwischen einem Produkt und einem Bedürfnis /. Würden **alle Produkte präzisen** Bedürfnissen entsprechen, so wäre keine Werbung nötig. Die Werbung **schafft und füllt einen leeren Raum / Was von der Werbung geschaffen und ausgefüllt wird, ist ein Vakuum / ist leerer Raum /**. **Damit umgeht man / erspart man sich /** von vornherein alle Fragen, die man sich über den Menschen und sein **Verlangen**, über den Menschen und seine Freiheit stellen könnte. **Und jeder macht da mit / Und jeder ist damit einverstanden / Und keiner ist da völlig schuldlos /**.
– Könnte aber die Kunst in Zukunft nicht **der Schauplatz** der Auflehnung gegen diese Gleichgültigkeit sein?
– **Das glaube ich nicht**. Die Triebfeder des Abendlands war immer **das ständige Hinterfragen des Bestehenden** gewesen. Ich halte es für möglich, daß diese Geisteshaltung **am Verschwinden ist / ihrem Ende zugeht /**. Die Gesellschaft, in der wir leben, **hat nicht den Ehrgeiz, sich selbst zu überbieten**. Wir leben in einer Gesellschaft, die konserviert und illustriert. Wenn aber Kunst existieren will, so kann sie das nur, **indem sie** andere Dinge in Frage stellt, **riskiert, einbringt / aufbietet /** als nur **die bloße Erhaltung** von allem und von nichts, **wie wir das heute sehen / der wir heute beiwohnen /**.

■ LE TOUR DES MOTS

le vide	die Leere, der Hohlraum (-¨e), die Lücke (-n), das Vakuum
emballé sous vide	vakuumverpackt
combler un vide	eine Leere aus/füllen, eine Lücke füllen
se précipiter dans le vide	in den Abgrund stürzen
tourner à vide	leer laufen (der Leerlauf), leeres Stroh dreschen (fig.)
un sentiment de vide	das Gefühl einer inneren Leere
des phrases vides	leere Phrasen (Phrasen dreschen)
vide de sens	bar jeden Sinnes (G), sinnlos

vider son verre	sein Glas leeren, sein Glas aus/trinken (a, u)
vider son sac (fig.)	sich aus/sprechen (a, o), sich alles von der Seele reden
vider son coeur	sein Herz aus/schütten
Il nous fallait vider les lieux.	Wir mußten das Feld räumen.
vider une pièce	ein Zimmer aus/räumen
le vide-ordures	der Müllschlucker
Il s'est fait vider (fam.).	Er wurde gefeuert, er wurde raus/geschmissen. (fam) (hinaus- / rausschmeißen -i, i)
le besoin	das Bedürfnis (-sse) nach (+D), der Bedarf (sg.) an (+D), die Not
satisfaire un besoin (individuel)	ein Bedürfnis befriedigen
couvrir un besoin (écon.)	einen Bedarf decken
être dans le besoin	in Not sein, Not leiden (i, i)
avoir besoin de qqch	einer Sache (G) bedürfen, etwas (A) brauchen
Il a un grand besoin de repos.	Er braucht dringend Erholung.
J'ai besoin d'y voir clair.	Ich muß durchblicken (können), ich muß mir Klarheit verschaffen (u, a).
Tu n'as pas besoin de venir.	Du brauchst nicht zu kommen.
Il n'est point besoin de commentaire.	Es bedarf keines Kommentars.
Au besoin, vous m'appellez.	Im Notfall rufen Sie mich an.
entretenir	pflegen, unterhalten, warten, ...
entretenir une relation	eine Beziehung pflegen / aufrecht/erhalten (ie, a)
entretenir sa voiture	seinen Wagen instand/halten (ie, a)
l'entretien des machines	die Wartung der Maschinen
les frais d'entretien	die Instandhaltungskosten
entretenir sa forme	fit bleiben (ie, ie), nicht aus der Übung kommen (a, o)
entretenir sa famille	seine Familie unterhalten, für den Unterhalt seiner Familie auf/kommen / sorgen
Il se fait entretenir.	Er läßt sich aus/halten.
s'entretenir avec une personne (de qqch)	sich mit jdm (über +A) unterhalten (er unterhält sich mit ihr über Werbung)
avoir un entretien avec qqn	eine Unterredung haben mit jdm, ein Gespräch führen mit jdm
le désir	der Wunsch (-¨e), das Verlangen (nach +D), die Sehnsucht (nach+D)
exprimer un désir	einen Wunsch äußern
combler un désir	einen Wunsch erfüllen
le désir de liberté	das Verlangen nach Freiheit
J'ai toujours désiré revenir.	Ich habe mich immer danach gesehnt, wiederzukommen / zurückzukommen.
Que désirez-vous ? (magasin)	Was wünschen Sie ? Womit kann ich dienen ?
Il se fait désirer.	Er läßt auf sich warten.
La propreté laisse à désirer.	Die Sauberkeit läßt zu wünschen übrig.
Je suis désireux d'apprendre la suite.	Ich bin neugierig zu wissen, wie es weitergeht.
Je suis désireux de le connaître.	Ich bin neugierig auf ihn.
Il prend ses désirs pour la réalité.	Er macht sich was vor, er täuscht sich.
conserver	erhalten (ie, a), auf/bewahren, konservieren ...
conserver sa souplesse / sa forme	gelenkig bleiben / in Form bleiben, fit bleiben
conserver des aliments	Lebensmittel auf/bewahren
Ces fruits ne se conservent pas.	Diese Früchte sind nicht haltbar.
de longue conservation	lange haltbar
un sachet de conservation	ein Frischhaltebeutel
des substances de conservation	Konservierungsmittel
la boîte de conserves	die Konservenbüchse (-n), die Konservendose (-n)
Tous les documents ont été conservés.	Alle Dokumente sind erhalten geblieben.
Ce vase est bien conservé.	Diese Vase ist noch gut erhalten.
l'instinct de conservation	der Selbsterhaltungstrieb (der Trieb, -e)
l'existence	das Dasein, die Existenz
la lutte pour l'existence	der Kampf ums Dasein

Cette maison a 200 ans d'existence.	Dieses Haus existiert seit 200 Jahren, dieses Haus ist 200 Jahre alt.
Il mène une existence de vagabond.	Er lebt wie ein Landstreicher.
On ne peut prouver l'existence de Dieu.	Man kann die Existenz Gottes nicht beweisen.
Cela n'existe pas / cela n'existe nulle part.	Das gibt es nicht / das gibt es nirgends.
la critique	die Kritik (-en), das Hinterfragen
la critique de ce livre	die Rezension dieses Buchs
la critique de la société	die Kritik an (!) der Gesellschaft
Il critique la société.	Er übt Kritik an der Gesellschaft.
Sa critique vise le ministre.	Seine Kritik gilt dem Minister.
Il a un regard critique sur le monde.	Er sieht die Welt mit kritischen Augen.
un esprit critique	ein kritischer Geist
Il critique tout (péj.).	Er hat an allem etwas auszusetzen.
Il ne sait que critiquer.	Er kann nur nörgeln.
Il n'a aucun esprit critique.	Er ist unfähig, zu urteilen.
tendre à	streben nach (+D), neigen zu (+D), ausgerichtet sein auf (+A)
Il ne tend pas à se dépasser.	Er strebt nicht danach, sich zu übertreffen.
Il tend à (a tendance à) se décourager.	Er neigt dazu, den Mut zu verlieren.
tendre à sa fin	seinem Ende zu/gehen (i, a)
Tous ses efforts tendent vers ce seul but.	Alle seine Bemühungen sind auf dieses einzige Ziel ausgerichtet.

■ PROGRESSER

1. a) On ne peut pas être d'accord avec tout et tous.
   b) Tout ce que cet homme dit de la publicité, je l'ai déjà lu quelque part.
   c) Cet homme ne dit rien de vraiment nouveau et, à mon avis, il aurait pu parler d'autre chose.
2. a) Quel est, dans notre société, le rôle de l'art ?
   b) Quand tous les besoins des gens sont satisfaits, il faut en créer d'autres, sinon la machine économique s'arrête.
   c) Il faut bien admettre (zu/geben, a, e) que la publicité ne nous laisse pas le temps de connaître nos vrais désirs.
   d) Comme ces besoins artificiels ne correspondent pas aux désirs profonds de l'homme, il achète, certes, mais pas forcément ce dont il aurait vraiment envie.
3. a) Je n'ai pas encore vu cette exposition, je passe tout mon temps à travailler.
   b) Toutes les critiques de notre société de consommation sont-elles vraiment justifiées ? (syntaxe !)
   c) Certaines personnes disent que ce n'est pas à la société d'aller vers l'art mais que c'est à l'art de descendre dans les rues.
   d) Celui qui met en cause notre système de valeurs actuel ne risque-t-il pas d'être rejeté plutôt qu'écouté ? (syntaxe !)

24. L'ANALPHABÉTISME

Ayant lu dans les gazettes que la France possédait deux millions d'analphabètes, je me suis réjoui. Je croyais qu'il y en avait davantage. Compte tenu des circonstances, du monde tel qu'il est, de ce qu'on demande aux gens d'aujourd'hui, et surtout de ce dont on les dispense, deux millions de personnes qui ne savent ni lire ni écrire (ni probablement compter), ce n'est pas beaucoup. En 1990 ou en 1995, nous pourrons nous enorgueillir de huit ou dix millions d'analphabètes intégraux.

Je comprends mal les lamentations et les étonnements qui accompagnent quasi obligatoirement ce phénomène. L'analphabétisme me semble inscrit d'une façon inéluctable dans le progrès de la science et de l'industrie. L'idéal du monde moderne n'est pas d'améliorer l'homme. (...) Il consiste plutôt à lui procurer le plus de confort et de loisirs possibles, c'est-à-dire à en faire un prince, qui n'a besoin de rien savoir, puisque les autres le font à sa place. Les autres, c'est-à-dire les machines.

Jadis, on apprenait à lire pour savoir ce qu'il y avait dans le journal, et à écrire pour envoyer des lettres à sa famille. La télévision et la radio ayant remplacé le journal, le téléphone ayant remplacé la correspondance, à quoi bon apprendre l'alphabet ?

Jean Dutourd

■ LES MOTS

je me suis réjoui (ici : j'étais soulagé)	ich war erleichtert, ich habe aufgeatmet
la circonstance	der Umstand (-¨e)
dispenser qqn de qqch	jdn von etwas befreien / frei/sprechen (a, o)
s'enorgueillir de	stolz sein auf (+A), sich brüsten mit (+D), sich rühmen (+G), prahlen mit (+D)
intégral	vollständig, ganz, total
les lamentations	das Wehgeschrei (sg.), die Klagerufe (pl.)
inéluctable	unausweichlich, unumgänglich
inéluctablement	unausweichlich, zwangsläufig, notgedrungen
le confort	der Komfort, die Bequemlichkeit
remplacer	ersetzen
la correspondance	ici : der Briefwechsel
correspondre avec qqn	mit jdm in Briefwechsel stehen (a, a)

■ MAIS ENCORE

compte tenu de	angesichts (+G), in Anbetracht (+G)
en 1990	1990, im Jahre 1990
quasi (obligatoirement)	sozusagen / geradezu / zwangsläufig
le plus ... possible	so viel (ou adj.) ... wie möglich, möglichst viel
plutôt	eher, vielmehr
à ta place (je ne dirais rien)	an deiner Stelle (würde ich nichts sagen)
jadis	früher, in früheren Zeiten, einst
à quoi bon (apprendre à lire) ?	wozu (sollte man lesen lernen) ?

LE POINT DE GRAMMAIRE

● LA PLACE DU VERBE

(à la forme personnelle, c'est à dire conjugué !)

1. En deuxième position (cas le plus fréquent)

→ Dans les énonciatives indépendantes ou principales :

Dieser schöne Baum **ist** von meinem Großvater gepflanzt worden.

Aus allen diesen Gründen **müssen** wir jetzt gehen. (pas de virgule !)

Als es Nacht geworden war, **machte** er das Licht an. (subordonnée = 1er élément)

→ Dans l'interrogative partielle (avec interrogatif) :

Woher **hast** du diese Blumen ?

Um welche Zeit **kannst** du hier sein ?

→ Lors d'une construction sans "daß" :

Ich glaube, er **hat** das gar nicht gewußt.

Ich sehe, du **hast** alles verstanden.

2. En première position

→ Dans l'interrogative directe :

Warst du schon in Deutschland ?

Konnten die Leute zu dieser Zeit eigentlich lesen ?

→ Dans les injonctives (impératif) :

Komm augenblicklich zurück !

Versteh mich bitte richtig !

→ Lors d'une construction sans "wenn" :

Hätte ich das gewußt, so wäre ich nicht gekommen.

3. En dernière position

dans les propositions dépendantes (conjonctives, relatives) ainsi que les interrogatives indirectes :

Er hat mir nicht gesagt, daß er heute nicht kommen **kann**.

Frag ihn bitte, ob er mir bei dieser Arbeit helfen **will**.

Der Aufsatz, den du mir da gegeben **hast**, ist ausgezeichnet !

Ich weiß noch immer nicht, wann er mit der Übersetzung fertig sein **wird**.

Très important :

a) Sont considérées comme **éléments hors construction** :

→ Les conjonctions de coordination (und, aber, sondern, denn, oder).
→ Les interjections (ja, nein, doch, kurz, mit einem Wort, im Gegenteil).
→ les concessives non introduites par une conjonction (Was auch kommen mag, ... Sie mag sich noch so beeilen, ...).

Je suis en retard, car je devais encore faire le plein.
Ich habe mich verspätet, denn ich mußte noch tanken.

Est-ce que tu est malade ? Bien au contraire, je me sens particulièrement bien aujourd'hui.
Bist du krank ? Im Gegenteil, ich fühle mich heute besonders wohl !

Bref, nous devions recommencer à zéro.
Kurz und gut, wir mußten wieder von vorne anfangen.

En un mot, nous nous sommes encore trompés.
Mit einem Wort, wir haben uns wieder einmal geirrt.

Elle a beau se dépêcher, elle manquera son train.
Sie mag sich noch so beeilen, sie wird den Zug versäumen.

b) **toute phrase se terminant par un point d'interrogation** est soit une interrogative partielle (interrogatif + verbe), soit une interrogative directe (verbe en première position) !

Dans ce cas, pourriez-vous partir plus tôt ?
Könnten Sie in diesem Fall früher abreisen ?

Le téléphone ayant remplacé la correspondance, à quoi bon apprendre à lire ?
Wozu sollte man lesen lernen, da doch das Telefon den Briefwechsel ersetzt hat ?
Wozu sollte man, da doch das Telefon den Briefwechsel ersetzt hat, noch lesen lernen ?

N.B. :

Il est possible de transformer l'interrogative directe en une interrogative indirecte introduite par : man kann sich fragen, ob, ... ; es stellt sich die Frage, warum ...

Da das Telefon den Brief ersetzt hat, kann man sich fragen, wozu man noch lesen lernen sollte.

c) plus ... plus, plus ... moins ... / je ... desto, je ... um so ...

Cette structure est un peu la bête noire de la syntaxe allemande. Or, la chose est très simple :

Il s'agit d'une subordonnée (introduite par la conjonction "je" + comparatif), suivie de la principale, dont le premier élément ("desto" + comparatif) est hors construction.

Plus nous réfléchissons à ce problème, plus il nous paraît complexe.
Je länger wir über dieses Problem nachdenken, desto komplexer scheint es uns.
Plus elle s'acharne à travailler, plus ses résultats sont mauvais.
Je verbissener sie arbeitet, desto schlechter sind ihre Resultate.
Plus je regarde ce tableau, moins je le comprends.
Je länger ich dieses Bild betrachte, um so weniger verstehe ich es.

N.B. :

→ Le complément peut faire partie intégrante du comparatif :

Plus elle s'acharne à travailler, moins elle réussit.
Je verbissener sie arbeitet, **desto weniger Erfolg** hat sie. (weniger Erfolg)
Plus on a d'argent, plus on en dépense.
Je mehr Geld man hat, desto mehr (um so mehr) gibt man aus. (mehr Geld)

→ Il est préférable de choisir un adjectif adéquat au lieu de se contenter du simple "je mehr" :

Plus nous réfléchissons, ...	**Je länger** wir nachdenken, ...
Plus elle crie, moins on l'écoute.	**Je lauter** sie schreit, desto weniger hört man ihr zu.
Plus on creuse, plus le sable est humide.	**Je tiefer** man gräbt, desto feuchter wird der Sand.

d) Il faut, et c'est une règle générale, éviter à tout prix d'imbriquer deux subordonnées !

On sait que lorsquil fait beau, les gens sont plus gais.
Man weiß, daß die Leute fröhlicher sind, wenn es schön ist. (**jamais : daß, wenn ... !**)
Es ist bekannt, daß die Leute bei schönem Wetter fröhlicher sind. (solution nominale)
Il est vrai que plus on crie, moins on est écouté.
Je lauter man schreit, desto weniger wird einem zugehört, das stimmt. (**jamais : daß, je ... !**)
Es ist nicht von der Hand zu weisen : je lauter man schreit, desto weniger wird einem zugehört.

● LA VIRGULE

Le rôle de la virgule est, en allemand, la plupart du temps grammatical : elle sert à marquer la structure de la phrase, à séparer les propositions entre elles.

Observez :

Je ne savais pas qu'il était là.	Ich wußte nicht, daß er da war.
L'article dont je t'ai parlé.	Der Artikel, von dem ich dir gesprochen habe.
Il m'a promis de telephoner.	Er hat mir versprochen anzurufen.(sans compl.)
Il m'a promis de téléphoner demain matin.	Er hat mir versprochen, morgen früh anzurufen.
J'ai écouté et me suis tu.	Ich habe zugehört und (ich habe) geschwiegen.
Il a parlé et j'ai écouté.	Er hat gesprochen, und ich habe zugehört.(deux sujets différents)

Mais :

Dans ce cas, nous devons vendre la maison.

In diesem Fall müssen wir das Haus verkaufen.
(une seule proposition)

N.B. :

→ En français, une conjonction est reprise par "que", ce qui n'est pas le cas en allemand :

Quand il avait fini de faire ses bagages et qu'il était enfin prêt, il a appelé un taxi.
Als er seine Koffer gepackt hatte, und (als er) endlich reisefertig war, hat er ein Taxi gerufen.

→ La virgule se place avant la conjonction de coordination précédant un subordonnant :

Il m'a dit quand il viendra et qu'il ne viendra pas seul.
Er hat mir gesagt, wann er kommt, **und daß** er nicht allein kommt.
Il m'a dit qu'il a écrit mais qu'il attend toujours la réponse.
Er hat mir gesagt, daß er geschrieben hat, **aber daß** er noch immer auf eine Antwort wartet.

■ TRADUCTION PROPOSEE
Das Analphabetentum

Als ich in den Zeitungen gelesen habe, daß es in Frankreich zwei Millionen Analphabeten gibt, war ich erleichtert. Ich glaubte, es gäbe mehr. In Anbetracht der Umstände, der Welt, in der wir leben, angesichts dessen, was man von den Leuten heute verlangt, und vor allem, was man nicht von ihnen verlangt, sind zwei Millionen Personen, die weder lesen noch schreiben (und vermutlich auch nicht rechnen) können, gar nicht so viel. 1990 oder 1995 werden wir mit acht oder zehn Millionen totalen Analphabeten prahlen können.

Ich habe Schwierigkeiten, das Wehgeschrei und die Bestürzung zu verstehen, von denen dieses Phänomen sozusagen zwangsläufig begleitet wird. Das Analphabetentum scheint mir ein unvermeidlicher Bestandteil des wissenschaftlichen und industriellen Fortschritts zu sein. Das Ideal der modernen Welt ist nicht, den Menschen besser zu machen. (...) Es besteht vielmehr darin, ihm möglichst viel Bequemlichkeit und Freizeit zu verschaffen, d.h. einen Prinzen aus ihm zu machen, der nichts zu wissen braucht, weil das die andern für ihn tun. Die andern, das heißt die Maschinen.

Einst lernte man lesen, um zu wissen, was in der Zeitung steht, und man lernte schreiben, um seiner Familie Briefe zu schicken. Da das Fernsehen und das Radio die Zeitung ersetzt haben, und das Telefon den Briefwechsel erübrigt, stellt sich die Frage, wozu man denn noch das Alphabet lernen sollte.

■ VARIANTES
Das Analphabetentum

Nachdem ich in den Zeitungen gelesen hatte, daß es in Frankreich zwei Millionen Analphabeten gibt, **war ich erleichtert / habe ich aufgeatmet /. Ich hätte die Zahl höher eingeschätzt**. Wenn man bedenkt, unter welchen Umständen wir leben, wie die Welt aussieht / **wie die Welt beschaffen ist /**, was man heute von den Leuten verlangt, und vor allem, **wovon man sie freispricht, dann ist die Zahl** von zwei Millionen Menschen, die weder lesen noch schreiben (und **wahrscheinlich** auch nicht rechnen) können, **gar nicht so hoch**. 1990 oder 1995 werden **wir uns mit** acht oder zehn Millionen vollkommener Analphabeten **brüsten können / werden wir auf** acht oder zehn Millionen vollkommene Analphabeten **stolz sein können** / werden wir **mit** acht oder zehn Millionen totalen Analphabeten **aufwarten können / werden wir uns der stattlichen Zahl von** acht oder zehn Millionen totaler Analphabeten **rühmen können /**.

Es fällt mir schwer, die Klagerufe und das Staunen zu verstehen, die dieses Phänomen sozusagen automatisch begleiten. Das Analphabetentum scheint mir **auf eine unausweichliche Art zum Fortschritt der Wissenschaft und der Industrie zu gehören** / mit dem Fortschritt der Wissenschaft und der Industrie **verbunden zu sein** /. Das Ideal der modernen Welt ist nicht, **das Gute im Menschen zu fördern**. Es besteht vielmehr darin, **ihm so viel** Bequemlichkeit und Freizeit **wie möglich zu bieten**, das heißt **einen Fürsten** aus ihm zu machen, der nichts zu wissen braucht, **weil das ja andere an seiner Stelle tun** / weil das ja von anderen besorgt wird / weil das ja andere für ihn übernehmen / weil ihm das von anderen abgenommen wird. Die andern, das sind die Maschinen.

In früheren Zeiten lernte man lesen, um zu wissen, was in der Zeitung steht, und man lernte schreiben, um **seinen Angehörigen** Briefe zu schicken. **Wozu sollte man das Alphabet lernen, wo doch das Fernsehen und das Radio die Zeitung ersetzt haben und das Telefon den Brief ?** / Wozu sollte man denn in einer Zeit, wo das Fernsehen und das Radio die Zeitung ersetzt haben, und das Telefon den Brief, noch das Alphabet lernen ?

■ LE TOUR DES MOTS

se réjouir de	sich freuen über (+A)
ta lettre m'a fait très plaisir !	ich habe mich sehr über deinen Brief gefreut !
se réjouir à l'idée de ... / à l'avance	sich freuen auf (+A)
Je me réjouis à l'idée de passer mes prochaines vacances aux États Unis !	Ich freue mich darauf, meinen nächsten Urlaub in den Vereinigten Staaten zu verbringen !
Cette nouvelle m'a réjoui.	Diese Nachricht hat mich erfreut.
une nouvelle réjouissante,	eine erfreuliche Nachricht
une bonne nouvelle	
Ses histoires m'ont réjoui.	Seine Geschichten haben mich aufgeheitert / froh gestimmt / heiter gemacht.
la circonstance	der Umstand (-¨e), die Lage (-n), die Situation
dans ces circonstances	unter diesen Umständen, in dieser Lage
compte tenu des circonstances	angesichts / in Anbetracht / der Umstände (G)
selon les circonstances	den Umständen entsprechend
en toute circonstance	in jeder (Lebens)lage
pour la circonstance	für den (gegebenen) Fall
accorder des circonstances atténuantes	mildernde Umstände anerkennen
Il répète cela en toute circonstance (occasion).	Er wiederholt das bei jeder Gelegenheit.
un rapport circonstancié	ein ausführlicher Bericht
dispenser qqch	etwas aus/teilen, etwas verteilen
dispenser de bons conseils	gute Ratschläge aus/teilen
dispenser qqn de qqch	jdn von etwas (D) befreien / frei/sprechen (a,o)
Il est dispensé d'y participer.	Er braucht nicht daran teilzunehmen.
Cela ne te dispense pas de réfléchir.	Das erspart dir das Nachdenken nicht.
Je demanderai une dispense.	Ich werde um eine Ausnahmebewilligung ansuchen.
compter ; le compte	zählen, rechnen ; die Rechnung (-en), das Konto
savoir écrire et compter	schreiben und rechnen können
Il ne sait pas compter jusqu'à trois (fig.).	Er kann nicht bis drei zählen.
Nous comptons sur vous.	Wir rechnen mit Ihnen.
C'est qqn sur qui on peut compter.	Er ist jemand, auf den man sich verlassen kann.
Nous n'avions pas compté sur un tel succès.	Wir hatten einen solchen Erfolg nicht erwartet.
Ses jours sont comptés.	Seine Tage sind gezählt.
le compte en banque	das Bankkonto (-en), das Konto (-en)
faire ses comptes	ab/rechnen
donner un à compte	eine Anzahlung machen
s'installer à son compte	sich selbständig machen
Je n'y ai pas trouvé mon compte.	Ich bin nicht auf meine Rechnung gekommen.
tout compte fait	alles in allem
Je n'ai de comptes à rendre à personne.	Ich bin niemandem Rechenschaft schuldig.
au bout du compte	letzten Endes, letztlich
Il ne s'en est pas rendu compte.	Er hat es nicht bemerkt, er war sich dessen nicht bewußt.

Il s'en est tiré à bon compte.	Er ist billig / gut / (dabei) weggekommen, er hat sich gut aus der Affäre gezogen.
l'étonnement	das Staunen, das Erstaunen, die Verwunderung, die Überraschung
étonner qqn	jdn erstaunen, jdn verblüffen, jdn in Erstaunen versetzen
s'étonner de qqch	über etwas (A) staunen, sich über etwas (A) wundern
à son grand étonnement	zu seiner großen Verwunderung
Rien d'étonnant à cela.	Das ist nicht verwunderlich.
Il a fait des progrès étonnants.	Er hat erstaunliche Fortschritte gemacht.
une ressemblance étonnante	eine verblüffende Ähnlichkeit (mit +D)
J'étais muet d'étonnement.	Ich war stumm vor Staunen.
accompagner qqn	jdn begleiten, jdm bei/stehen (a, a), mit jdm mit/gehen (i, a, ist)
Je l'ai accompagné à la gare.	Ich habe ihn zum Bahnhof begleitet.
Il s'accompagne à la guitare.	Er begleitet sich auf der Gitarre.
Je vais en ville – tu m'accompagnes ?	Ich gehe in die Stadt – kommst du mit ?
Il m'a accompagné dans cette épreuve.	Er hat mir in dieser Not beigestanden.
L'adjectif qui accompagne le nom.	Das Adjektiv, das zum Substantiv gehört.
La peur qui accompagne la nécessité de choisir.	Die Angst, welche mit dem Zugzwang (mit der Notwendigkeit zu wählen) verbunden ist.
procurer qqch à qqn	jdm etwas (A) verschaffen (vb. faible), jdm etwas besorgen
Il a pu se procurer les papiers à temps.	Er hat sich die Papiere rechtzeitig verschaffen können.
Cela m'a procuré une grande joie.	Das hat mir eine große Freude bereitet.
Il va me procurer les billets.	Er wird mir die Karten besorgen.
C'est lui qui m'a procuré ce job.	Er hat mir zu dem Job verholfen.
Où t'es-tu procuré cet objet rare ? (où as-tu déniché ça ?)	Wo hast du diese Seltenheit aufgetrieben ? (fam.)
remplacer	ersetzen, vertreten (a, e), ab/lösen
Les machines remplacent l'homme.	Die Maschinen ersetzen den Menschen.
Pouvez-vous me remplacer demain ?	Können Sie mich morgen vertreten ?
C'est irremplaçable.	Das ist unersetzbar, das ist nicht ersetzbar.
Le téléphone remplace la correspondance.	Das Telefon erübrigt den Briefwechsel.
Je fais un remplacement de quelques jours.	Ich mache für ein paar Tage eine Aushilfe.
remplacer qqn au pied levé	für jemanden ein/springen (ist eingesprungen)
Le remplaçant s'appelle X.	Die Hilfskraft / die Aushilfe heißt X.
Il m'a remplacé (relayé) au bout d'une heure.	Er hat mich nach einer Stunde abgelöst.
Un homme comme toi ne se remplace pas facilement.	Für einen Mann wie dich findet man schwer einen Ersatz / einen Nachfolger (successeur).

■ PROGRESSER

1. a) Les gens qui ne savent ni lire ni écrire sont probablement plus nombreux qu'on ne le pense.
   b) Jean Dutourd ne s'étonne pas du tout de ce que le progrès favorise l'analphabétisme.
   c) Dans un monde où toutes les communications passent par la parole et l'image, quel besoin y a-t-il encore de savoir lire et écrire ?
2. a) Etant donné les circonstances, on peut se demander quelle décision il va prendre.
   b) Jean Dutour a-t-il vraiment raison d'être aussi pessimiste ?
   c) Si nous considérons notre société comme une machine à procurer du confort et du loisir, nous pouvons nous poser la question (de savoir) pourquoi tant d'êtres souffrent de ne trouver aucun sens à la vie.
3. a) Il m'a reproché de ne pas lui avoir dit la vérité.
   b) Je n'ai pas besoin de m'occuper de cette affaire, puisque vous le ferez à ma place.
   c) Tout le monde a constaté que plus on fait confiance aux gens, plus ils sont motivés et fiables. (verläßlich sein)

25. QUE PENSER DU JAPON ?

Le monde entier s'interroge sur le Japon. Devenu l'une des premières puissances mondiales, il ne cesse de surprendre les autres puissances par des comportements inattendus et donne même parfois l'impression de ne pas vouloir être de ce monde. En même temps, sa redoutable omniprésence économique inquiète aussi bien l'Occident que certains de ses voisins asiatiques.

Les relations entre le Japon d'une part, les États-Unis et l'Europe d'autre part connaissent aujourd'hui de sérieuses difficultés. En ce début des années 90, l'Occident commence à douter que le Japon puisse être un partenaire responsable sur le plan politique comme économique.

Et au Japon, hommes politiques et spécialistes éminents expliquent couramment que leur pays est victime d'une vague d'hostilité générale, et que les analyses et commentaires défavorables qu'il suscite sont à mettre au compte d'un "anti-japonisme primaire".

Karel van Wolferen, L'énigme de la puissance japonaise, Laffont, 1990

■ LES MOTS

s'interroger sur	sich Fragen stellen über (+A)
la puissance ; la puissance mondiale	die Macht (-¨e) ; die Weltmacht
surprendre	überraschen, erstaunen
le comportement	das Verhalten, pl. die Verhaltensweisen
l'omniprésence	die Allgegenwart
redoutable	gefährlich, angsteinflößend, beängstigend
l'Occident	der Westen, die westliche Welt
le voisin	der Nachbar (-s, -n)
l'Asie ; asiatique	Asien ; asiatisch
les relations entre ...	die Beziehungen zwischen (+D) und (+D)
douter	zweifeln (an +D), daran zweifeln, daß ...
le partenaire	der Partner (-)
responsable	verantwortungsvoll, zuverlässig
le spécialiste	der Fachmann (pl. Fachleute), der Spezialist (-en)
éminent	namhaft, berühmt
la victime	das Opfer (-)
l'hostilité	die Feindseligkeit (-en), die Feindschaft (-en)
susciter	hervor/rufen (ie, u), Anlaß geben zu (+D)
mettre qqch au compte de qqn	jdm etwas (A) zu/schreiben (ie, ie)

■ MAIS ENCORE

en même temps	gleichzeitig, zu gleicher Zeit
d'une part ... d'autre part	einerseits ... andererseits
connaître des difficultés	auf Schwierigkeiten (A) stoßen (ie, o, ist)
les années 90	die 90er Jahre, (die neunziger Jahre)
dans les années 90	in den 90er Jahren
sur le plan de	auf der Ebene (+G)
en général ; en particulier	im allgemeinen ; im besonderen, besonders
général (adj.)	generell, allgemein
un cas particulier	ein besonderer Fall, ein Sonderfall

LE POINT DE GRAMMAIRE

● LE DISCOURS INDIRECT

Il y a deux différences essentielles entre le discours indirect français et le discours indirect allemand :

→ le mode, en allemand, est le subjonctif (obligatoire dans une construction sans " daß" !)

→ le temps n'est pas fonction de la principale, mais du temps du discours direct

1. En règle générale, c'est le subjonctif I

(présent, passé, futur) qui sert à rendre la parole d'autrui.

Ce subj.I est formé à partir du radical du présent (ich habe, du habest, er habe, wir haben, ihr habet, sie haben) sans changement de voyelle ni inflexion (ich gebe, du gebest, er gebe ... ich fahre, du fahrest, er fahre ...) et rigoureusement régulier, sauf pour "sein" (ich sei, du seist, er sei ...)

→ **présent :**

Er sagt :	Er sagt,
"Ich habe keinen Wagen."	er habe keinen Wagen.
"Wir sind seit einer Stunde hier."	sie seien seit einer Stunde hier.
"Der nächste Zug fährt erst in einer Stunde."	der nächste Zug fahre erst in einer Stunde.

→ **passé :**

Er sagt :	Er sagt,
"Ich hatte keine Zeit mehr."	er habe keine Zeit mehr gehabt.
"Wir waren für 5 Uhr verabredet".	sie seien für 5 Uhr verabredet gewesen.
"Wir sind zu spät gekommen".	sie seien zu spät gekommen.
"Ich hatte den Termin vergessen."	er habe den Termin vergessen.

N.B.

– Pour les trois temps du passé de l'indicatif (prétérit, parfait, plus-que-parfait), il n'existe donc qu'un seul équivalent au subjonctif.

– Ne surtout pas tomber dans le piège de transformer "war" en "wäre", "hatte" en "hätte" etc. !

→ **futur :**

Er sagt :	Er sagt,
"Ich werde gleich anrufen".	er werde gleich anrufen.
"Man wird mir einen anderen Termin geben."	man werde ihm einen anderen Termin geben.

2. Au cas où le subj. I n'est pas apparent,

car identique à l'indicatif (c'est le cas pour la 1ère pers. du sg., pour la 1ère et la 3e pers. du pl.), **on passe au subj. II.**

→ **Pour les verbes forts**, le subj. II est formé à partir du radical du prétérit + inflexion + désinences (er gab / er gäbe, er ging / er ginge).

Sauf pour les auxiliaires de temps et les verbes de modalité, le recours à l'auxiliaire "würde" est autorisé pour des raisons d'euphonie (er schmölze (!) = er würde schmelzen, wir schwämmen (!) = wir würden schwimmen) ou de relief (sie gäben = sie würden geben), ainsi que dans la langue parlée.

→ **Pour les verbes faibles,** le prétérit de l'indicatif et le subj. II sont identiques et on peut alors avoir recours à l'auxiliaire "würde".

→ **Pour les verbes de modalité** : ne prennent une inflexion que les verbes qui en portent à l'indicatif (müssen / ich müßte, sollen / ich sollte).

→ **présent** (du subj. II) :

Er sagt :	Er sagt,
"Wir haben eine Panne."	sie hätten eine Panne.
"Wir geben das Auto in Reparatur."	sie gäben das Auto in Reparatur.
	sie würden das Auto in Reparatur geben.
"Wir gehen jetzt erst einmal essen."	sie gingen jetzt erst einmal essen.
"Wir arbeiten später weiter."	sie würden später weiterarbeiten.

→ **passé** :

Sie klagt :	Sie klagt,
"Alle haben auf dich gawartet."	alle hätten auf mich gewartet.
"Wir hatten alles vorbereitet."	sie hätten alles vorbereitet gehabt.
"Du konntest doch anrufen !"	ich hätte doch anrufen können.

→ **futur** :

Er antwortet :	Er antwortet,
"Wir werden darüber sprechen."	sie würden darüber sprechen.
"Du wirst alles verstehen."	ich würde alles verstehen.

3. L'interrogative indirecte :

Er fragt mich :	Er fragt mich,
"Hast du an die Blumen gedacht ?"	ob ich an die Blumen gedacht hätte.
"Wann wird deine Mutter da sein ?"	wann meine Mutter da sein werde.
"Warst du schon in der Ausstellung ?"	ob ich schon in der Ausstellung gewesen sei.

4. L'impératif :

"Schreiben Sie bitte diesen Brief !"	Er sagt, ich möge diesen Brief schreiben.
	Er bittet mich, diesen Brief zu schreiben.
"Aber beeilen Sie sich !"	Aber ich solle mich beeilen.
"Verlieren Sie keine Zeit !"	Ich dürfe keine Zeit verlieren.

N.B. :

→ Dans la langue parlée, on utilise souvent l'indicatif (construction avec "daß") :

Er sagt, daß er krank ist, daß er also nicht kommen kann, daß es ihm sehr leid tut.

Ou encore le subjonctif II qui a plus de "relief" :

Er sagt, er hätte heute keine Zeit, er würde morgen wieder anrufen.

→ N'oublions pas que le discours indirect est une parole rapportée ! n'est donc pas du discours indirect :

Ich denke, daß er kommen wird. Er hofft, daß sie ihn verstanden hat. Ich glaube, er hat recht.

Remarque importante :

La fréquence du discours indirect est très grande en allemand. Là où les journalistes français passent à l'italique et citent (au discours direct, donc), les journalistes allemands utilisent au maximum cette alternance possible entre information objective ou opinion personnelle du journaliste (verbe à l'indicatif) et parole rapportée (verbe au subjonctif).

Observez / comparez :

1. Der Freihandel **ist** wieder einmal bedroht. Japan **verärgert** seine westlichen Konkurrenten durch seine überholte Handelsphilosophie, **es brauche** im wesentlichen nur Energie, Nahrungsmittel und Rohstoffe zu importieren. Seinen Bedarf an Fertigwaren **könne es** selbst decken – und dazu noch erhebliche Überschüsse exportieren. Wenn daraus mehr Devisen **anfielen**, als für die Einfuhr **gebraucht würden**, so **könne man** sie ja in amerikanische Staatspapiere investieren.

F.A.Z.

2. Il faut dire que selon Hiroshi Igarashi, directeur général adjoint de la division recherche, *"la plupart des véhicules électriques sont des voitures standards sur lesquelles, en fin de chaîne de montage, le moteur à essence est remplacé manuellement par le système électrique de propulsion"*. La JEVA reconnaît également que la demande est ralentie par les caractéristiques des batteries. Le point noir de la voiture électrique. *"Les batteries pèchent par un temps de recharge trop élevé ainsi que par un poids et un encombrement trop important"*, admet Hiroshi Igarashi.

Le Monde

■ TRADUCTION PROPOSEE
Was soll man von Japan denken ?

Die ganze Welt stellt sich Fragen über Japan. Es ist heute eine der ersten Weltmächte, überrascht aber die anderen Großmächte immer wieder durch unerwartete Verhaltensweisen und macht manchmal sogar den Eindruck, nicht zu dieser Welt gehören zu wollen. Gleichzeitig beunruhigt seine beängstigende wirtschaftliche Allgegenwart sowohl die westliche Welt als auch seine asiatischen Nachbarn. Die Beziehungen zwischen Japan einerseits und den Vereinigten Staaten und Europa andererseits stoßen heute auf ernsthafte Schwierigkeiten. An diesem Anfang der 90er Jahre beginnt der Westen daran zu zweifeln, daß Japan sowohl in politischer als auch in wirtschaftlicher Hinsicht als zuverlässiger Partner betrachtet werden kann.

In Japan wiederum pflegen Politiker wie namhafte Fachleute die Erklärung abzugeben, ihr Land sei das Opfer einer Woge allgemeiner Feindseligkeit und die abträglichen Analysen und Kommentare, zu denen ihr Land Anlaß gebe, seien einem "primären Anti-Japanismus" zuzuschreiben.

■ VARIANTES
Was soll man von Japan denken ?

Die ganze Welt stellt sich Fragen über Japan. **Es ist zwar** eine der ersten Weltmächte **geworden, verblüfft aber** die anderen Großmächte immer wieder durch **überraschende** Verhaltensweisen und **scheint manchmal gar nicht zu dieser Welt gehören zu wollen.** Gleichzeitig beunruhigt seine **gefährliche** wirtschaftliche Allgegenwart die westliche Welt **in gleichem Maße wie** seine asiatischen Nachbarn / die westliche Welt **nicht minder als** seine asiatischen Nachbarn / **nicht nur die westliche Welt, sondern auch** seine asiatischen Nachbarn /. Die Beziehungen zwischen Japan einerseits und den Vereinigten Staaten und Europa andererseits stoßen heute auf **ernstzunehmende** Schwierigkeiten. An diesem Beginn der 90er Jahre **zweifelt der Westen langsam an der Möglichkeit, in Japan jemals einen sowohl politisch als auch wirtschaftlich verantwortungsvollen Partner zu haben.**

Und in Japan erklären Politiker wie namhafte Experten **immer wieder / nicht selten /,** daß ihr Land das Opfer einer generellen Feindseligkeit sei **und daß die negativ gesinnten** Analysen und Kommentare, zu denen es Anlaß gebe, einem "primären Anti-Japanismus" zuzuschreiben seien.

■ LE TOUR DES MOTS

penser	denken (dachte, hat gedacht)
penser à qch	an etwas (A) denken
Que pensez-vous de cela ?	Was halten Sie davon ?
Je ne sais qu'en penser.	Ich weiß nicht, was ich davon halten soll.
penser / réfléchir à qqch	über etwas (A) nach/denken
J'y penserai ce soir.	Ich werde heute abend darüber nachdenken.
Pouvez-vous m'y faire penser ?	Können Sie mich bitte daran erinnern ?
Vouz auriez dû y penser avant.	Sie hätten sich das vorher überlegen sollen.
Je pense partir dès demain matin.	Ich beabsichtige, gleich morgen früh abzureisen.
Skier, moi ? Mais vous n'y pensez pas !	Ich und skifahren ? Wo denken Sie hin ?
la puissance	die Macht (-¨e), die Kraft (-¨e) (phys.)
la grande puissance	die Großmacht, die Supermacht
la puissance d'un moteur	die Motorleistung, die Motorkraft
les forces armées	die Streitkräfte
la volonté de puissance	der Wille zur Macht
être impuissant devant qqch	einer Sache (D) ohnmächtig gegenüber/stehen
le comportement	das Benehmen (sg.) (éducat.), das Verhalten (sg.) die Verhaltensweise (-n)
Son comportement m'a surpris.	Sein Verhalten / Seine Verhaltensweise / hat mich überrascht.
Son comportement laisse à désirer.	Sein Benehmen läßt zu wünschen übrig.
Il sait se comporter en société.	Er weiß sich in Gesellschaft zu benehmen.
Je ne sais pas comment me comporter dans cette situation.	Ich weiß nicht, wie ich mich in dieser Situation verhalten soll.
Il a étudié les comportements des animaux.	Er hat die Verhaltensweisen der Tiere studiert.
Il est comportementaliste.	Er ist Verhaltensforscher.
l'impression	1. der Eindruck (-¨e), 2. der Druck (-e)
Il donne l'impression d'être très ambitieux.	Er scheint sehr ehrgeizig zu sein.
Il a laissé une bonne impression.	Er hat einen guten Eindruck hinterlassen.
Votre discours m'a fait une grande impression.	Ihre Rede hat mich sehr beeindruckt / hat einen großen Eindruck auf mich gemacht.
Ce que je dis là n'est qu'une impression.	Was ich da sage, ist nur eine Vermutung. Ich sage das nur gefühlsmäßig.
C'était impressionnant.	Es war beeindruckend, eindrucksvoll.
la faute d'impression	der Druckfehler
Vous avez laissé passer plusieurs coquilles.	Es sind Ihnen mehrere Druckfehler unterlaufen.
inquiéter qqn	jdn beunruhigen, jdn ängstigen, jdm angst machen, jdm Sorgen bereiten
L'avenir inquiète beaucoup de jeunes.	Die Zukunft macht vielen jungen Leuten angst.
La situation est inquiétante.	Die Lage ist beunruhigend / besorgniserregend.
Ne vous inquiétez pas.	Seien Sie unbesorgt.
C'est une personne inquiète, instable.	Er ist ein unruhiger, rastloser Mensch.
Nous sommes forts, rien ne peut nous inquiéter.	Wir sind stark, nichts kann uns gefährden / bedrohen.
Nous sommes arrivés jusqu'à la frontière sans être inquiétés.	Wir sind unbehelligt / ohne Umstände / bis zur Grenze gekommen.
Cela ne doit pas vous inquiéter.	Das soll Sie nicht beunruhigen.
Il n'y a pas de raison de s'inquiéter.	Es gibt keinen Anlaß zu Befürchtungen. Es gibt keinen Grund zur Sorge.
la relation	die Beziehung (-en), die Verbindung (-en)
les relations entre ces deux pays	die Beziehungen zwischen diesen beiden Ländern (D !)
Nous avons de bonnes relations avec des entreprises allemandes.	Wir haben gute Beziehungen zu deutschen Firmen (die Firma, pl. die Firmen).
Je vais vous mettre en relation avec lui.	Ich werde Sie mit ihm in Verbindung setzen.
entrer en relation avec qqn	mit jdm in Verbindung treten (a, e)
Nous ne sommes plus en relation avec lui.	Wir stehen mit ihm nicht mehr in Verbindung.

établir des relations d'affaires	Geschäftsverbindungen an/knüpfen
les relations publiques	Public relations (pl.) (prononciation anglaise)
les relations diplomatiques	diplomatische Beziehungen
avoir des relations	Beziehungen haben (fam."Vitamin B")

douter (de qqch) — zweifeln (an +D), etwas (A) bezweifeln, etwas (A) an/zweifeln

Je ne doute pas qu'il fasse ce qu'il peut.	Ich zweifle nicht daran, daß er tut, was er kann.
Je ne doute pas de sa compétence.	Ich zweifle nicht an seiner Kompetenz. Ich stelle seine Kompetenz nicht in Frage.
Il n'y a pas le moindre doute là-dessus.	Darüber besteht nicht der geringste Zweifel.
J'en doute !	Das möchte ich bezweifeln !
Je n'en doute pas !	Das glaube ich (durchaus) !
C'est hors de doute.	Das steht außer Zweifel.
Je ne m'en suis pas douté.	Ich hatte damit nicht gerechnet, ich war darauf nicht gefaßt, das hatte ich nicht vermutet.
Je m'en doute !	Das kann ich mir denken !
J'ai mes doutes.	Ich habe / hege / da meine Zweifel
sans aucun doute	ohne Zweifel, zweifellos
sans doute	wahrscheinlich, vermutlich

susciter — hervor/rufen (ie, u) (provoquer), verursachen (causer), bewirken, Anlaß geben (a, e) zu (+D)

La grève a suscité des violentes protestations.	Der Streik hat zu heftigen Protesten Anlaß gegeben.
Ce livre a suscité l'indignation générale.	Dieses Buch hat eine allgemeine Empörung ausgelöst.
Il a su susciter notre intérêt.	Er hat es verstanden, unser Interesse zu wecken.
Cet événement a suscité des espoirs.	Dieses Ereignis hat Hoffnungen geweckt.

le compte — die Rechnung (-en), das Konto (die Konten)

mettre qqch sur le compte de qqn (fig.)	jdm etwas zu/schreiben (ie, ie)
Il veut mettre son échec sur le compte de la conjoncture.	Er will seinen Mißerfolg der Konjunktur in die Schuhe schieben (fam.).
C'est à mettre sur mon compte.	Das geht auf meine Rechnung / auf mein Konto.
faire ses comptes	ab/rechnen
régler son compte à qqn (litt. et fig.)	mit jdm abrechnen
le compte en banque	das Bankkonto
Le compte est bon.	Die Rechnung stimmt.
y trouver son compte	auf seine Rechnung kommen (a, o)
tenir compte de qqch	etwas berücksichtigen
s'en tirer à bon compte	billig weg/kommen (a, o, ist) (fam.)
rendre compte de...	Bericht erstatten über (+A), berichten über (+A)
Je n'ai de comptes à rendre à personne.	Ich bin niemandem Rechenschaft schuldig.

■ PROGRESSER

Discours indirect (attention à l'interrogative indirecte !)

1. Tout le monde affirme que les Japonais sont des concurrents redoutables.
2. On se demande si le comportement des Japonais, particulièrement dans les relations commerciales, est toujours à mettre sur le compte de leur "culture asiatique".
3. D'un autre côté, le journaliste nous dit que même les Japonais connaissent des échecs et il se demande pourquoi cela ne les décourage jamais.
4. Il dit, par exemple, qu'en 1983, ils avaient tablé sur les voitures électriques dont 650 seulement ont été vendues au Japon même.
5. Selon Hiroshi Igarashi, la plupart des voitures électriques sont des voitures standard sur lesquelles le moteur traditionnel a été remplacé par une batterie. (die Batterie, -en)
6. Monsieur Igarashi ajoute que l'on n'avait effectivement pas pensé au poids de ce système et il se demande si les progrès nécessaires pourront être réalisés dans les prochaines années.
7. D'après le journaliste, les Japonais n'avaient pas pour but de fabriquer une voiture "propre". Il affirme qu'ils ont plutôt essayé de battre définitivement les États-Unis sur le marché de la voiture et qu'ils ont donc pris des risques.

DEUXIEME PARTIE

Thèmes d'entraînement guidé

1. NOTRE VILLE

Une manière commode de faire la connaissance d'une ville est de chercher comment on y travaille, comment on y aime et comment on y meurt. Dans notre petite ville, est-ce l'effet du climat, tout cela se fait ensemble, du même air frénétique et absent. C'est-à-dire qu'on s'y ennuie et qu'on s'y applique à prendre des habitudes. Nos concitoyens travaillent beaucoup, mais toujours pour s'enrichir. Ils s'intéressent surtout au commerce et ils s'occupent d'abord, selon leur expression, de faire des affaires.

Naturellement, ils ont du goût aussi pour les joies simples, ils aiment les femmes, le cinéma et les bains de mer. Mais, très raisonnablement, ils réservent les plaisirs pour le samedi soir, lorsqu'ils quittent leurs bureaux, ils se réunissent à heure fixe dans les cafés, ils se promènent sur le même boulevard ou bien ils se mettent à leurs balcons. (...)

On dira sans doute que cela n'est pas particulier à notre ville et qu'en somme tous nos contemporains sont ainsi. Sans doute, rien n'est plus naturel, aujourd'hui, que de voir les gens travailler du matin au soir et choisir ensuite de perdre aux cartes, au café, et en bavardages, le temps qui leur reste pour vivre.

A. Camus, La peste, Gallimard, 1947

■ LES MOTS

commode (adj)	bequem, angenehm, praktisch, einfach
faire la connaissance de qqn	jdn kennen/lernen, sich vertraut machen mit (+D)
le climat	das Klima (pl : die klimatischen Verhältnisse)
frénétique	hastig, hektisch, überstürzt
absent	abwesend, fig. : unbeteiligt, gleichgültig
s'appliquer à faire qqch	sich bemühen, etwas zu tun
prendre une habitude	eine Gewohnheit an/nehmen (a, o), sich etwas an/gewöhnen
le concitoyen	der Mitbürger (-)
s'intéresser à	sich interessieren für (+A)
faire des affaires	gute Geschäfte machen
avoir le goût de qqch	Sinn haben / ein Gefühl haben für etwas (A)
la peine	der Kummer, der Schmerz (-es, -en)
se baigner	baden, schwimmen (a, o, ist)
la plage	der Strand (-¨e)
se réserver qqch (pour ...)	sich (D) etwas (A) vor/behalten (ie, a) für ...
le contemporain	der Zeitgenosse (-n, -n)
bavarder	plaudern, klatschen (commères), schwätzen (école), plappern (enfant)
les bavardages	belanglose Gespräche, das Geplauder (sg.)
avoir une conversation	ein Gespräch führen (das Gespräch, -e)

■ MAIS ENCORE

d'un air ...	auf eine ... Weise (A), in einer ... Art (D)
c'est-à-dire	das heißt, das bedeutet
je veux dire par là que ...	damit meine ich, daß ...
à heure fixe	zu bestimmter Stunde
particulier	besonders
en somme	im Grunde, alles in allem, im großen Ganzen
sans doute	wohl, wahrscheinlich
sans aucun doute	zweifellos, ohne Zweifel
du matin au soir	von morgens bis abends, den ganzen Tag
le temps passe	die Zeit vergeht, die Zeit verstreicht

Niveau I

■ TRADUCTION PROPOSEE
Unsere Stadt

Eine einfache Art, eine Stadt kennenzulernen, besteht darin, herauszufinden, wie die Menschen dort arbeiten, wie sie lieben, wie sie sterben. In unserer kleinen Stadt – das hat wohl mit dem Klima zu tun – geschieht all das in einem, auf dieselbe zugleich hastige und unbeteiligte Weise. Ich will damit sagen, daß die Leute sich hier langweilen und sich gleichzeitig bemühen, Gewohnheiten anzunehmen. Unsere Mitbürger sind fleißig, aber sie arbeiten nur für Geld. Ihr Interesse gilt vor allem dem Handel, und sie sind hauptsächlich darauf aus, gute Geschäfte zu machen, wie sie das nennen.

Das will nicht heißen, daß ihnen der Sinn für die kleinen Freuden des Lebens fehlt, sie lieben die Frauen, das Kino und den Strand. Aber sie sind sehr vernünftig und behalten sich die Freuden für den Samstag abend vor, nach Büroschluß, dann treffen sie sich zu bestimmter Stunde in den Cafés, gehen auf demselben Boulevard spazieren oder beziehen ihren Balkon. (...)

Man wird wahrscheinlich einwenden, dies sei kein besonderes Merkmal unserer Stadt und im Grunde genommen seien alle unsere Zeitgenossen so. Es ist heutzutage wohl nichts Ungewöhnliches, zu sehen, wie Menschen von morgens bis abends arbeiten und dann die Zeit, die ihnen noch zum Leben bleibt, im Kartenspiel, im Café und in belanglosen Gesprächen verstreichen lassen.

■ VARIANTES
Unsere Stadt

Eine **bequeme** Art, **sich mit einer Stadt vertraut zu machen**, ist, **ihre Einwohner zu beobachten, zu sehen, wie** sie arbeiten, wie sie lieben, wie sie sterben. In unserer kleinen Stadt – **vielleicht hängt das mit dem Klima zusammen / ist das auf das Klima zurückzuführen /** – geschieht all das in einem, auf dieselbe zugleich hastige und unbeteiligte Weise. **Das heißt,** daß man sich hier langweilt und gleichzeitig **darum bemüht ist**, Gewohnheiten anzunehmen. Unsere Mitbürger **arbeiten viel, aber sie tun es immer nur, um Geld zu verdienen. Sie interessieren sich vor allem für den Handel und sind vorwiegend / hauptsächlich / damit beschäftigt**, gute Geschäfte zu machen, **wie sie das ausdrücken**.

Zwar haben sie durchaus auch Sinn für die kleinen Freuden des Lebens, sie lieben die Frauen, **gehen gern ins Kino und an den Strand**. Aber, **vernünftig wie sie sind**, behalten sie sich diese Freuden für den Samstag abend vor, **wenn sie ihre Büros verlassen / wenn sie aus ihren Büros kommen /** und sich dann zu bestimmter Stunde in den Cafés treffen oder auf demselben Boulevard spazierengehen oder **sich ganz einfach auf ihren Balkon stellen / oder sich daheim an den Balkon lehnen /**. Vielleicht wird man sagen, daß es dies nicht nur in unserer Stadt gibt und daß **im großen Ganzen** alle unsere Zeitgenossen so sind. **Nichts ist heutzutage wohl natürlicher / selbstverständlicher / als Menschen zu sehen, die von früh bis spät / den ganzen Tag /** arbeiten und dann noch im Kartenspiel, im Café, oder in belanglosen Gesprächen **die Zeit verlieren / vergeuden / vergehen lassen /**, die ihnen zum Leben bleibt.

■ CONTROLEZ / RETENEZ

→ Une manière commode de faire la connaissance d'une ville.
  Eine praktische Art, eine Stadt kennenzulernen.

→ Dans notre petite ville, tout cela se fait ensemble, du même air absent.
  In unserer kleinen Stadt geschieht all das in einem, auf dieselbe unbeteiligte Art.

→ Ils travaillent beaucoup, mais toujours pour s'enrichir.
  Sie sind fleißig, aber sie arbeiten nur für Geld.

→ On objectera sans doute que cela n'est pas particulier à notre ville.
  Man wird sicher einwenden, dies sei kein besonderes Merkmal unserer Stadt.

2. SAVOIR, C'EST SAVOIR DÉCRIRE

Ne rien dire, voilà ce qui est laissé aux belles lettres ; et elles s'en emparent, comme d'un précieux trésor. On exercera d'abord l'enfant à raconter ses plus anciens souvenirs, ou à analyser ses sentiments de plaisir et de peine. Lui fera, naturellement, une petite tapisserie avec les mots qu'il connaît. Comment jugera le professeur ? Il ne sait pas, il ne peut pas savoir, sinon d'après les mots, ce que l'enfant a voulu dire. Aussi, la règle du langage n'est plus la vérité, c'est-à-dire l'accord du langage avec la chose, mais bien l'accord du langage avec le langage : "Cela ne se dit pas" ; "Voilà une expression vulgaire" ; "Mauvais goût ! Emphase ! Platitude !"

En somme, ce que l'on reproche à l'enfant, c'est de ne pas écrire comme son professeur. Mais l'enfant se forme très vite. Ainsi se cultive une espèce de style dit élégant, qui n'exprime rien, et habille décemment les sots.

Que faudrait-il ? Une chose à décrire. On pourrait dire, alors, si l'enfant décrit bien ; la chose corrigerait le discours. Il s'agirait d'abord de ne pas brouiller la droite et la gauche, et de commencer par un bout. (...) Qu'est-ce que savoir, sinon être en mesure de bien décrire ?

ALAIN, Propos, Gallimard, 1973

■ LES MOTS

les belles lettres	die schöne Literatur (sg.), die Belletristik (sg.)
s'emparer de	sich bemächtigen (+G)
le trésor	der Schatz (-¨e), die Kostbarkeit (-en)
la peine	der Schmerz (-es, -en), der Kummer (sg.)
naturellement	natürlich, ungezwungen, arglos, freimütig
la tapisserie	die Tapisserie, das Gewebe, der Wandteppich
la règle	die Regel (-n), der Maßstab (-¨e)
le langage	die Redeweise, die Ausdrucksweise (-n)
la langue	die Sprache (-n)
l'accord	die Übereinstimmung (mit +D)
reprocher qqch à qqn	jdm etwas vor/werfen (a, o), jdm einen Vorwurf machen (der Vorwurf, -¨e)
exprimer qqch	etwas aus/drücken, etwas aus/sagen
le sot	ici : der Unwissende (Adj.)
le discours	die Rede (-n), ici : das Gesagte
brouiller	verwechseln, durcheinander/bringen (brachte gebracht), nicht klar trennen
le bout	das Ende
aux deux bouts	an beiden Enden

■ MAIS ENCORE

sinon avec ...	es sei denn mit ..., außer mit ...
sinon d'après les mots	außer / es sei denn / durch die Wörter
aussi (en début de phrase)	daher, so, deshalb
en somme	im Grunde, im Grunde genommen
une espèce de	eine Art (+apposition / +G)
un style dit élégant	ein sogenannter eleganter Stil
soi-disant, prétendument	angeblich
être en mesure de faire qqch	in der Lage sein / fähig sein /, etwas zu tun
Que faudrait-il faire ?	Was wäre zu tun ?, Was müßte man tun ?
Que faudrait-il ? Une chose.	Was würde man brauchen ? Ein Ding.
Qu'est-ce que savoir, sinon ...?	Was heißt wissen, wenn nicht ...?

■ TRADUCTION PROPOSEE
Wissen als Fähigkeit, zu beschreiben

Nichts auszusagen, das wird der schönen Literatur überlassen ; und sie bemächtigt sich dieser Möglichkeit, als wäre sie ein kostbarer Schatz. Schon das Kind wird darauf geschult, seine frühesten Erinnerungen zu erzählen, oder seine Gefühle von Freude und Kummer zu analysieren. Es wird, ganz spontan, ein kleines Bild weben, und zwar mit den Wörtern, die es kennt. Wie wird der Lehrer das beurteilen ? Er weiß nicht, er kann nicht wissen – denn er hat ja nur die Wörter –, was das Kind mitteilen wollte. So ist also der Maßstab der Sprache nicht mehr die Wahrheit, das heißt die Übereinstimmung des Ausdrucks mit der Sache, sondern vielmehr die Übereinstimmung einer Ausdrucksweise mit einer anderen. "Das kann man nicht sagen" ; "Das ist Umgangssprache" ; "Geschmacklosigkeit ! Schwulst ! Plattheit !"

Der Vorwurf, der dem Kind gemacht wird, ist also im Grunde, nicht wie sein Lehrer zu schreiben. Aber das Kind paßt sich schnell an. Und so wird ein sogenannter eleganter Stil herangezüchtet, der nichts aussagt, aber die Blößen der Unwissenden auf schickliche Weise bedeckt.

Was müßte man tun ? Einen Gegenstand beschreiben. Man könnte dann sagen, ob das Kind zu beschreiben versteht ; der Gegenstand würde das Gesagte korrigieren. Es würde zunächst darum gehen, rechts und links auseinanderzuhalten und einen Anfang zu finden. (...) Was ist "wissen" anderes als die Fähigkeit, gut zu beschreiben ?

■ VARIANTES
Wissen heißt beschreiben können

Nichts zu sagen, das wird der **Belletristik** überlassen ; und **sie stürzt sich darauf** wie auf einen kostbaren Schatz. Das Kind **wird zunächst angehalten / soll sich zunächst darin üben /**, seine frühesten Erinnerungen zu erzählen oder **seine Freuden und Schmerzen zu untersuchen**. Es wird, **ganz natürlich / freimütig / unvoreingenommen /**, mit den Wörtern, die es kennt / **mit den ihm bekannten Wörtern / mit seinem eigenen Wörtern / ein kleines Wandbild knüpfen**. Wie wird nun der Lehrer urteilen ? Er weiß nicht, er kann nicht wissen – **außer durch die Wörter / es sei denn durch die Wörter /**–, was das Kind **hat sagen wollen / was das Kind ausdrücken wollte /**. So kommt es, daß der Maßstab der Sprache nicht mehr die Wahrheit ist, das heißt die Übereinstimmung **des Gesagten** mit der Sache, sondern vielmehr die Übereinstimmung einer Ausdrucksweise mit einer anderen. "**Das sagt man nicht**" ; " **Was für ein vulgärer Ausdruck** " ; "Geschmacklosigkeit ! **Übertreibung ! Banalität !**"

Kurz und gut, man wirft dem Kind vor / Im Grunde genommen wirft man dem Kind vor /, nicht wie sein Lehrer zu schreiben //**Was man dem Kind zum Vorwurf macht, ist, genau genommen,** nicht wie sein Lehrer zu schreiben //. Aber das Kind ist **überaus lernfähig**. Und so wird ein sogenannter eleganter Stil **kultiviert / entwickelt /**, der nichts aussagt, aber **die Unwissenden halbwegs schicklich kleidet**.

Was wäre das Richtige ? Ein Gegenstand, der zu beschreiben wäre / den es zu beschreiben gälte /. Man könnte dann sagen, ob das Kind gut beschreibt ; der Gegenstand würde das Gesagte korrigieren. **Es würde sich zuerst einmal darum handeln, links und rechts nicht zu verwechseln / klar zu unterscheiden /, und irgendwo anzufangen. Was ist denn "wissen", wenn nicht** die Fähigkeit, gut zu beschreiben ?

■ CONTROLEZ / RETENEZ

→ Il ne sait pas ce que l'enfant a voulu dire.
   Er weiß nicht, was das Kind hat ausdrücken wollen.

→ La vérité, c'est-à-dire l'accord du langage avec la chose.
   Die Wahrheit, das heißt die Übereinstimmung der Sprache mit dem Gegenstand.

→ En somme, on reproche à l'enfant de ne pas écrire comme son professeur.
   Im Grunde genommen wirft man dem Kind vor, nicht wie sein Lehrer zu schreiben.

3. LES PEINTURES DU RÊVE

La société aborigène est une société sophistiquée à l'extrême sur le plan intellectuel et religieux. C'est comme si le dépouillement de ces hommes nus, sans armes, sans village, sans route, nourrissait leur richesse intérieure. C'est ce royaume secret que nous révèle la peinture du désert.

Car l'indigène du cinquième continent peint. Quand le soleil se couche, il va s'abriter dans une vieille carcasse de voiture. Il fait chauffer sa pitance dans une boîte de conserve, puis s'endort sous une couverture sale. Au lever du jour, il reprend ses pinceaux et pose ses points sur la toile, lentement, sans être dérangé ni par le soleil, ni par le vent. L'aborigène ne retouche jamais sa toile. Il ne fait jamais de croquis. La sûreté du geste est admirable. Et quand vous lui demandez le secret de son art, il vous répond avec superbe : "Il n'y a pas de secret, j'ai 40 000 ans d'expérience."

Le Nouvel Observateur, août 1990

■ LES MOTS

la peinture ; peindre	die Malerei ; malen
le peintre (artiste)	der Maler (-)
la toile peinte	das Gemälde (-)
l'aborigène	die Aborigines (pl.), der Ureinwohner (-)
sophistiqué	ici : hoch entwickelt, überzüchtet
le dépouillement	die Armut, die Dürftigkeit, die Einfachheit
nourrir	nähren
se nourrir	sich ernähren
la nourriture	die Nahrung (sg.), die Nahrungsmittel (pl.)
révéler	offenbaren, zeigen, enthüllen, verraten (ie, a)
la révélation	die Offenbarung
la carcasse	das Wrack (-s) (épave), die Karosserie (-n)
la boîte de conserves	die Konservenbüchse (-n)
la boîte d'allumettes	die Streichholzschachtel (-n)
la boîte de Pandore	die Büchse der Pandorra
la pinceau	der Pinsel (-)
la toile (du peintre), l'écran (cinéma)	die Leinwand (sg)
la toile (tissu)	das Leinen (sg)
la toile de fond	der Hintergrund
la toile d'araignée	das Spinnennetz (-e)
retoucher	übermalen, aus/bessern, retouchieren
le croquis	die Skizze (-n), der Entwurf (-¨e)
l'art	die Kunst (-¨e)
les beaux arts	die schönen Künste
l'artiste	der Künstler (-)
artistique	künstlerisch
artificiel	künstlich (!)
l'expérience	die Erfahrung (-en)

■ MAIS ENCORE

à l'extrême	äußerst
sur ce plan	auf dieser Ebene, in dieser Hinsicht
comme si	als ob ... (+ subj. II)
au lever du jour	bei Sonnenaufgang, bei Tagesanbruch
ni ... ni	weder ... noch
ne ... jamais	niemals, nie (un seul élément de négation !)

■ TRADUCTION PROPOSEE
Traumbilder

Die Gesellschaft der Aborigines ist eine auf intellektueller und religiöser Ebene überaus hochentwickelte Gesellschaft. Es ist, als ob gerade die Dürftigkeit dieser Menschen, die weder Kleider haben noch Waffen, weder Dörfer noch Straßen, ihren inneren Reichtum nährte. Und eben dieses verborgene Königreich ist es, das uns durch die Malerei der Wüste erschlossen wird.

Denn der Ureinwohner des fünften Kontinents malt. Wenn die Sonne untergeht, sucht er Unterschlupf in einem alten Schrottauto. Er wärmt sich seine magere Kost in einer Konservenbüchse und schläft danach unter einer schmutzigen Decke ein. Bei Tagesanbruch nimmt er wieder seine Pinsel in die Hand und tupft seine Punkte auf die Leinwand, ohne jede Eile, ohne weder von der Sonne noch vom Wind abgelenkt zu werden. Nie wird einer dieser Aborigines sein Gemälde korrigieren. Nie eine Skizze machen. Die Sicherheit der Geste ist bewundernswert. Und wer ihn nach dem Geheimnis seiner Kunst fragt, bekommt die unanfechtbare Antwort : "Es gibt kein Geheimnis, ich habe 40 000 Jahre Erfahrung."

■ VARIANTES
Bilder des Traums / Malerei der Träume

In intellektueller und religiöser **Hinsicht** ist die Gesellschaft der Aborigines **in höchstem Maße** entwickelt. **Es ist, als wäre** gerade **die extreme Mittellosigkeit** dieser **entblößten** Menschen, die weder Waffen haben, noch Dörfer oder Straßen, **der Nährboden** ihres inneren Reichtums. **Dieses geheime Reich aber wird uns in** der Malerei der Wüste **enthüllt / geoffenbart**.

Denn **der Eingeborene** des fünften Kontinents malt. Wenn die Sonne untergeht, sucht er **Zuflucht** in einem alten Autowrack, wärmt sich **sein dürftiges Abendbrot / seine schmale Kost /** in einer Konservenbüchse und **legt sich** dann unter einer schmutzigen Decke **zur Ruhe**. Bei Sonnenaufgang **greift er** wieder **zu seinen Pinseln** und tupft seine Punkte auf die Leinwand, **bedächtig**, ohne weder von der Sonne noch vom Wind dabei **gestört zu werden / ohne sich um Wind und Sonne zu kümmern / ohne daß weder Wind noch Sonne ihn dabei zu stören vermöchten**. Der Eingeborene **korrigiert / übermalt / keines seiner Bilder**. Er macht nie einen **Entwurf / eine Skizze /**. **Jede seiner Gesten ist von bewundernswerter Sicherheit**. Und **wenn man ihn nach** dem Geheimnis seiner Kunst **fragt, antwortet er einem selbstherrlich / und wenn Sie ihn nach dem Geheimnis seiner Kunst fragen, bekommen Sie die souveräne Antwort /** : "**Da ist** kein Geheimnis, ich habe 40 000 Jahre Erfahrung."

■ CONTROLEZ/RETENEZ

→ C'est comme si le dépouillement même de ces hommes nourrissait leur richesse intérieure.
   Es ist, als nährte gerade die Dürftigkeit dieser Menschen ihren inneren Reichtum.

→ Quand le soleil se couche, il va s'abriter dans une vieille voiture.
   Wenn die Sonne untergeht, sucht er Unterschlupf in einem alten Auto.

→ Au lever du jour, il reprend ses pinceaux.
   Bei Tagesanbruch greift er wieder zu seinen Pinseln.

→ Quand vous lui demandez le secret de son art, il vous répond : il n'y a pas de secret.
   Wenn Sie ihn nach dem Geheimnis seiner Kunst fragen, antwortet er Ihnen : es gibt kein Geheimnis.

   Wenn man ihn nach dem Geheimnis seiner Kunst fragt, antwortet er einem, es gebe da kein Geheimnis.

4. EN GREYHOUND

Nous sommes partis à deux heures, le lendemain après-midi, en Greyhound. C'était un long voyage que Julia décidait de prolonger encore, puisqu'elle choisissait l'autocar. (...)

En montant en voiture, elle a déchiffré le petit cartouche, accroché au-dessus du volant, qui indiquait le nom et le prénom du conducteur. Elle l'a fait chaque fois que nous sommes montés dans un nouveau Greyhound. J'ai oublié la plupart de ces noms, mais le premier chauffeur, celui qui nous a permis de quitter New York, s'appelait Arthur Sled-Mercer.

Julia est allée s'asseoir dans le fond. "Autrefois, c'était la banquette réservée aux Noirs. La moins confortable, mais la plus joyeuse. Tu verras qu'on se parle à peine, d'un siège à l'autre. On bâille, on somnole. Les Noirs, sans se connaître, se parlent tout de suite, se mettent à rire tout de suite, et ça dure jusqu'à la fin." (...)

Je ne sais plus grand-chose des premières heures. Nous avons traversé des faubourgs, des banlieues, plongé dans des passages souterrains, et brusquement, derrière les vitres, il y a eu des champs très verts. L'autocar s'arrêtait de temps en temps, pour embarquer des voyageurs, en faire descendre d'autres. (...) Nous roulions vers le Sud.

Jacques Tournier, Promenades Café, Belfond, 1990

■ LES MOTS

un Greyhound	ein Überlandautobus (USA)
l'autocar	der Überlandbus (-sse), der Reisebus
monter en voiture, en bus, en train	ein/steigen (ie, ie, ist) (in +A)
descendre de voiture, d'un bus, d'un train	aus/steigen (aus +D)
descendre d'un vélo	ab/steigen (von +D)
le cartouche	die Kartusche, der Titel, das Schildchen (-)
accrocher à	an/bringen (a, a) (an +D), befestigen (an +D)
le volant ; se mettre au volant	das Lenkrad (-¨er) ; sich ans Steuer setzen
le conducteur	der Fahrer, der Busfahrer
quitter	verlassen (ie, a)
s'asseoir	sich setzen (+prép. +A)
le banquette du fond	die hintere Sitzbank, die Sitzbank im Fond
être réservé à qqn	jdm vorbehalten sein, für jdn bestimmt sein
être réservé pour qqn	für jdn reserviert sein
le siège	der Sitz (-e), der Sitzplatz (-¨e)
bâiller	gähnen
somnoler	dösen, eingenickt sein
le faubourg	die Vorstadt (-¨e)
la banlieue	die unmittelbare Umgebung der Stadt, der Vorort (-e), der Stadtrand (sg.)
le passage souterrain	die Unterführung (-en)
la vitre	die (Fenster)scheibe (-n), das Fenster (-)
s'arrêter ; l'arrêt de bus	halten (ie, a) (+ prép.+D) ; die (Bus)haltestelle
le voyageur	der Reisende (Adj.)

■ MAIS ENCORE

le lendemain (compl. de temps)	am nächsten Tag, am folgenden Tag
à deux heures	um zwei Uhr
chaque fois que	jedesmal, wenn
les premières heures	die ersten Stunden

■ TRADUCTION PROPOSEE
Im Greyhound

Wir sind am nächsten Tag abgereist, um zwei Uhr nachmittags, mit dem Greyhound. Es war eine lange Reise, die Julia, indem sie den Überlandbus wählte, noch zu verlängern beabsichtigte. (...)

Als sie einstieg, suchte ihr Blick das kleine Schildchen, das über dem Lenkrad angebracht war und den Namen und Vornamen des Busfahrers angab. Sie tat das jedesmal, wenn wir in einen anderen Reisebus einstiegen. Ich habe die meisten dieser Namen vergessen, aber der erste Fahrer, der uns ermöglichte, New York zu verlassen, hieß Arthur Sled-Mercer.

Julia setzte sich ganz nach hinten. "Früher war diese Sitzbank ausschließlich für Schwarze bestimmt. Die unbequemste, aber die fröhlichste. Du wirst sehen, daß die Leute von einem Sitz zum andern kaum ins Gespräch kommen. Sie gähnen, oder dösen. Die Schwarzen aber sprechen sofort miteinander, ohne sich zu kennen, sie beginnen sofort zu lachen, und das hört während der ganzen Reise nicht auf." (...)

Ich weiß kaum noch etwas von den ersten Stunden. Wir fuhren durch Vorstadtviertel und Vororte, tauchten in Unterführungen, und auf einmal waren hinter den Fensterscheiben tiefgrüne Felder zu sehen. Der Reisebus hielt von Zeit zu Zeit, um neue Reisende einsteigen, andere aussteigen zu lassen. (...) Wir fuhren nach Süden.

■ VARIANTES
Im Greyhound

Wir **fuhren am folgenden Tag ab**, um zwei Uhr nachmittags, mit einem Greyhound. Es war eine lange Reise, **die Julia noch verlängern wollte, indem sie sich für den Überlandbus entschied / Es war eine lange Reise, die durch Julias Entschluß, den Überlandbus zu wählen, noch länger dauern sollte /**. (...) Als sie in den Bus stieg, **hob sie den Kopf, um das kleine Schildchen zu entziffern**, das über dem Lenkrad angebracht war und auf dem Name und Vorname des Fahrers **geschrieben standen / zu lesen waren /**. Sie tat dies jedesmal, **wenn wir den Bus wechselten**. Ich habe die meisten dieser Namen vergessen, **ich weiß aber, daß** dieser erste Fahrer, der uns ermöglichte, New York zu verlassen, Arthur Sled-Mercer hieß.

Julia setzte sich auf **die Sitzbank im Fond**. " Früher war diese Bank nur **den Schwarzen vorbehalten**. Es ist die unbequemste, aber die fröhlichste. Du wirst **bemerken**, daß die Leute von einem Sitz zum andern kaum miteinander sprechen. Sie gähnen, oder dösen vor sich hin. Die Schwarzen aber **fangen sofort zu reden an**, auch wenn sie sich nicht kennen, sie lachen sofort und **das hört bis zum Ende der Reise / bis zum Schluß / nicht auf**. (...)

Ich **kann mich an diese ersten Stunden kaum noch erinnern**. Wir fuhren durch Vorstadtviertel und Vororte, tauchten in Unterführungen, und **ganz plötzlich waren** hinter den Fensterscheiben tiefgrüne Felder. Der Bus hielt von Zeit zu Zeit, **damit** neue Reisende einsteigen, andere aussteigen **konnten**. (...) **Wir fuhren nach dem Süden.**

■ CONTROLEZ/RETENEZ

→ Nous sommes partis à deux heures le lendemain après-midi.
  Wir sind am nächsten Tag um zwei Uhr nachmittags abgereist.

→ En montant en voiture, elle a lu le nom du conducteur sur le petit cartouche au-dessus du volant.
  Als sie einstieg, las sie auf dem kleinen Schildchen über dem Lenkrad den Namen des Fahrers.

→ J'ai oublié la plupart de ces noms.
  Ich habe die meisten dieser Namen vergessen.

→ L'autocar s'arrêtait de temps en temps pour faire descendre des voyageurs.
  Von Zeit zu Zeit hielt der Autobus, um Reisende aussteigen zu lassen.

5. LE MALAISE DES FEMMES DE L'EX-RDA

Karla qui, sous l'ancien régime, enseignait l'allemand aux étrangers, anime aujourd'hui la cellule femmes de la mairie de Rostock. Dans le petit bureau, le téléphone n'arrête pas de sonner. Elles viennent d'être licenciées. Elles ne savent pas comment faire les démarches pour toucher les allocations familiales. (...)

L'unification a désemparé les femmes de l'Est qui risquent fort de se retrouver moins bien loties qu'auparavant dans cette économie de marché à laquelle elles avaient tant aspiré. En RDA, 91 % des femmes travaillaient. Aujourd'hui, elles sont les premières victimes du chômage galopant. A Rostock, la moitié des nouveaux chômeurs sont des femmes. "Et nous ne sommes qu'au début de l'hécatombe", prédit Karla. "Les femmes les plus touchées sont les mères célibataires qui se retrouvent sans salaire au seuil de la pauvreté, et les femmes de plus de quarante-cinq ans qui n'ont aucune chance de se recycler et de retrouver un emploi. Celles-là nous appellent tous les jours. Elles s'étonnent : 'Mais ils ne peuvent tout de même pas nous faire ça ?' " (...)

"Pour nous, femmes de l'Est", dit Karla, "le travail, l'indépendance financière, l'avortement sont des acquis que nous n'avons pas envie de remettre en question à cause de l'unification."

Libération, 9 mars 1991

■ Les mots

l'ex-RDA	die ehemalige DDR
le malaise	das Unbehagen, das Stimmungstief
le régime	das Regime, die Staatsform (-en)
animer	ici : betreuen, verwalten, sich kümmern um (+A)
la mairie	das Rathaus
être licencié	entlassen werden
les allocations familiales	das Kindergeld, die Familienbeihilfe
l'unification	die Vereinigung
être désemparé	ratlos / hilflos / sein
risquer de (faire qqch)	Gefahr laufen (ie, au), etwas zu tun (die Gefahr, -en)
être bien loti	ici : gut weg/kommen (a, o, ist)
aspirer à	sich nach etwas (D) sehnen
le chômage galopant	die galoppierende Arbeitslosigkeit
le chômeur	der Arbeitslose (Adj.)
la victime	das Opfer (-)
la moitié	die Hälfte (-n)
la mère célibataire	die unverheiratete / ledige / Mutter
le seuil de la pauvreté	die Armutsgrenze (die Armut ; die Grenze)
se recycler	sich um/schulen (lassen)
trouver un emploi	einen Arbeitsplatz / Arbeit / finden (a, u)
l'avortement	die Abtreibung
l'IVG	die Schwangerschaftsunterbrechung
l'acquis	die Errungenschaft, das erworbene Recht (-e)

■ Mais encore

ne pas arrêter de sonner	ununterbrochen / pausenlos / läuten
je ne sais que faire	ich weiß nicht, was ich tun soll
auparavant	zuvor, vorher, davor
n'en être qu'au début	erst am Anfang sein
remettre en question	wieder in Frage stellen
à cause de ; pour les besoins de	wegen (+G) ; um (+G) willen

■ TRADUCTION PROPOSEE

Unbehagen bei den Frauen der ehemaligen DDR

Karla, die im früheren Staatssystem Ausländern Deutsch unterrichtet hatte, betreut heute das Ressort "Frauen" im Rostocker Rathaus. In dem engen Büro läutet pausenlos das Telefon. Frauen, die eben entlassen wurden; die nicht wissen, welche Schritte sie unternehmen sollen, um zu ihrem Kindergeld zu kommen. (...)

Die Vereinigung hat die Frauen aus dem Osten ratlos gemacht und sie laufen ernstlich Gefahr, in dieser Marktwirtschaft, nach der sie sich so gesehnt hatten, letzten Endes weniger gut wegzukommen als zuvor. 91 % der Frauen waren in der DDR berufstätig. Heute sind sie die ersten Opfer der galoppierenden Arbeitslosigkeit. In Rostock sind die Hälfte der neuen Arbeitslosen Frauen. "Und das ist erst der Anfang des Massakers", prophezeit Karla. "Die am härtesten getroffenen Frauen sind die unverheirateten Mütter, die ohne Lohn dastehen und sich an die Armutsgrenze gedrängt sehen, sowie die Frauen über 45, die nicht die geringste Chance haben, sich umzuschulen und wieder einen Arbeitsplatz zu finden. Von solchen Frauen bekommen wir täglich Anrufe. Sie sind verblüfft : 'Aber die können uns das doch nicht antun ?' " (...)

"Für uns Frauen aus dem Osten", erklärt Karla, "sind Berufstätigkeit, finanzielle Unabhängigkeit, Abtreibung erworbene Rechte, die wir nicht wegen der Vereinigung wieder in Frage stellen wollen".

■ VARIANTES

Stimmungstief bei den Frauen der ehemaligen DDR

Karla, die **unter dem "alten Regime" Deutsch für Ausländer** unterrichtete, **verwaltet** heute **die Abteilung** "Frauen" im Rathaus von Rostock. In dem kleinen **Büroraum** läutet **unaufhörlich** das Telefon. **Sie wurden** eben entlassen. Sie wissen nicht, **bei wem sie vorsprechen sollen / was sie unternehmen sollen /, um ihre Familienbeihilfe zu bekommen / um ihr Kindergeld ausgezahlt zu bekommen /.** Die Vereinigung hat die Frauen aus dem Osten **ratlos** gemacht und sie laufen ernstlich Gefahr, **sich in dieser heißersehnten / so sehnlich herbeigewünschten / Marktwirtschaft in einer ungünstigeren Lage zu befinden** als zuvor. 91 % der Frauen waren in der DDR berufstätig. Heute sind sie die ersten Opfer **der rasch um sich greifenden Arbeitslosigkeit**. In Rostock sind die Hälfte der neuen Arbeitslosen Frauen. "**Und wir befinden uns / wir stehen / erst am Anfang der Hekatombe**", prophezeit Karla. "Die **am empfindlichsten** getroffenen Frauen sind **die ledigen Mütter, die keinen Lohn mehr haben und nun an der Armutsgrenze stehen**, sowie die Frauen über 45, die nicht die geringste Chance haben, **umzusatteln / auf einen anderen Beruf umzusteigen /** und wieder einen Arbeitsplatz zu finden. **Von denen** bekommen wir täglich Anrufe. Sie sind **fassungslos** : 'Aber die können uns das doch nicht antun ?' " (...) "Für uns Frauen aus dem Osten", sagt Karla, "sind Berufstätigkeit, finanzielle Unabhängigkeit und Abtreibung **Errungenschaften, die wir nicht um der Vereinigung willen** wieder in Frage stellen wollen.

■ CONTROLEZ/RETENEZ

→ Elles ne savent pas comment faire pour toucher les allocations familiales.
   Sie wissen nicht, was sie tun sollen, um das Kindergeld zu bekommen.

→ Elles risquent de se retrouver moins bien loties qu'auparavant.
   Sie laufen Gefahr, weniger gut wegzukommen als zuvor.

→ Les femmes les plus touchées sont les mères célibataires.
   Die am härtesten getroffenen Frauen sind die unverheirateten Mütter.

→ Nous n'avons pas envie de remettre en cause nos (droits) acquis.
   Wir wollen unsere erworbenen Rechte nicht wieder in Frage stellen.

6. LA CULTURE POPULAIRE

– Aujourd'hui, nous assistons à un net renouveau de la culture dite populaire : ethnologues et artistes s'y intéressent de plus en plus. Cette vogue soudaine pour quelque chose qui a toujours existé n'est-elle pas suspecte ? Ne traduit-elle pas une nostalgie – vaguement réactionnaire – pour un passé mythique ?

– Il y a toujours eu, dans notre société, deux tendances contradictoires : les uns éprouvent tout au long de leur vie la nostalgie de leur enfance, pour les autres, le passé n'est qu'un tissu de vieilleries qu'il est urgent d'abandonner. Je crois, quant à moi, que la culture populaire n'est pas seulement notre passé, mais aussi notre futur. Nous avons besoin d'elle pour échapper à l'emprise de la télévision et de la nourriture en conserve, bref, au joug de la société de consommation. En ce sens, elle peut encore fonctionner comme un principe de régulation ; si les États modernes avaient un peu de sensibilité, ils s'en rendraient compte et la protégeraient.

Entretien du "Monde" avec Julio Caro Baroja, mai 1980

■ LES MOTS

populaire ; la chanson populaire	1. beliebt, 2.volkstümlich ; das Volkslied (-er)
assister à	bei/wohnen (+D)
le renouveau	die Wiederkehr, der Neubeginn
net	deutlich, sichtbar, eindeutig
l'artiste ; l'art	der Künstler (-) ; die Kunst (-¨e)
artistique ; artificiel	künstlerisch ; künstlich
la vogue ; l'engouement pour qqch	die Schwärmerei/die Begeisterung für etwas (A)
être en vogue	Mode sein, beliebt sein, Erfolg haben, "in" sein
être suspect	verdächtig sein
avoir un soupçon ; soupçonner qqn	einen Verdacht hegen ; jdn (+G) verdächtigen
la nostalgie (de)	die Sehnsucht (nach +D) (sich sehnen nach +D)
le passé / le futur	die Vergangenheit / die Zukunft
passé / futur	vergangen / künftig
le mythe ; mythique	der Mythos (-en) ; mythisch
la tendance	die Tendenz (-en), der Trend (zu +D)
contradictoire	widersprüchlich, gegensätzlich
la vieillerie	die Altertümlichkeit, der Kram, der Plunder
abandonner qqch	etwas (A) auf/geben (a, e) / vergessen (a, e)
échapper	entkommen (a, o, ist), entfliehen (o, o, ist)
l'emprise (sur)	der Einfluß(-¨sse) (auf +A), die Macht (über +A)
la boîte de conserves	die Konservenbüchse (die Konserven, pl.)
le joug	das Joch (-e), der Zwang (-¨e)
mettre sous le joug ; secouer le joug	jdn unterjochen ; das Joch ab/schütteln
la régulation	die Regulierung (-en), die Regelung
la sensibilité	die Empfindsamkeit, das Feingefühl
protéger (de qqch)	schützen (vor +D), in Schutz nehmen (vor +D)
protéger ; le protégé	unterstützen, fördern ; der Schützling (-e)
se rendre compte de qqch	sich einer Sache (G) bewußt werden

■ MAIS ENCORE

l'art dit primitif	die sogenannte primitive Kunst
de plus en plus ; de plus en plus important	immer mehr, zunehmend ; immer wichtiger
quant à moi	was mich betrifft, so (V S C)
bref, ...	kurz, (S V C), kurz und gut, (S V C)
en ce sens	in diesem Sinn(e)
comme (en tant que)	als

■ TRADUCTION PROPOSEE
Die Volkskultur

– Wir wohnen heute einer deutlichen Wiederkehr der sogenannten Volkskultur bei : Ethnologen und Künstler interessieren sich zunehmend dafür. Ist diese plötzliche Begeisterung für etwas, das es ja immer gegeben hat, nicht verdächtig ? Ist sie nicht der Ausdruck einer – leicht reaktionären – Sehnsucht nach einer mythischen Vergangenheit ?

– Es hat in unserer Gesellschaft immer zwei einander widersprechende Tendenzen gegeben : die einen sehnen sich ihr ganzes Leben lang nach ihrer Kindheit zurück, für die anderen ist die Vergangenheit nur ein Gespinst von Altertümlichkeiten, denen man möglichst schnell den Rücken kehren soll. Was mich betrifft, so glaube ich, daß die Volkskultur nicht nur unsere Vergangenheit ist, sondern auch unsere Zukunft. Wir brauchen sie, um dem Einfluß des Fernsehens und der Konservenbüchsen zu entkommen, d.h. dem Joch der Konsumgesellschaft. In diesem Sinn kann sie noch als Regulierungsprinzip wirken. Hätten die modernen Staaten ein wenig Feingefühl, würden sie sich dessen bewußt werden und sie fördern und schützen.

Gespräch der Zeitung "Le Monde" mit J.C.B.

■ VARIANTES
Die Volkskultur

Wir **beobachten** heute eine deutliche Wiederkehr der sogenannten Volkskultur. Ist dieses plötzliche **Interesse** für etwas, das es **doch** immer gegeben hat, nicht verdächtig ? **Ist diese Schwärmerei nicht eine – irgendwie reaktionäre – Sehnsucht nach** einer mythischen Vergangenheit ? // **Trägt diese Schwärmerei nicht die – leicht reaktionären – Züge einer Sehnsucht** nach einer mythischen Vergangenheit // ?

– Es hat in unserer Gesellschaft immer **Vertreter zweier gegensätzlicher Auffassungen / Einstellungen /** gegeben : die einen, **welche** ihr ganzes Leben lang **Sehnsucht nach ihrer Kindheit haben, und die anderen, für welche die Vergangenheit nichts als eine Ansammlung von altem Kram ist, den man so schnell wie möglich aufgeben / hinter sich lassen / vergessen / soll. Ich für meinen Teil glaube / Ich persönlich bin der Ansicht / Meine persönliche Meinung dazu ist /**, daß die Volkskultur nicht nur unsere Vergangenheit ist, sondern auch unsere Zukunft. Wir brauchen sie, **um der Beherrschung / der Beeinflussung / durch das Fernsehen und die Büchsennahrung zu entgehen, das heißt** dem Druck **unserer** Konsumgesellschaft. In diesem Sinn kann die Volkskultur noch **als regulierender Faktor wirksam sein.** Hätten die modernen Staaten **ein wenig Gefühl dafür,** so würden sie sich dessen bewußt werden und **sie pflegen und unterstützen / und ihr Schutz und Pflege angedeihen lassen /.**

■ CONTROLEZ/RETENEZ

→ Ethnologues et artistes s'intéressent de plus en plus à la culture dite populaire.
Ethnologen und Künstler interessieren sich immer mehr für die sogenannte Volkskultur.

→ Cette vogue soudaine n'est-elle pas un peu suspecte ?
Ist diese plötzliche Begeisterung nicht ein wenig verdächtig ?

→ Il y a toujours eu, dans notre société, deux tendances opposées.
Es hat in unserer Gesellschaft immer zwei gegensätzliche Tendenzen gegeben.

→ Nous avons besoin de la culture populaire pour échapper au joug de la société de consommation.
Wir brauchen die Volkskultur, um dem Druck unserer Konsumgesellschaft zu entgehen.

→ Les États modernes pourraient s'en rendre compte.
Die modernen Staaten könnten sich dessen bewußt werden.

7. LA DÉONTOLOGIE DU JOURNALISTE

(Cet entretien avec André Fontaine a eu lieu en juin 1989)

– Quels sont selon vous les principes d'une éthique journalistique ?
– D'abord le respect des faits et aussi le respect de ceux auxquels on s'adresse. Et ce n'est pas toujours évident. Quand on va faire une enquête par exemple, ou un reportage, deux attitudes sont possibles : essayer de conforter une idée qu'on a dans la tête ; proposer une réponse à une question qu'on se pose. L'attitude honnête, c'est la seconde. Cela dit, on ne part évidemment pas sans un minimum d'opinions préconçues, de préjugés. Ce qu'il faut, c'est être capable de remettre en cause ces préjugés. On peut aller quelque part en pensant que ce qu'on va trouver est affreux, ou au contraire remarquable. Il faut pouvoir se rendre compte, le cas échéant, que la réalité n'est pas tout à fait celle à laquelle on s'attendait. C'est là que repose précisément le critère de l'indépendance d'esprit des journalistes : dans leur capacité à remettre en question leurs préjugés. Il y en a plus qu'on ne croit qui en sont capables. Mais il est vrai aussi que beaucoup de gens ont un tempérament un peu militant et font plutôt des enquêtes de confirmation.

Frédéric Lenoir, Le Temps de le Responsabilité, Fayard, 1991

■ LES MOTS

la déontologie ; l'éthique	die Berufsethik ; die Ethik
le journaliste	der Journalist (-en, -en)
l'entretien ; avoir un entretien (avec)	das Gespräch (-e) ; ein Gespräch führen (mit)
le principe	das Prinzip (-ien), der Grundsatz (-¨e)
le respect de qqch	der Respekt vor (+D), die Achtung vor (+D)
le fait	die Tatsache (-n), der Fakt (-en)
l'enquête	die Untersuchung, die Ermittlung, die Umfrage
faire une enquête	eine Untersuchung an/stellen / durch/führen
le reportage	die Berichterstattung, die Reportage (-n)
le reporteur	der Berichterstatter (-)
l'attitude	die Haltung (-en)
honnête	ehrlich, aufrichtig
l'opinion préconçue	die vorgefaßte Meinung
le préjugé	das Vorurteil (-e)
remettre en cause / en question	in Frage stellen, hinterfragen (+A)
se rendre compte (de qqch)	sich (einer Sache =G) bewußt werden
la réalité	die Wirklichkeit, die Realität
s'attendre à qqch	etwas (A) erwarten, auf etwas (A) gefaßt sein, sich auf etwas (A) gefaßt machen
le critère	das Kriterium (-ien)
la capacité ; être capable de ...	die Fähigkeit (-en) ; zu etwas (D) fähig sein
militant	militant, kämpferisch
la confirmation	die Bestätigung, der Beweis (-e), die Bekräftigung, evt.ici : die Rechtfertigung

■ MAIS ENCORE

quels sont ...?	welches (!) sind ...?
aller quelque part	irgendwohin gehen (i, a, ist)
ou au contraire	oder aber, oder im Gegenteil
le cas échéant	gegebenenfalls, notfalls
plus qu'on ne le croit	mehr als man denkt
mais il est vrai aussi que ...	es stimmt allerdings auch, daß ...

■ TRADUCTION PROPOSEE

Die Berufsethik des Journalisten

(Dieses Gespräch mit André Fontaine fand im Juli 1989 statt)

– Welches sollten Ihres Erachtens die ethischen Prinzipien eines Journalisten sein ?
– Ich sehe da zunächst den Respekt vor den Tatsachen und auch vor denjenigen, an die man sich richtet. Und das ist nicht immer einfach. Wenn man beispielsweise eine Untersuchung anstellt oder eine Berichterstattung macht, sind zweierlei Haltungen möglich : man kann eine Meinung, die man im Kopf hat, zu bestätigen versuchen oder aber eine Antwort auf eine Frage vorschlagen, die man sich stellt. Die zweite Haltung ist die aufrichtigere. Das will natürlich nicht heißen, daß man nicht ein Mindestmaß an vorgefaßten Meinungen, an Vorurteilen einbringt. Worauf es ankommt, ist, fähig zu sein, diese Vorurteile in Frage zu stellen. Man kann irgendwohin gehen und denken, daß das, was man dort vorfinden wird, schrecklich oder im Gegenteil bemerkenswert ist. Man muß sich gegebenenfalls bewußt werden können, daß die Wirklichkeit nicht genau den Erwartungen entspricht. Genau darin liegt nämlich das Kriterium der intellektuellen Unabhängigkeit der Journalisten : in ihrer Fähigkeit, ihre Vorurteile in Frage zu stellen. Diejenigen, die das können, sind zahlreicher als man denkt. Es stimmt allerdings auch, daß viele Leute ein etwas militantes Temperament haben und eher nach Bestätigungen suchen als nach Fakten.

■ VARIANTES

Die Berufsethik des Journalisten

– Auf welchen Grundsätzen sollte Ihrer Meinung nach die journalistische Ethik beruhen ?
– Darauf, daß vor allem die Tatsachen **respektiert werden** und auch die Leute, **die man anspricht**. Und das ist nicht immer **selbstverständlich**. Wenn man zum Beispiel **eine Ermittlung** macht, oder **eine Reportage**, sind zweierlei Haltungen möglich : **einerseits kann man versuchen, eine persönliche Meinung zu beweisen / zu bekräftigen / zu rechtfertigen /, andererseits kann man für eine Frage, die einen beschäftigt, eine Antwort vorschlagen**. Die zweite Haltung ist **die ehrlichere**. Das will natürlich nicht heißen, **daß man völlig unvoreingenommen und vorurteilslos an die Sache herangeht / Das schließt natürlich ein Mindestmaß an vorgefaßten Meinungen oder an Vorurteilen nicht aus /. Wesentlich ist nur / Unerläßlich ist nur /, daß man die Fähigkeit hat, diese Vorurteile zu hinterfragen**. Man kann sich an einen Ort begeben und sich auf etwas Schreckliches, oder im Gegenteil auf etwas Außerordentliches gefaßt machen. Es ist notwendig, feststellen zu können, daß die Wirklichkeit nicht genau das ist, was man erwartet hatte / daß sich Erwartungen und Wirklichkeit nicht genau decken / daß Erwartungen und Wirkungen nicht deckungsgleich sind /. Genau darin liegt nämlich **das Merkmal der geistigen Freiheit** der Journalisten : in ihrer Fähigkeit, ihre Vorurteile zu hinterfragen. **Die Zahl derer, die diese Fähigkeit besitzen, ist größer als man annimmt**. Es trifft freilich auch zu, daß viele Leute etwas militant / kämpferisch / veranlagt sind und nicht ermitteln, sondern eher illustrieren // Es gibt allerdings auch etwas militant veranlagte Leute, deren Untersuchungen eher Rechtfertigungen sind //.

■ CONTROLEZ/RETENEZ

→ Des deux attitudes possibles, une seule est honnête.
Nur eine der zwei möglichen Haltungen ist ehrlich.

→ Il faut être capable de remettre en cause ses préjugés.
Man muß fähig sein, seine Vorurteile in Frage zu stellen.

→ Il y en a plus qu'on ne le croit qui en sont capables.
Die Zahl derer, die diese Fähigkeit besitzen, ist größer als man denkt.

8. LA VIE SERAIT FACILE

La vie qu'ils mèneraient serait facile, serait simple. Toutes les obligations, tous les problèmes qu'implique la vie matérielle trouveraient une solution naturelle. Une femme de ménage serait là chaque matin. (...) Ils décachetteraient leur courrier, ils ouvriraient les journaux. Ils allumeraient une première cigarette. Ils sortiraient. Leur travail ne les retiendrait que quelques heures, le matin. Ils se retrouveraient pour déjeuner, d'un sandwich ou d'une grillade, selon leur humeur ; ils prendraient un café à une terrasse, puis rentreraient chez eux, à pied, lentement.

Leur appartement serait rarement en ordre mais son désordre même serait son plus grand charme. Ils s'en occuperaient à peine : ils y vivraient. Le confort ambiant leur semblerait un fait acquis, une donnée initiale, un état de leur nature. Leur vigilance serait ailleurs : dans le livre qu'ils ouvriraient, dans le texte qu'ils écriraient, dans le disque qu'ils écouteraient, dans leur dialogue chaque jour renoué.

Georges Perec, "Les Choses", Julliard 1965

■ LES MOTS

l'obligation	die Verpflichtung, die Pflicht (-en)
satisfaire à une obligation	einer Verpflichtung nach/kommen (a, o, ist))
imposer une obligation à qqn	jdm eine Pflicht auf/erlegen (hat auferlegt)
impliquer	beinhalten, mit sich bringen, aus/machen
la solution	die Lösung (-en)
la femme de ménage	die Haushälterin, die Putzfrau
faire le ménage	auf/räumen, sauber machen, putzen
décacheter une lettre	einen Brief öffnen (litt. entsiegeln)
le cachet de la poste	der Poststempel (-)
le courrier	die Post
faire son courrier	seine Post erledigen
regarder son courrier	seine Post durch/sehen (a, e)
allumer une cigarette	(sich) eine Zigarette an/zünden
la grillade	ein gegrilltes Stück Fleisch, Fleisch vom Rost
l'humeur	die Laune
être de bonne / mauvaise humeur	guter / schlechter Laune (G) sein
aller à pied	zu Fuß gehen, laufen (ie, au, ist) (All. du Nord)
le désordre ; être en désordre	die Unordnung ; in Unordnung sein
le charme	der Reiz (-e), der Charme, der Zauber
le confort	die Bequemlichkeit, der Komfort
le fait acquis	die feststehende Tatsache (-n)
la donnée initiale	die Gegebenheit, die Basis
la vigilance	die Aufmerksamkeit, die Wachsamkeit
être attentif à	aufmerksam sein auf (+A)
attirer l'attention sur qqch	die Aufmerksamkeit auf etwas (A) lenken
renouer un dialogue	ein Gespräch wieder auf/nehmen (a, o)

■ MAIS ENCORE

selon	je nach (+D)
selon que ...	je nachdem, ob ...
sortir	das Haus verlassen, aus/gehen (le soir / en ville)
rare, rarement	selten
à peine	kaum, fast nicht
il a à peine 20 ans	er ist knapp 20 (Jahre alt)
le matin, dans la matinée	morgens, am Morgen, am Vormittag
chaque jour (compl. de tmps)	jeden Tag, Tag für Tag, täglich

■ TRADUCTION PROPOSEE
Es wäre ein sorgloses Leben

Das Leben, das sie führen würden, wäre sorglos und einfach. Alle Verpflichtungen, alle Probleme, die das materielle Leben mit sich bringt, fänden eine ganz natürliche Lösung. Jeden Morgen wäre eine Haushälterin da. (...)
Sie würden ihre Post aufmachen, die Zeitungen aufschlagen. Sie würden sich eine erste Zigarette anzünden. Sie würden das Haus verlassen. Ihre Arbeit würde sie nur einige Stunden lang in Anspruch nehmen, am Vormittag. Zum Mittagessen wären sie wieder beisammen, würden ein Sandwich essen, oder ein gegrilltes Stück Fleisch, je nach Laune ; sie würden auf einer Terrasse einen Kaffee trinken und dann nach Hause gehen, zu Fuß, ohne Eile.
Ihre Wohnung wäre selten aufgeräumt, aber gerade diese Unordnung wäre das Reizvollste an ihr. Sie würden sie kaum pflegen, sondern nur eben in ihr wohnen. Die gemütliche Atmosphäre wäre eine Tatsache, eine Gegebenheit, etwas, das zu ihrer Natur gehörte. Ihre Aufmerksamkeit würde anderen Dingen gelten : dem Buch, das sie aufschlagen*, dem Text, den sie schreiben*, der Schallplatte, die sie hören würden, ihrem Tag für Tag sich fortsetzenden Gespäch.
* "würden", pour éviter la répétition, est sous-entendu

■ VARIANTES
Das Leben wäre ohne Sorgen

Das Leben, das sie führen würden, wäre **ohne Sorgen** und **unkompliziert**. **Alle Pflichten**, alle Probleme, die das materielle Leben **ausmachen**, **würden sich wie von selbst erledigen**. Jeden Morgen wäre **eine Bedienerin** da.
Sie würden **ihre Post durchsehen, die Zeitungen auseinanderfalten**. Sie würden sich eine erste Zigarette anzünden. Sie würden **aus dem Haus gehen**. **Sie müßten ihrer Arbeit nur ein paar Stunden widmen, vormittags**. Zum Mittagessen wären sie dann wieder beisammen, sie würden **ein belegtes Brötchen** essen oder **gegrilltes Fleisch**, je nach Laune ; dann würden sie auf einer Terrasse einen Kaffee trinken und nach Hause gehen, zu Fuß, **langsam / ohne sich zu beeilen /**.
Ihre Wohnung wäre selten aufgeräumt, aber gerade diese Unordnung würde **ihren Reiz ausmachen**. Sie würden sich kaum **um sie kümmern**, sie würden **einfach** in ihr leben. Die gemütliche Atmosphäre wäre **eine Gegebenheit, ein Zustand, ein Merkmal ihrer eigenen Natur**. Sie würden **ihre Aufmerksamkeit auf andere Dinge lenken** : auf das Buch, das sie aufschlagen, den Text, den sie schreiben würden, auf die Schallplatte, die sie **sich anhören** würden, auf ihr jeden Tag **wieder aufgenommenes / weitergeführtes / Gespräch**.

■ CONTROLEZ/RETENEZ

→ Tous les problèmes qu'implique la vie matérielle.
   Alle Probleme, die das materielle Leben mit sich bringt.
→ Leur travail ne les retiendrait que quelques heures.
   Ihre Arbeit würde sie nur einige Stunden lang in Anspruch nehmen.
→ Il a déjeuné d'un sandwich.
   Er hat zu Mittag nur ein Sandwich gegessen.
→ Leur appartement serait rarement en ordre, mais ce désordre même serait son plus grand charme.
   Ihre Wohnung wäre selten aufgeräumt, aber gerade diese Unordnung wäre das Reizvollste an ihr.
→ Leur vigilance serait ailleurs.
   Ihre Aufmerksamkeit würde anderen Dingen gelten.
   Sie würden ihre Aufmerksamkeit auf andere Dinge lenken.

9. LE STYLO À BILLE

Elle ne voulait pas entendre parler de stylo à bille, dont l'apparition avait enthousiasmé papa, au point qu'il en faisait partout l'éloge. Il y avait vu une sorte de libération, le progrès secouant une fois de plus le joug de la servitude. Fini les stylos dont l'encre coulait dans la poche intérieure de ses vestes, tachait les manchettes de ses chemises. Les représentants de commerce, ces irrigateurs de la modernité, pariaient sur l'innovation. Il avait bien essayé de convaincre sa tante que c'était l'avenir, que bientôt même ses élèves l'emploieraient, qu'on avait bien abandonné la plume d'oie au profit de la plume métallique, qui n'avait d'ailleurs plus rien d'une plume, qu'il fallait vivre avec son temps. Mais la petite tante, qui estimait avoir fait et bien fait le sien, était restée sourde aux arguments de son neveu. Incorruptible. Pour elle, le stylo à bille ouvrait une ère de décadence (...), c'était le cheval de Troie gros des quatre cavaliers de l'Apocalypse, une sorte de Babel terminal où s'anéantiraient la langue et le monde. Car la langue était de l'ordre de la Création, c'est-à-dire du divin. Le sort de l'humanité tenait en équilibre sur la pointe d'une plume Sergent-major.

Jean Rouaud, Les Champs d'Honneur, Ed. de minuit, 1990

■ LES MOTS

le stylo à bille	der Kugelschreiber (-)
le stylo à encre	die Füllfeder (-n), der Füller (-)
la plume métallique ; la plume d'oie	die Stahlfeder ; die Gänsefeder, der Gänsekiel
s'enthousiasmer pour. ; l'enthousiasme	sich begeistern für (+A) ; die Begeisterung
faire l'éloge de qqch	etwas loben, eine Lobrede halten (ie, a) auf (+A)
secouer le joug	das Joch ab/schütteln
mettre qqn sous le joug	jdn unterjochen
la servitude	die Knechtschaft, der Zwang (-¨e)
la poche intérieure	ici : die Brusttasche (-n)
le représentant de commerce	der Handelsvertreter (-) / der Handelsreisende (Adj)
parier sur qqch	auf etwas (A) wetten / setzen / schwören (o, o)
abandonner ; renoncer à	etwas auf/geben (a, e) ; auf etwas (A) verzichten
rester sourd à qqch	einer Sache (D) gegenüber taub bleiben (ie, ie)
faire la sourde oreille	sich taub stellen
le neveu / la nièce	der Neffe (-n) ; die Nichte (-n)
être incorruptible	unbestechlich / unerschütterlich / standhaft / sein, ici : sich nicht umstimmen lassen (ie, a)
l'ère	das Zeitalter, die Ära
la décadence	der Verfall, die Dekadenz, der Untergang
le cheval de Troie	das Trojanische Pferd
le cavalier	der Reiter (-)
s'anéantir	unter/gehen (i, a, ist))
le sort de l'humanité	das Schicksal der Menschheit (die Menschheit)
tenir en équilibre	balancieren
la pointe	die Spitze (-n)

■ MAIS ENCORE

j'en ai entendu parler	ich habe davon gehört
je ne veux pas en entendre parler	ich will davon nichts wissen
au point que ...	so sehr, daß ...
fini les stylos	vorbei die Zeit der Füllfedern
au profit de	zugunsten (+G)
être de l'ordre de ...	gehören zu (+D), in den Bereich (+G) gehören

■ TRADUCTION PROPOSEE
Der Kugelschreiber

Sie wollte nichts von diesem neumodischen Kugelschreiber wissen, von dem Papa sofort so begeistert war, daß er überall seine Vorzüge lobte. Er hatte ihn als eine Art Befreiung begrüßt : wieder einmal hatte der Fortschritt das Joch der Knechtschaft abgeschüttelt. Vorbei die Zeit der Füllfedern, deren Tinte in die Brusttasche seiner Jacken sickerte, vorbei die Zeit der ewigen Tintenflecken auf den Manschetten seiner Hemden. Die Handelsreisenden, diese Wanderprediger der Modernität, schworen auf die neue Errungenschaft. Er hatte wohl versucht, seine Tante davon zu überzeugen, daß der Kugelschreiber die Zukunft bedeutete, daß bald auch ihre Schüler ihn benutzen würden, daß man ja auch die Gänsefeder zugunsten der Stahlfeder, die übrigens gar nicht mehr wie eine Feder aussah, aufgegeben habe, daß man eben mit der Zeit gehen müsse. Aber die kleine Tante, die meinte, ihre Zeit reichlich und redlich gelebt zu haben, war den Argumenten ihres Neffen gegenüber taub geblieben. Sie war nicht umzustimmen. In ihren Augen begann mit dem Kugelschreiber ein Zeitalter des Verfalls (...), er war das Trojanische Pferd, das mit den vier Apokalyptischen Reitern schwanger ging, eine Art endgültiges Babel, der Untergang der Sprache und der Welt. Denn die Sprache gehörte in den Bereich der Schöpfung, das heißt des Göttlichen. Das Schicksal der Menschheit balancierte auf der Spitze einer Stahlfeder der Marke Sergent-major.

■ VARIANTES
Der Kugelschreiber

Sie wollte nichts von diesem Kugelschreiber wissen, **der Papa von Anfang an so sehr begeistert hatte, daß er nicht umhin konnte, ihn überall zu loben / daß er allerorts Lobreden über ihn hielt /**. Er hatte **in ihm** eine Art Befreiung **gesehen, ein weiteres Beispiel für den Fortschritt, der uns nach und nach vom Joch der Knechtschaft erlöste**. Vorbei die Zeit **der klecksenden Füllfedern, der ewigen Tintenflecken** in der Brusttasche seiner Jacken und auf den Manschetten seiner Hemden. Die **Handelsvertreter, diese Irrigatoren** der Modernität, **wetteten auf / diese Neuheit / setzten auf / diese Erfindung /**. Er hatte **zwar** versucht, seine Tante davon zu überzeugen, daß der Kugelschreiber die Zukunft bedeute, daß **in absehbarer Zeit** auch ihre Schüler ihn benutzen würden, daß **ja auch der Gänsekiel der Stahlfeder, die übrigens nur noch dem Namen nach eine Feder war, habe den Vorrang lassen müssen / habe weichen müssen /**, daß man eben mit der Zeit gehen müsse. Doch die kleine Tante, **die der Meinung war,** ihre Zeit reichlich und redlich **hinter sich gebracht zu haben, hatte kein Ohr für die Argumente ihres Neffen. Sie blieb standhaft / unbestechlich / unverführbar /.** Für sie leitete der Kugelschreiber eine Ära des Untergangs ein, er war das Trojanische Pferd, **das die Apokalyptischen Reiter in seinen Flanken barg**, er war eine Art endgültiges Babel, **wo sich das Ende der Welt und der Sprache vollziehen würde**. Denn die Sprache **gehörte zur** Schöpfung, das heißt zum Göttlichen **/ Denn die Sprache war Bestandteil der Schöpfung, also des Göttlichen /**. Das Schicksal der Menschheit balancierte auf der Spitze einer Stahlfeder der Marke Sergent-major.

■ CONTROLEZ / RETENEZ

→ Elle ne voulait pas entendre parler de ce stylo à bille.
 Sie wollte nichts von diesem Kugelschreiber wissen.

→ Fini les stylos qui tachaient les vestes et les manchettes.
 Vorbei die Zeit der Füllfedern, der ewigen Tintenflecken auf den Jacken und den Manschetten.

→ Il avait bien essayé de convaincre sa tante qu'il fallait vivre avec son temps.
 Er hatte wohl versucht, seine Tante davon zu überzeugen, daß man mit der Zeit gehen müsse.

10. LUTTE CONTRE LA DROGUE ?

La côte de Makran s'étend sur quelque 1200 km, allant de Karachi, la deuxième ville du Pakistan, jusqu'à la frontière iranienne, qu'elle enjambe, la ligne blanche de la barre formant la seule séparation entre les sables gris du désert du Belouchistan et le bleu de la mer d'Oman. Les spécialistes de la drogue pensent que près des trois quarts de l'approvisionnement de l'Europe en héroïne quitte le Pakistan par cette côte. Ils l'appellent "la plus grande zone de libre-échange de la drogue dans le monde".

De gracieux dhaws arabes cabotent entre leurs ports d'origine dans le golfe et la côte de Makran, transportant chaînes stéréo, climatiseurs et télévisions pour assouvir l'appétit insatiable du Pakistan à l'égard de ces symboles de la consommation. Puis ils repartent chargés d'héroïne et de résine de cannabis, afin de répondre aux besoins des utilisateurs européens. Un de ces dhaws a été saisi l'automne dernier avec, dans ses flancs, trente tonnes de cannabis. Mais la majeure partie passe sans être repérée.

La drogue est cultivée dans le "croissant d'or", une zone montagneuse, aride et rocailleuse, où le Pakistan, l'Iran et l'Afghanistan se rencontrent. Cette région est peuplée de tribus pachtouns qui ne connaissent d'autre autorité que celle des vieux du village et n'ont que faire des frontières nationales. Parmi les cultures locales, seules deux sont suffisamment rentables à l'exportation : l'opium et le cannabis.

Libération, 4 mars 1991

■ LES MOTS

la drogue	die Droge (-n), das Rauschgift
le drogué	der Drogen- / Rauschgiftsüchtige (Adj.)
la lutte contre la drogue	die Drogenbekämpfung
le trafic de drogue	der Drogenhandel, der Drogenschmuggel
la côte	die Küste (-n)
la barre, la barrière	die Schranke (-n), der Schlagbaum (-¨e)
l'approvisionnement (en ...)	die Versorgung (mit +D)
l'héroïne ; l'opium ; le pavot	das Heroin ; das Opium ; der (Schlaf)mohn
la résine	das Harz
le cannabis ; le chanvre ; le hachich	der Cannabis ; der Hanf ; der Haschisch
la zone de libre-échange	die Freihandelszone (-n)
le port	der Hafen (-¨)
la chaîne stéréo	die Stereoanlage (-n)
insatiable	unersättlich
le besoin	das Bedürfnis (-sse) nach (ein B. befriedigen) der Bedarf (sg.) an +D (den Bedarf decken)
saisir ; la saisie ; une prise	beschlagnahmen ; die Beschlagnahme ; ein Fang (der Fang, -¨e)
cultiver ; la culture (de)	an/bauen ; der Anbau (von +D)
aride	öde, karg, dürr
la tribu	der Stamm (-¨e)
être rentable	rentabel sein, sich lohnen (es lohnt sich)

■ MAIS ENCORE

près de trois quarts	nahezu drei Viertel, fast drei Viertel
la majeure partie	der Großteil
c'est suffisamment rentable	das ist rentabel genug ("genug" après l'adj. !)
il a suffisamment d'argent	er hat genug Geld
tu as suffisamment parlé maintenant	du hast jetzt genug geredet

■ TRADUCTION PROPOSEE
Drogenbekämpfung ?

Die Makrân-Küste erstreckt sich über etwa 1200 km ; sie beginnt bei Karachi, der zweitgrößten Stadt Pakistans, geht bis zur iranischen Grenze und setzt sich jenseits dieser Grenze fort, wobei der weiße Schlagbaum die einzige Trennungslinie zwischen den grauen Sandhügeln der Wüste des Belutschistan und den blauen Wassern des Golfs von Omân bildet. Die Drogenexperten vermuten, daß nahezu drei Viertel der Heroinversorgung Europas über diese Küste Pakistan verlassen. Sie nennen sie "die weltweit größte Freihandelszone für Drogen".

Zierliche arabische Dhaws fahren zwischen ihren Heimathäfen am Golf und der Makrân-Küste hin und her, transportieren Stereo- und Klimaanlagen sowie Fernsehgeräte, um die unersättliche Nachfrage Pakistans nach diesen Symbolen der Konsumgesellschaft zu befriedigen. Und sie fahren vollgeladen mit Heroin und Cannabisharz wieder ab, um den Bedarf der europäischen Verbraucher zu decken. Eines dieser Dhaws wurde im letzten Herbst beschlagnahmt : man fand dreißig Tonnen Heroin in seinem Rumpf. Aber der Großteil kommt durch, ohne entdeckt zu werden.

Angebaut wird die Droge im "goldenen Halbmond"*, einer kargen und steinigen Gebirgsgegend, wo Pakistan, der Iran und Afghanistan aneinandergrenzen. Es leben hier Paschtun-Stämme, die keine andere Autorität kennen als die der Dorfältesten und für die Staatsgrenzen nicht das Geringste bedeuten. Nur für zwei der hier angebauten Pflanzen lohnt sich die Ausfuhr wirklich : für Opium und Cannabis.

* par analogie au "Croissant-Rouge" (der rote Halbmond), équivalent, pour les pays musulmans, de la Croix-Rouge

■ VARIANTES
Drogenbekämpfung ?

Die Makrân-Küste **ist etwa 1200 km lang, reicht zunächst von** Karachi, der zweitgrößten Stadt Pakistans, **bis zur Grenze des Iran und setzt sich dann jenseits dieser Grenze fort**, wobei **die weiße Schranke / der weiße Grenzbalken /** die einzige Trennungslinie zwischen den grauen Sandhügeln der belutschistanischen Wüste und den blauen Wassern des Golfs von Omân bildet. **Die Drogenfachleute nehmen an / denken /**, daß nahezu drei Viertel der Drogenversorgung Europas **an dieser Küste aus Pakistan geschmuggelt werden / von dieser Küste aus Pakistan verlassen /**. Sie nennen sie "die größte Freihandelszone für Drogen **der Welt**". Zierliche arabische Dhaws **kommen** von ihren Heimathäfen am Golf **an diese Küste, legen an und entladen** Stereo-und Klimaanlagen sowie Fernseher, um **das schier unstillbare Bedürfnis Pakistans nach diesen symbolischen Konsumgütern / nach diesen Konsumsymbolen /** zu befriedigen. Und **für die Rückfahrt laden sie** Heroin und Cannabisharz, **um den Ansprüchen** der europäischen Verbraucher **gerecht zu werden**. Letzten Herbst wurde eines dieser Dhaws **gefaßt, sein Rumpf barg** dreißig Tonnen Cannabis. **Aber die meisten kommen durch, ohne erwischt zu werden /** aber die meisten **kommen unbehelligt durch /**. **Das Anbaugebiet** der Droge ist der "goldene Halbmond", **eine trockene und felsige Gebirgsgegend**, wo Pakistan, der Iran und Afghanistan **ein Dreiländereck bilden. Die Bevölkerung** dieser Gegend **besteht aus** Paschtu-Stämmen, **deren einzige Autorität** die der Dorfältesten ist, und die Staatsgrenzen **gar nicht erst zur Kenntnis nehmen / und denen die Staatsgrenzen völlig gleichgültig sind /. Der lokale Anbau liefert nur zwei wirklich rentable Ausfuhrprodukte :** Opium und Cannabis.

■ CONTROLEZ / RETENEZ

→ La drogue est cultivée dans le "croissant d'or", une région montagneuse aride.
Die Droge wird im "goldenen Halbmond", einer trockenen Gebirgsgegend, angebaut.

11. LE COLLÈGE DE FRANCE

Le Collège de France est la seule institution de tout le système éducatif national à ne pas connaître son public. On ne sait pas, par essence, qui il est. Car on ne s'inscrit pas au Collège de France, on n'y traque pas l'UV rebelle, on n'y donne pas de diplôme, on n'y oppose aucune règle d'âge, de sexe ou de religion. Les cours du Collège de France ne servent à rien de ce qui fait l'ordinaire de nos universitaires. Les notes, les travaux pratiques, les travaux dirigés, les mémoires et, en général, tous les instruments de torture qui émaillent le cursus universitaire, tout ce fatras est superbement ignoré par l'institution de la place Marcellin-Berthelot. Du coup, il suffit de pousser la porte, de trouver une place assise, d'écouter. Le gai savoir, celui qui n'est pas seulement utile mais surtout agréable, est là.

Cette "philosophie" est d'origine royale. Constatant l'incapacité de la Sorbonne à s'adapter au vent nouveau de la Renaissance, chagriné qu'on n'y parlât que le latin, François Ier décida, en 1530, la création d'un collège, où (...) les Anciens seraient lus en version originale. Pour ne pas effaroucher la toute-puissante Sorbonne, on convint que le Collège de France serait ouvert à tous, qu'il ne pourrait décerner de diplômes et que son rôle tiendrait dans l'enseignement des derniers errements de la recherche. (...) Le Collège de France est toujours tel que l'a voulu la royauté (...) : "c'est l'enseignement non de ce que l'on sait mais de ce que l'on cherche."

Libération, 13 mars 1991

■ LES MOTS

le système éducatif	das Erziehungs- / Unterrichtswesen
le public	das Publikum, die Hörer (pl.) (université)
la salle de cours, l'amphi	der Hörsaal (pl. die Hörsäle)
s'inscrire	sich ein/schreiben (ie, ie), immatrikulieren (univ.)
le cours d'université	die Vorlesung (-en)
faire un cours	eine Vorlesung halten (ie, a)
suivre un cours	einer Vorlesung bei/wohnen
l'UV (unité de valeur)	die BE (Bewertungseinheit)
le diplôme ; la note	das Diplom (-e) ; die Zensur (-en)
l'universitaire	der Akademiker, ici : der Student (-en, -en)
le mémoire	die Diplomarbeit (-en)
les travaux dirigés	das Tutorium (-ien), das Seminar (-e)
la torture	die Folter
le cursus universitaire ; les études	der Studiengang (-¨e) ; das Studium (sg. !)
le fatras	der Kram, der Plunder
le gai savoir	"die fröhliche Wissenschaft" (Nietzsche)
s'adapter à	sich an/passen an (+D)
la création	ici : die Gründung (-en)
les Anciens	die Alten (Griechen, Römer ...)
effaroucher qqn	jdn beunruhigen, jdn ängstigen
l'errement	der Irrweg (-e), die Irrungen (pl.)
la recherche ; chercher	die Forschung ; suchen, forschen (nach +D)

■ MAIS ENCORE

par essence	prinzipiell, dem Wesen nach
en général	allgemein, im allgemeinen, überhaupt
il suffit de (+ inf.)	man braucht nur zu (+ inf.)
pas seulement ..., mais surtout ...	nicht nur ..., sondern vor allem auch ...
il est toujours tel que...	er ist immer noch / auch heute noch / so, wie ...

■ TRADUCTION PROPOSEE
Das Collège de France

Das Collège de France ist die einzige Institution im gesamten französischen Unterrichtswesen, die ihr Publikum nicht kennt. Es gehört zum Wesen dieses Instituts, daß man nicht weiß, wer seine Hörer sind. Denn man immatrikuliert nicht im Collège de France, man läuft hier nicht hinter der hartnäckigen BE her, hier werden keine Diplome vergeben, die Aufnahme unterliegt keinerlei Regelung nach Alter, Geschlecht oder Religion. Die Vorlesungen lassen sich zu keiner der Alltagsfreuden verwenden, die normalerweise unseren Universitätsbetrieb ausmachen. Zensuren, Übungen, Tutorien, Diplomarbeiten, und ganz allgemein alle jene Folterinstrumente, an denen das Studium so reich ist, dieser ganze Kram wird von der Institution am Marcellin-Berthelot-Platz souverän ignoriert. (...) So daß man nichts anderes zu tun braucht als eine Tür zu öffnen, sich einen Sitzplatz zu suchen, und zuzuhören. Die fröhliche Wissenschaft, die, welche nicht nur nützlich, sondern vor allem angenehm ist, hier findet man sie.

Diese "Philosophie" ist auf den Willen eines Königs zurückzuführen. Da nämlich Franz I. die Unfähigkeit der Pariser Universität erkannte, sich den neuen Ideen der Renaissance anzupassen, da es ihn schmerzte, daß dort nur Latein gesprochen wurde, beschloß er im Jahre 1530, ein Kollegium zu gründen, wo Hebräisch, Griechisch und Latein unterrichtet werden sollten, einen Ort also, wo die Alten in ihrer Originalsprache gelesen würden. Um aber die allgewaltige Sorbonne nicht zu beunruhigen, wurde bestimmt, daß dieses Collège de France allen offen stehen solle, daß es keine Diplome vergeben dürfe, und daß seine Aufgabe sich darauf zu beschränken habe, die neuesten Irrungen der Forschung zu lehren. (...) Noch heute entspricht das Collège de France genau dem Willen des Königs. (...) "Hier wird nicht unterrichtet, was man weiß, sondern das, wonach man eben forscht".

■ VARIANTES
Das Collège de France

Als einzige Institution im gesamten französischen Unterrichtswesen **kennt das Collège de France seine Hörer nicht. Man weiß prinzipiell nicht, um wen es sich handelt.** Denn man immatrikuliert nicht im Collège de France, es gibt dort **keine Jagd auf die hartnäckige Bewertungseinheit, man kann dort keine Diplome erwerben / man kann sich dort keine Diplome holen /, keine Regelung widersetzt sich der Aufnahme, welchen Alters, Geschlechts oder Glaubens man auch sei.** Die Vorlesungen im Collège de France **sind unbrauchbar für** all das, **was gewöhnlich** unseren Universitätsbetrieb **ausmacht / was zum Alltag unserer Akademiker gehört /.** Zensuren, Übungen, Seminare, **Magisterarbeiten und überhaupt** alle Folterinstrumente, welche den Studiengang an Universitäten **so abwechslungsreich machen,** dieser ganze Kram **wird** von der Institution am Marcellin-Berthelot-Platz **erst gar nicht zur Kenntnis genommen. Man braucht also nur in** einen Hörsaal **zu gehen,** sich einen Sitzplatz zu suchen, und zuzuhören. Die fröhliche Wissenschaft, die, nämlich, **welche nicht nur nützt, sondern vor allem Freude bereitet , ist hier zu finden / ist hier zu Hause /.**

Am Ursprung dieser "Philosophie" steht der Wille eines Königs. **Als nämlich Franz der Erste feststellte, wie unfähig** die Pariser Universität war, **der von der Renaissance eingeschlagenen Richtung zu folgen / auf die neuen Tendenzen der Renaissance einzugehen /,** und da es ihn **betrübte,** daß dort nur Latein gesprochen wurde, beschloß er im Jahre 1530 **die Gründung eines Kollegiums, eines Ortes,** wo Hebräisch, Griechisch und Latein unterrichtet und wo die Alten in ihrer Originalsprache gelesen werden sollten. Um aber die allmächtige Sorbonne nicht zu **erzürnen, einigte man sich darauf / kam man überein /,** daß dieses Collège de France **allen zugänglich sein** solle, daß es keine Diplome verleihen dürfe, **und daß seine Rolle darin zu bestehen habe, über die letzten Irrwege der** Forschung **zu berichten.** Heute noch ist das Collège de France **genau das, wozu es der König bestimmte / Das Collège de France entspricht immer noch dem Wunsch des Königs /** :"Hier wird nicht gelehrt, was man weiß, **sondern das, was gerade Gegenstand der Forschung ist"/.**

12. LAISSEZ-NOUS ÊTRE DES ENFANTS

Ils n'ont pas de porte-parole, pas de représentants, pas d'ambassades ni de délégations. Mais ils sont près de 2 milliards et forment le peuple le plus important de la planète : celui des enfants. Deux siècles après la Déclaration des droits de l'homme, on découvre qu'ils sont dignes aussi d'avoir des droits à eux. (...)

L'an dernier, l'ONU a édicté une Convention des droits de l'enfant que chaque pays est invité à ratifier. Ce 30 septembre aura lieu, à New York, un sommet mondial qui devrait réunir quelque 70 chefs d'État, pour aller encore de l'avant. Les premiers droits à reconnaître aux enfants sont élémentaires : la survie et peut-être ce luxe : une enfance.

Rien de commun, bien sûr, entre ce petit Indonésien croulant sous son fardeau et l'insouciante légèreté de l'écolier français*. Rien, si ce n'est que, s'ils vivaient dans le même monde, ils se reconnaîtraient les mêmes joies, les mêmes jeux, la même identité. En France aussi, d'ailleurs, il faudra modifier la législation pour se conformer à la Convention.

L'Express, août 1990

*Il est fait référence à deux photos accompagnant le texte.

■ LES MOTS

le porte-parole	der Wortführer (-), der Sprecher (-)
le représentant	der Vertreter (-)
l'ambassade	die Botschaft (-en) (= également : le message)
l'ambassadeur	der Botschafter (-)
la délégation	die Delegation (-en)
le peuple	das Volk (-¨er)
la planète	der Planet (-en, -en), ici : die Erde
la Déclaration des droits de l'homme	die Erklärung der Menschenrechte
être digne de	einer Sache (G) würdig sein, ici : ein Anrecht haben auf (+A)
le droit à	das Recht (-e) auf (+A)
tu n'y as pas droit	das steht dir nicht zu (zu/stehen, a, a +D)
l'ONU	die UNO (sigle anglais)
édicter une loi	ein Gesetz erlassen (ie, a) / verordnen
ratifier	ratifizieren, bestätigen, an/erkennen (a, a)
le sommet ; la rencontre au sommet	der Gipfel (-) ; das Gipfeltreffen (-)
mondial	international, weltweit (weltlich : laïc, profane !)
la peine	ici : die Mühe (-n), die Anstrengung (-en)
le fardeau	die Last (-en), die Bürde (-n)
se reconnaître qqch	sich (D) etwas (A) zu/erkennen (a, a)
modifier	ändern, verändern
la législation	die Gesetze (pl.), die Gesetzgebung
se conformer à	sich an/gleichen (i, i) an (+A)

■ MAIS ENCORE

l'an dernier (compl. temps)	letztes Jahr
ce 30 septembre (compl. temps)	am 30. (dreißigsten) September (dieses Jahres)
quelque 70 délégués	etwa 70 Abgeordnete
bien sûr	sicher, selbstverständlich
si ce n'est que	außer, daß ... ; es sei denn, daß ...
vivre dans le même monde	in derselben Welt leben
en France aussi	auch in Frankreich
d'ailleurs	übrigens, nebenbei gesagt

■ TRADUCTION PROPOSEE
Wir wollen Kinder sein dürfen !

Sie haben keinen Wortführer, keine Vertreter, weder Botschaften noch Delegationen. Dabei sind sie fast 2 Milliarden und bilden das zahlenmäßig bedeutendste Volk unseres Planeten : das der Kinder. Zwei Jahrhunderte nach der Erklärung der Menschenrechte wird man sich bewußt, daß auch sie Anspruch auf eigene Rechte haben.

Im vergangenen Jahr hat die UNO eine Konvention der Rechte des Kindes verordnet, die von jedem Land anerkannt werden soll. Am 30. September wird in New York ein internationales Gipfeltreffen stattfinden, zu dem etwa 70 Staatschefs erwartet werden, die gemeinsam versuchen sollen, noch weiter zu gehen. Die ersten Rechte, die einem Kind zugestanden werden müssen, sind elementar : es handelt sich um das Recht auf Überleben, und vielleicht um diesen Luxus : das Recht auf eine Kindheit.

Sicher, dieser kleine Indonesier, der unter seiner Last fast zusammenbricht, und dieses französische Schulkind in seiner unbeschwerten Sorglosigkeit sind nicht vergleichbar. Eben. Würden sie nämlich in derselben Welt leben, würde man ihnen dieselben Freuden, dieselben Spiele, dieselbe Identität zuerkennen. Auch in Frankreich wird übrigens eine Änderung der Gesetze erforderlich sein, damit sie der Konvention entsprechen.

■ VARIANTES
Laßt uns Kinder sein !

Sie haben keinen Wortführer, keine Vertreter, **keine** Botschaften noch Delegationen. Und doch sind sie fast 2 Milliarden und bilden **das größte Volk der Erde** : das der Kinder. Zwei Jahrhunderte nach der Erklärung der Menschenrechte **entdeckt** man, daß auch sie **würdig sind**, eigene **Rechte zu beanspruchen / daß auch ihnen eigene Rechte zustehen /**.
Letztes Jahr hat die UNO eine Konvention verordnet, **deren Ratifizierung** von jedem Land **erwünscht wird / die anzuerkennen jedes Land aufgefordert ist /**. Am 30. September wird in New York eine **Weltgipfelkonferenz** stattfinden, bei der etwa 70 Staatschefs **zusammenkommen sollen, um weitere Perspektiven zu öffnen**. Die ersten Rechte, **auf die ein Kind Anspruch haben** soll, sind elementar : es ist das Recht auf Überleben und vielleicht dieser Luxus : das Recht auf eine Kindheit.
Sicher, **zwischen der Anstrengung dieses unter seiner Last fast zusammenbrechenden kleinen Indonesiers und der unbeschwerten Sorglosigkeit des französischen Schulkinds liegen Welten**. Eben : lebten sie nämlich in derselben Welt, **hätten** sie dieselben Freuden, dieselben Spiele, dieselbe Identität **//**. Sicher, dieser kleine Indonesier, der unter seiner Last fast zusammenbricht, und dieses französische Schulkind in seiner unbeschwerten Sorglosigkeit **haben nichts gemein. Nichts, außer daß sie** dieselben Freuden, dieselben Spiele, dieselbe Identität **beanspruchen könnten, wenn sie** in derselben Welt lebten **//**. Auch in Frankreich wird man übrigens **die Rechtsvorschriften ändern** müssen, **um sie der Konvention anzugleichen.**

■ CONTROLEZ/ RETENEZ

→ Ils sont près de 2 milliards et forment le peuple le plus important de la planète.
Sie sind fast 2 Milliarden und bilden das größte Volk der Erde.

→ On découvre qu'ils sont dignes, eux aussi, d'avoir des droits à eux.
Man wird sich bewußt, daß auch sie Anspruch auf eigene Rechte haben.

→ Le 30 septembre aura lieu à New York un sommet mondial.
Am 30. September wird in New York ein internationales Gipfeltreffen stattfinden.

→ En France aussi, d'ailleurs, il faudra modifier la législation.
Auch in Frankreich wird man übrigens die Rechtsvorschriften ändern müssen.

13. LA CÔTE D'AZUR

Même si les Aoûtiens ont plié bagage, la Côte d'Azur continue de se prélasser dans une eau encore chaude, et sous un soleil qui joue les prolongations. Un argument de plus pour la gent immobilière, qui peut, cette année, afficher une saison estivale de presque 6 mois. Et si cet hiver la neige est au rendez-vous dans les stations de ski toutes proches, l'acheteur aura vraiment rentabilisé son investissement loisir. (...)

Les Européens sont à juste titre une cible privilégiée des promoteurs immobiliers, car la Côte d'Azur a tout pour les séduire. Un climat agréable, des paysages dont il n'est plus nécessaire de vanter la beauté exceptionnelle, et un potentiel sports et loisirs d'une grande diversité, sans parler des charmes d'un arrière-pays aussi vivant que proche. (...)

La Côte d'Azur reste facile d'accès. Le réseau autoroutier est très dense et en prise avec le réseau européen, le TGV gagne inexorablement du terrain même s'il ne fait pas toujours l'unanimité, quant à l'aéroport de Nice, c'est tout de même le deuxième aéroport français. (...) Tous ces atouts justifient l'ambition de la Côte d'Azur de s'imposer comme "la" métropole d'avenir.

L'Express, septembre 1990

■ LES MOTS

la Côte d'Azur	die französische Riviera
plier bagage	die Koffer packen, ab/reisen
les bagages	das Gepäck (sg.)
se prélasser	faulenzen, es sich bequem machen
la gent	das Volk, die Leute
afficher	an/schlagen (u, a), vor/weisen (ie, ie), verbuchen
avoir rentabilisé son investissement	seine Investition rentabilisiert haben, auf seine Rechnung gekommen sein
la cible	die Zielscheibe (-n) (das Ziel, -e : le but)
le promoteur	der Bauträger, der Bauherr (-n, -en)
séduire qqn	jdn. verführen, verlocken
vanter	loben, rühmen, preisen (ie, ie)
la diversité	die Vielfalt, die Vielfältigkeit (-en)
l'arrière-pays	das Hinterland (sg.)
le réseau routier	das Straßennetz (-e)
être en prise avec	angeschlossen sein (an +A), verbunden sein (mit)
le TGV	der Hochgeschwindigkeitszug (-¨e), der TGV
inexorablement	unaufhaltsam, unausweichlich, unweigerlich
faire l'unanimité	die allgemeine Zustimmung erlangen
l'atout	der Trumpf (cartes), der Vorzug (-¨e)
justifier	rechtfertigen
l'ambition	der Ehrgeiz (sg.)
s'imposer	sich behaupten, sich durch/setzen
un métier d'avenir	ein Zukunftsberuf, ein aussichtsreicher Beruf

■ MAIS ENCORE

à juste titre	zu Recht, mit Recht, mit gutem Recht
sans parler de	ganz zu schweigen von (+D)
quant à ...	was (+A) betrifft, ...
même si	auch wenn ..., selbst wenn ...
tout de même	immerhin
comme, en tant que	als

■ TRADUCTION PROPOSEE
Die französische Riviera

Daß die Urlauber wieder ihre Koffer gepackt haben, hindert die Riviera keineswegs daran, in einem noch sommerlich warmen Wasser und unter einer Sonne, die nicht von der Bühne will, genießerisch weiterzudösen. Ein zusätzliches Argument für die Immobilienbranche, die dieses Jahr eine Sommersaison von fast 6 Monaten vorweisen kann. Und wenn sich diesen Winter in den ganz nahegelegenen Schistationen auch noch der Schnee einstellt, hat sich die Investition für den Käufer einer Ferienwohnung wirklich gelohnt. (...)

Die Europäer sind zu Recht eine privilegierte Zielgruppe der Bauherren, denn die Riviera hat alles, was das Herz begehrt : ein angenehmes Klima, eine Landschaft, deren außergewöhnliche Schönheit man nicht mehr zu rühmen braucht, und vielseitige Möglichkeiten im Bereich Erholung und Sport, ganz zu schweigen von den Reizen des ebenso lebendigen wie nahen Hinterlands. (...)

Die französische Riviera ist nach wie vor bequem zu erreichen. Ein dichtes Autobahnnetz ist direkt an das europäische Straßennetz angeschlossen, der Hochgeschwindigkeitszug setzt sich unaufhaltsam durch, auch wenn er sich nicht immer der allgemeinen Zustimmung erfreut, und was den Flughafen von Nizza betrifft, so ist er immerhin der zweitgrößte Frankreichs. (...) Alle diese Vorzüge rechtfertigen den Ehrgeiz der französischen Riviera, sich als "die" Metropole der Zukunft zu behaupten

■ VARIANTES
Die französische Riviera

Auch wenn die Sommergäste wieder ihre Koffer gepackt haben, **läßt es sich** die Riviera in einem noch warmen Wasser und **unter einer unbeirrt sommerlichen Sonne weiter gut gehen. Das ist** ein zusätzliches Argument für die **Immobilienmakler**, die dieses Jahr stolz eine Sommersaison von fast 6 Monaten **verbuchen** können. **Und sollte es** kommenden Winter in den ganz nahegelegenen **Wintersportstationen** dann auch noch **Schnee geben, ist der Käufer** einer Ferienwohnung wirklich **auf seine Kosten gekommen.**

Mit gutem Recht sind die Europäer eine privilegierte Zielgruppe der **Baulöwen**, denn die Riviera **kann mit allen Verlockungen aufwarten** : mit einem angenehmen Klima, einer Landschaft, deren außergewöhnliche Schönheit man nicht mehr **unter Beweis zu stellen braucht** / deren außergewöhnliche Schönheit **längst allen bekannt ist** / , und ein vielseitiges **Potential an** Erholungs- und Sportmöglichkeiten, ganz zu schweigen von dem **reizvollen**, ebenso lebendigen wie nahen Hinterland.

Die französische Riviera ist nach wie vor **leicht** zu erreichen. **Die zahlreichen Autobahnen** sind direkt mit dem europäischen Straßennetz **verbunden**, der TGV **gewinnt unaufhaltsam an Bedeutung**, auch wenn nicht alle **damit einverstanden sind / auch wenn er nicht immer willkommen ist / auch wenn nicht alle dafür sind /**, und schließlich ist der Flughafen von Nizza immerhin der zweitgrößte Frankreichs. (...) Alle diese Vorzüge rechtfertigen den Ehrgeiz der französischen Riviera, sich als "die" Metropole von morgen **durchzusetzen.**

■ CONTROLEZ / RETENEZ

→ La Côte d'Azur a pu, cette année, afficher une saison estivale de presque 6 mois.
Die französische Riviera konnte dieses Jahr eine Sommersaison von fast sechs Monaten verbuchen.

→ Le réseau routier est très dense et en prise avec le réseau européen.
Das sehr dichte Straßennetz ist direkt an das europäische Verkehrsnetz angeschlossen.

→ Quant à l'aéroport de Nice, c'est tout de même le deuxième aéroport français.
Was den Flughafen von Nizza betrifft, so ist er immerhin der zweitgrößte Frankreichs.

14. LA LESSIVE QUI LAVE PLUS MUET

La publicité de produits de grande consommation est avare en innovations. Loi du marché oblige. Quand on veut toucher le plus grand nombre, mieux vaut ne pas céder à la fantaisie. Voilà pourquoi, lorsqu'une pub sort des sentiers battus, vous pouvez parier qu'il se passe quelque chose dans l'inconscient de la ménagère.

La dernière révolution ne vous a sûrement pas échappé: il y a quelques mois, pour la première fois, un lessivier a fait dans le ...muet. Pas une parole dans le film utilisé par Colgate pour relancer Gama. Aucune voix off ne vient soutenir les images. A la place du baratin habituel, des mots simples, forts, défilent sur fond noir. (...) La musique, le Concerto n° 2 pour violon et orchestre de Beethoven, réorchestré pour les besoins de la cause, accentue l'effet dramatique. (...) Dans le genre compact, Gama n'y va pas par quatre chemins. Adieu la rue, la lessive lourde et populaire, celle qui nettoie les tabliers des bouchers et qui ne coûte pas trop cher ! Gama compact s'adresse à une clientèle de femmes sophistiquées. Et choisit le silence pour se faire entendre.

Le Nouvel Observateur , août 1990

■ LES MOTS

la lessive (produit)	das Waschmittel (-), das Waschpulver
faire sa lessive ; le linge	seine Wäsche waschen (u, a) ; die Wäsche
être avare en ...	geizen mit (+D)
obliger qqn	jdn (zu etwas) verpflichten / zwingen (a, u)
le nombre	die Zahl (-en)
la fantaisie	die Phantasie, die Einfallskraft (sg)
sortir des sentiers battus	etwas Neues bringen (brachte, gebracht, die ausgetretenen Pfade verlassen (ie, a)
parier ; le pari	wetten ; die Wette (-n)
l'inconscient	das Unterbewußtsein
cela m'a échappé (je n'ai pas remarqué)	das ist mir entgangen
cela m'échappe (je ne m'en souviens plus)	das ist mir entfallen
cela m'a échappé des mains	das ist mir aus der Hand geglitten / gefallen
relancer un produit	ein Produkt neu lancieren, den Verkauf eines Produkts an/kurbeln (das Produkt, -e)
soutenir	unterstützen, stützen, ici : untermalen
le baratin	das Geplapper (sg.), das Geschwätz
défiler	vorbei/ziehen, vorüber/ziehen (zog, ist gezogen)
le fond, l'arrière-plan	der Hintergrund
dans le genre	in der Art, in der Kategorie
lourd	ici : plump, handfest
populaire	volkstümlich, für jedermann
le tablier	die Schürze (-n) (femmes), der Schurz (-e)
le boucher	der Metzger (-), der Fleischer (-)
sophistiqué	anspruchsvoll, vornehm

■ MAIS ENCORE

mieux vaut (+inf)	es ist besser, ... zu ... ; man tut besser daran, ... zu
le plus grand nombre (possible) de	die größtmögliche / höchstmögliche Zahl von
à la place de	statt (+G)
il n'y va pas par quatre chemins	er geht aufs Ganze, er ist direkt / offen
se faire entendre	sich Gehör verschaffen, gehört werden

■ TRADUCTION PROPOSEE
Das Waschmittel, das wortlos wäscht

Die Werbung für Massenkonsumartikel geizt mit Neuerungen. Der Markt hat zwingende Gesetze. Wer das breiteste Publikum ansprechen will, tut besser daran, seine Einfallskraft zu zügeln. Wenn also eine Werbung radikal Neues bringt, können Sie wetten, daß im Unterbewußtsein der Hausfrau etwas vorgeht.

Die letzte Revolution ist Ihnen sicher nicht entgangen : vor einigen Monaten hat ein Waschmittelhersteller zum ersten Mal beschlossen, zu ... schweigen. Der Film, mit dem Colgate "Gama" neu lanciert, ist stumm. Die Bilder werden von keiner "off"- Stimme untermalt. Statt des gewohnten Geplappers ziehen einfache, prägnante Worte auf schwarzem Hintergrund vorüber ; (...) Die Musik, das für den besonderen Bedarf neu orchestrierte Violinkonzert N° 2 von Beethoven, erhöht noch den dramatischen Effekt. (...)

In der Kategorie der konzentrierten Waschmittel geht "Gama" aufs Ganze. Vorbei die Gama-Straße, das plumpe Waschmittel für jedermann, welches die Schürzen der Metzger sauber bekommt und nicht zu viel kostet ! "Gama compact" spricht eine Zielgruppe an, die aus anspruchsvollen Frauen besteht. Und verzichtet auf Worte, um gehört zu werden.

■ VARIANTES
Noch leiser – noch weißer

Die Werbung für **gängige Konsumgüter** / für **Güter des tägliches Bedarfs** / geizt mit **Innovationen. Marktgesetze sind verpflichtend** / **Das Gesetz des Marktes ist unumgänglich** /. Wer die größtmögliche Zahl von Verbrauchern erreichen will, zieht es vor, seiner Phantasie **Grenzen zu setzen** / **seiner Phantasie die Flügel zu stutzen** /. Wenn also eine Werbung **die ausgetretenen Pfade verläßt**, können Sie wetten, daß im Unterbewußtsein der Hausfrau etwas vorgeht. Die letzte Revolution ist Ihnen sicher nicht entgangen : vor einigen Monaten hat ein Waschmittelhersteller zum ersten Mal beschlossen, zu ... schweigen. **Kein einziges Wort, um den Film, mit dem Colgate den Verkauf von "Gama" ankurbelt, zu kommentieren. Keine "off"-Stimme, um die Bilder zu begleiten.** Statt des gewohnten **Wortschwalls** ziehen einfache, **einprägsame** Worte auf schwarzem Hintergrund vorüber. Die Musik – **es handelt sich um das für diesen Zweck** neu orchestrierte Violinkonzert N° 2 von Beethoven – **unterstreicht** / **betont** / noch **die theatralische Wirkung**.

In der Kategorie der Waschmittelkonzentrate **läßt "Gama" sich nicht auf Halbheiten ein** / **ist "Gama" direkt und unzweideutig** /. Die Gama-Straße und das **handfeste Waschpulver** für jedermann, welches die Schürzen der Metzger sauber bekommt und **nicht zu teuer** ist, haben ausgespielt. **Die neue Kundin von "Gama compact" ist die anspruchsvolle Frau** / **Die Zielgruppe, an die "Gama compact" sich wendet, besteht aus Frauen der anspruchsvollen Sorte** /. Und "Gama" **wählt das Schweigen, um sich Gehör zu verschaffen**.

■ CONTROLEZ/ RETENEZ

- → La publicité de produits de grande consommation est avare en innovations.
  Die Werbung für Massenkonsumartikel geizt mit Neuerungen.
- → La dernière révolution ne vous a sûrement pas échappé.
  Die letzte Revolution ist Ihnen sicher nicht entgangen.
- → Dans le genre compact, "Gama" n'y va pas par quatre chemins.
  In der Kategorie der Konzentrate geht "Gama" aufs Ganze.
- → Désormais, "Gama" s'adresse à une clientèle de femmes sophistiquées.
  Die neue Kundin von "Gama" ist die anspruchsvolle Frau.
- → "Gama" choisit le silence pour se faire entendre.
  "Gama" verzichtet auf Worte, um gehört zu werden.

15. LA SURABONDANCE D'INFORMATIONS

Les médias constituent le meilleur système d'information que l'on puisse concevoir. Un tissu serré couvre la surface du globe, capte et transmet immédiatement l'événement. Enquêteurs et journalistes font leurs plongées dans les problèmes qui surgissent au sein des sociétés. A chaque instant, nous avons la possibilité de voir / savoir ce qui se passe. Nous pouvons avoir quotidiennement connaissance de l'histoire qui se fait. La planète Terre est devenue l'orange bleue que nous pouvons contempler à tout moment. Et pourtant, cette planète nous apparaît enveloppée de nuages. Nous souffrons à la fois de sous-information et de sur-information, de manques et d'excès.

Il est étonnant que l'on puisse déplorer une surabondance d'informations. Et pourtant, l'excès étouffe l'information quand nous sommes soumis au déferlement ininterrompu d'événements sur lesquels on ne peut méditer parce qu'ils sont aussitôt chassés par d'autres événements. Ainsi, au lieu de voir, de percevoir les contours, les arrêtes de ce qu'apportent les phénomènes, nous sommes comme aveuglés dans un nuage informationnel.

Edgar Morin, Pour sortir du XXe siècle, Nathan, 1981

■ LES MOTS

l'abondance	die Fülle (+G), die Fülle (von +D)
la surabondance	die Überfülle, das Überangebot (-e)
l'information	die Information (-en), die Auskunft (-¨e)
les informations (radio)	die Nachrichten
les informations télévisées	die Tagesschau (sg.)
les médias	die Medien (pl.)
le tissu	ici : das Gewebe (-), das Netzwerk
serré, dense	dicht, feinmaschig
la surface	die Oberfläche (-n)
capter	registrieren, auf/fangen (i, a), auf/nehmen (a, o)
l'enquête ; l'enquêteur	die Ermittlung ; der Ermittler
surgir	auf/tauchen, erscheinen (ie, ie, ist), zum Vorschein kommen (a, o, ist)
envelopper	hüllen in (+A), ein/hüllen in, umgeben (a, e)
le nuage ; la brume	die Wolke (-n) ; der Dunst
le manque	der Mangel (an +D) (pl. die Mängel : les défauts)
l'excès	das Übermaß (an +D) (sg.)
déplorer	beklagen (+A), bedauern (+A)
être soumis à qqch	einer Sache (D) ausgeliefert / ausgesetzt sein
le déferlement	der Strom, das Strömen, die Brandung
chasser ; chasser qqn	jagen ; jdn vertreiben (ie, ie) / verjagen
un événement chasse l'autre	ein Ereignis jagt das andere
le contour	der Umriß (-sse), die Kontur (-en)
l'arrête	der Grat (-e) (montagne), die Gräte (-n) (poisson) ici : der Akzent (-e), der Schwerpunkt (-e)
être aveuglé	geblendet sein, mit Blindheit geschlagen sein (fig.)

■ MAIS ENCORE

à chaque instant	jeden Augenblick, in jedem Augenblick
à tout moment	jederzeit, beliebig oft, wann auch immer
à la fois	zugleich, gleichzeitig
aussitôt	sogleich, augenblicklich, unverzüglich, sofort
voire, ou encore	bzw. (beziehungsweise)

■ TRADUCTION PROPOSEE
Das Überangebot an Informationen

Die Medien bilden das beste Informationssystem, das man sich denken kann. Ein feinmaschiges Netzwerk überzieht die gesamte Oberfläche der Erdkugel, nimmt das Ereignis augenblicklich auf und gibt es unverzüglich weiter. Ermittler und Journalisten vertiefen sich in die Probleme, welche in den Gesellschaften auftauchen. Jeden Augenblick haben wir die Möglichkeit, zu sehen / zu wissen, was sich ereignet. Wir können täglich über die Geschichte, die eben stattfindet, Bescheid wissen. Der Planet Erde ist zu jener blauen Orange geworden, die wir beliebig oft betrachten können. Und doch erscheint uns dieser Planet als in Wolken gehüllt. Wir leiden zugleich an Unter-Information und an Über-Information, an einem Mangel und an einem Übermaß.

Es mag erstaunen, daß es möglich ist, ein Überangebot an Informationen zu beklagen. Und dennoch : das Übermaß erstickt die Information, wenn wir einem ununterbrochenen Strom von Ereignissen ausgesetzt sind, über die wir nicht nachdenken können, weil ein Ereignis das andere jagt. Statt also die Umrisse, die Schwerpunkte dieser Phänomene zu sehen bzw. wahrzunehmen, sind wir inmitten einer Dunstwolke von Informationen wie mit Blindheit geschlagen.

■ VARIANTES
Das Überangebot an Informationen

Die Medien **stellen das denkbar beste Informationssystem dar. Ein dichtes Gewebe bedeckt** die gesamte Oberfläche **des Erdballs / des Globus /, registriert und vermittelt** augenblicklich das Ereignis. Ermittler und Journalisten **tauchen in die Probleme**, welche in den Gesellschaften **in Erscheinung treten / zum Vorschein kommen / entstehen /**. Wir haben **jederzeit** die Möglichkeit, zu sehen / zu wissen, was geschieht. Wir können **Tag für Tag über die Geschichte, die sich eben abspielt, unterrichtet sein**. Der Planet Erde ist zu jener blauen Orange geworden, die wir **pausenlos / ununterbrochen /** betrachten können. Und doch erscheint uns dieser Planet **in einer Wolkenhülle**. Wir leiden zugleich an einem **Zuwenig** und an einem **Zuviel** an Informationen, an einem Mangel und an einem Übermaß.

Daß man ein Übermaß an Informationen **bedauern kann, scheint erstaunlich**. Und dennoch : das Übermaß erstickt die Information, wenn wir **der ununterbrochenen Brandung der Ereignisse ausgeliefert sind / wenn wir pausenlos von Ereignissen überflutet werden /,** und nicht in Ruhe darüber nachdenken können, weil sie augenblicklich von anderen abgelöst werden. Statt also **die Konturen und die Akzente dieser Geschehen** zu sehen und wahrzunehmen, **erblinden wir geradezu** inmitten einer Wolke von Informationen.

■ CONTROLEZ / RETENEZ

→ Les médias constituent le meilleur système d'information qu'on puisse concevoir.
 Die Medien bilden das denkbar beste Informationssystem.

→ A tout moment, nous avons la possibilité de voir ce qui se passe.
 Wir haben jederzeit die Möglichkeit, zu sehen, was sich gerade ereignet.

→ Il est étonnant qu'on puisse déplorer une surabondance d'informations.
 Es ist erstaunlich, daß man ein Übermaß an Informationen beklagen kann.

→ Les événements sur lesquels on ne peut méditer.
 Die Ereignisse, über die wir nicht in Ruhe nachdenken können.

→ Les événements sont aussitôt chassés par d'autres.
 Jedes Ereignis wird augenblicklich von einem anderen abgelöst.
 Ein Ereignis jagt das andere.

16. LE CHOC ÉCOLOGIQUE

Affronté depuis toujours à une nature dont il subissait la loi, l'homme vient de remporter à ses yeux une victoire décisive : désormais, c'est lui le plus fort ; tout au moins le croit-il. Certes, il lui faut encore apprendre à maîtriser les climats, à prévoir ou à conjurer les tremblements de terre, etc. Mais sa science et ses techniques, il n'en doute pas, lui permettront de réduire sans délai ces derniers bastions d'autonomie d'une nature qu'il croit désormais soumise.

Dès lors, les perspectives s'inversent radicalement. Nos ancêtres devaient se protéger des caprices de la nature. Auquel d'entre eux aurait-on fait croire qu'il viendrait le temps où c'est la nature qu'il faudrait à son tour protéger ? Leurs rapports avec le milieu étaient dictés par l'instinct et les structures. Qui eût osé penser qu'un jour ces relations émergeraient au niveau de la conscience et deviendraient l'objet d'une science nouvelle : l'écologie ? Mieux encore : que la nécessité de les analyser et de les établir selon des critères rationnels nous obligerait à sacrifier des intérêts immédiats au profit de choix réfléchis sauvegardant à long terme le patrimoine naturel ?

Jean-Marie Pelt, L'homme re-naturé, Seuil 1977

■ LES MOTS

l'écologie ; écologique	die Ökologie ; ökologisch
subir une loi	einem Gesetz unterworfen sein
remporter une victoire	einen Sieg davon/tragen (u, a)
décisif	entscheidend
le climat	das Klima, pl. die klimatischen Phänomene
maîtriser	beherrschen, in den Griff bekommen (a, o)
conjurer	beschwören (o, o), ab/wenden
le tremblement de terre	das Erdbeben (-)
réduire	vermindern, ab/bauen, reduzieren, verringern
le bastion	das Bollwerk (-e), ici : der Widerstand (-¨e)
réduire une résistance	einen Widerstand brechen (a, o)
être soumis à qqn	jdm unterworfen / untertan / gefügig sein
soumettre qqn	jdn bezwingen (a, u), jdn unterwerfen (a, o)
s'inverser ; l'inversion	sich um/kehren ; die Umkehrung (-en)
les ancêtres	die Vorfahren, die Ahnen
le caprice	die Laune (-n), die Unbeständigkeit (Wetter)
se protéger de	sich schützen vor (+D), sich verteidigen gegen (+A)
le milieu	die Umwelt
la nécessité	die Notwendigkeit (-en)
établir	ici : eine Liste auf/stellen, auf/listen, ordnen
le critère	das Kriterium (-ien)
sacrifier qqch	etwas auf/geben (a, e), auf etwas (A) verzichten
au profit de	zugunsten (+G), im Interesse (+G)
sauvegarder	schützen, retten, wahren, erhalten (ie, a)
le patrimoine	der Besitzstand (-¨e), das Erbgut, das Erbe

■ MAIS ENCORE

depuis toujours	von jeher, seit eh und je
désormais	von nun an, nunmehr, in Zukunft
tout au moins	zumindest, wenigstens
dès lors	von dem Moment an, von da an
à son tour	seinerseits, ihrerseits

■ TRADUCTION PROPOSEE
Der ökologische Schock

Nachdem der Mensch seit eh und je einer Natur gegenübergestanden hatte, deren Gesetz er unterworfen war, hat er nun in seinen Augen einen entscheidenden Sieg davongetragen : in Zukunft wird er der Stärkere sein ; das glaubt er zumindest. Sicher muß er noch lernen, das Klima zu beherrschen, Erdbeben vorauszusagen oder abzuwenden usw. Aber er zweifelt nicht daran, daß seine Wissenschaft und seine Techniken ihm erlauben werden, in kürzester Zeit diese letzten Widerstände einer Natur zu brechen, die er nun endgültig bezwungen glaubt.

Von diesem Moment an ergibt sich eine radikale Umkehrung der Perspektiven. Unsere Vorfahren mußten sich vor den Launen der Natur schützen. Man hätte wohl keinem von ihnen glaubhaft machen können, daß eine Zeit kommen würde, wo man diese Natur ihrerseits zu schützen hätte. Ihre Beziehungen zur Umwelt waren vom Instinkt und von den Strukturen bestimmt. Wer hätte zu denken gewagt, daß diese Beziehungen eines Tages ins Bewußtsein emportauchen und Gegenstand einer neuen Wissenschaft sein würden, nämlich der Ökologie ? Mehr noch : daß die Notwendigkeit, diese Beziehungen zu analysieren und sie nach rationellen Kriterien zu ordnen, uns dazu zwingen würde, auf unmittelbare Interessen zu verzichten und im Namen der langfristigen Erhaltung unseres natürlichen Erbguts wohlüberlegte Entscheidungen zu treffen ?

■ VARIANTES
Der Ökoschock

Von jeher einer Natur gegenübergestellt / ausgesetzt /, deren Gesetz er sich zu fügen hatte / die ihm ihr Gesetz diktierte /, hat nun der Mensch in seinen Augen einen entscheidenden Sieg davongetragen : **von nun an** ist er der Stärkere. **Gewiß : er muß noch lernen, klimatische Phänomene in den Griff zu bekommen,** Erdbeben vorauszusehen oder abzuwenden usw. Aber seine Wissenschaft und seine Techniken werden ihm erlauben – darüber besteht für ihn kein Zweifel –, in Kürze / demnächst / diese letzten Zeichen der Selbstbehauptung einer Natur abzubauen, die er nun unterworfen / gefügig / untertan / wähnt // von der er annimmt, daß sie nun endgültig bezwungen ist //.

Mit diesem Augenblick vollzieht sich eine radikale Umkehrung der Perspektiven. Unsere Vorfahren mußten sich vor den Launen der Natur schützen. **Wer von ihnen hätte sich sagen lassen / hätte geglaubt /,** daß eine Zeit kommen würde, wo diese Natur ihrerseits **geschützt werden müßte ? Ihr Verhältnis zur Natur war instinktiv** und von den Strukturen bestimmt. Wer hätte zu denken gewagt, daß dieses Verhältnis eines Tages **bewußt werden und sich zum Gegenstand einer neuen Wissenschaft, nämlich der Ökologie, entwickeln würde ?** Ja, daß die Notwendigkeit, dieses Verhältnis zu analysieren und es nach rationellen Kriterien **zu definieren** uns in die Zwangslage versetzen würde, unmittelbare Interessen zugunsten vernünftiger Entscheidungen aufzugeben und so langfristig unser Erbgut "Natur" **zu erhalten / zu retten / ?**

■ CONTROLEZ / RETENEZ

→ L'homme vient de remporter une victoire décisive.
   Der Mensch hat eben einen entscheidenden Sieg davongetragen.

→ Nos ancêtres devaient se protéger des caprices de la nature.
   Unsere Vorfahren mußten sich vor den Launen der Natur schützen.

→ Nous devons sacrifier des intérêts immédiats au profit de choix réfléchis.
   Wir müssen zugunsten wohlüberlegter Entscheidungen auf unmittelbare Interessen verzichten.

17. L'ARCHITECTURE DE DEMAIN

(Entretien de François Granon, journaliste, avec Bernard Tschumi, architecte, à l'occasion de l'exposition "Art et publicité" au Centre Georges Pompidou)

B.T. – J'ai essayé d'appliquer à cette exposition un principe sur lequel nous sommes très nombreux, en architecture, à travailler : celui des espaces fluides. C'est le grand débat de cette fin de siècle. Autrefois, on définissait des espaces clos. Aujourd'hui, on essaye d'abolir la matérialité des limites. C'est ce qu'on cherche quand on utilise le verre et qu'on parle de transparence. Et on est encore loin du compte.

F.G. – Vous êtes conscient, j'imagine, des réactions que suscitent votre attitude et votre travail ?

B.T. – Il y a deux façons de faire ce métier. Soit on veut conserver une tradition, on veut produire des images que chacun puisse reconnaître : cela s'appelle l'historicisme ; cela existe. Soit on considère, comme je le fais, que l'architecture est une forme de connaissance, au même titre que la physique par exemple. Dans ce cas, elle a pour vocation, comme la physique, de pousser les limites le plus loin possible ...

"Télérama", octobre 1990

■ LES MOTS

l'entretien	das Gespräch (zwischen D = D),
l'architecte ; l'architecture	der Architekt (-en, -en) ; die Architektur (-en)
l'exposition ; exposer	die Ausstellung (-en) ; aus/stellen
appliquer un principe	ein Prinzip an/wenden, nach einem Prinzip vor/gehen (i, a, ist)
l'espace	der Raum (-¨e), die Räumlichkeit (-en)
le débat	die Debatte (-n), die Diskussion (-en)
le siècle	das Jahrhundert (Jhdt.)
au XXe siècle	im 20. Jahrhundert
la fin du siècle	das ausgehende Jahrhundert, das Jhdt-ende
définir	ici : ab/grenzen, ab/stecken (Raum), begrenzen
abolir (une loi)	(ein Gesetz) ab/schaffen (hat abgeschafft)
la matérialité	die Stofflichkeit, die Körperlichkeit, die Substanz
la limite	die Grenze (-n), der Grenzwert (-e)
pousser (repousser) les limites	die Grenzen zurück/schieben (o, o) / aus/dehnen
la transparence	die Transparenz, die Durchsichtigkeit
être conscient de qqch	(sich) (D) einer Sache (G) bewußt sein
susciter une réaction	eine Reaktion aus/lösen / hervor/rufen (ie, a)
l'attitude (face à qqch)	die Haltung (gegenüber +D), die Auffassung
la façon de faire qqch	die Art und Weise, etwas zu tun
la connaissance	die (Er)kenntnis (-sse), das Wissen (masc.mixte)
avoir pour vocation de ...	zu etwas (D) berufen sein / bestimmt / sein

■ MAIS ENCORE

à l'occasion de	anläßlich (+G), zum Anlaß (+G)
nombreux	zahlreich
autrefois - aujourd'hui	früher – heute, ehemals – heutzutage
être encore loin du compte	noch weit vom Ziel entfernt sein, erst am Anfang sein, noch lange nicht am Ziel sein
à ma connaissance	meines Wissens

■ TRADUCTION PROPOSEE
Die Architektur der Zukunft

(Ein Gespräch zwischen dem Journalisten François Granon und dem Architekten Bernard Tschumi anläßlich der Ausstellung "Kunst und Werbung" im Centre Georges Pompidou)

B.T. – Ich habe versucht, in dieser Ausstellung nach einem Prinzip vorzugehen, nach dem heute in der Architektur viele von uns arbeiten : ich meine das Prinzip der ineinander übergreifenden Räume. Es ist die große Debatte dieses ausgehenden Jahrhunderts. Früher bestimmte man die Konturen des jeweils geschlossenen Raums. Heute versucht man, die Stofflichkeit dieser Begrenzungen abzuschaffen. In dieser Absicht verwendet man beispielsweise Glas und spricht von Transparenz. Und wir sind noch lange nicht am Ziel.
F.G. – Ich kann mir denken, daß Sie sich der Reaktionen bewußt sind, die Ihre Auffassung und Ihre Arbeit auslösen ?
B.T. – Es gibt zwei Möglichkeiten, diesen Beruf auszuüben. Entweder man will eine Tradition erhalten, also Bilder schaffen, an denen jedermann sich orientieren kann : das nennt man Historizismus ; das gibt es durchaus. Oder man ist der Meinung, wie es für mich zutrifft, daß die Architektur eine Form des Wissens darstellt, in demselben Maße wie etwa die Physik. In diesem Fall ist sie dazu berufen, genau wie die Physik die Grenzen so weit wie möglich zurückzuschieben.

■ VARIANTES
Die Architektur von morgen

(Ein Gespräch **des Journalisten F.G. mit** dem Architekten B.T. anläßlich der Ausstellung "Kunst und Werbung" im Centre Georges Pompidou)

B.T. – Ich habe versucht, für diese Ausstellung **ein Prinzip anzuwenden**, nach dem **zahlreiche** Architekten wie ich **arbeiten / das in der Architektur viele von uns beschäftigt /** : das Prinzip **der fließenden Räume / der aufeinander übergreifenden Räume /** ; darüber wird an diesem Jahrhundertende viel diskutiert. Früher **grenzte man einen jeweils geschlossenen Raum ab**. Heute versucht man, die Stofflichkeit dieser Abgrenzungen **abzubauen / aufzulösen /**. **Das will man erreichen, wenn** man Glas verwendet, **das meint man, wenn** man von Transparenz spricht. **Und wir sind erst am Anfang.**
F.G. – **Ich nehme an / Ich vermute /**, daß Sie sich der Reaktionen bewußt sind, die Ihre **Einstellung** und Ihre Arbeit **hervorrufen** ?
B.T. – **Man kann diesen Beruf auf zweierlei Art und Weise ausüben.** Entweder man will **einer Tradition treu bleiben und wählt Darstellungsformen, die jedermann identifizieren / erkennen / kann** : das nennt man Historizismus ; den gibt es. Oder **man ist wie ich der Ansicht**, daß die Architektur eine Form des Wissens darstellt, **genau wie beispielsweise** die Physik. In diesem Fall **ist es ihre Bestimmung / hat sie den Auftrag /**, die Grenzen **möglichst weit** zurückzuschieben.

■ CONTROLEZ/RETENEZ

→ Etes-vous conscient des réactions que suscite votre travail ?
  Sind Sie sich der Reaktionen bewußt, die Ihre Arbeit auslöst ?

→ Il y a deux façons de faire ce métier.
  Man kann diesen Beruf auf zweierlei Art (und Weise) ausüben.

→ Dans ce cas, l'architecture a pour vocation de pousser les limites le plus loin possible.
  In diesem Fall ist die Architektur dazu berufen, die Grenzen so weit wie möglich zurückzuschieben.

18. L'ENSEIGNEMENT DE LA GESTION

– Si vous aviez des propositions à faire pour l'enseignement de la gestion en France, que diriez-vous ?
– Les élèves des grandes écoles françaises sont parmi les meilleurs étudiants que j'aie rencontrés. Ils sont très brillants, mais aussi souvent d'une très grande naïveté, ce qui est normal à vingt ans. Je crois qu'à vingt ans, il faut leur enseigner les disciplines de base : mathématiques, psychologie, sociologie, histoire, littérature ... mais pas la gestion. La gestion, il la leur faudra dix ans plus tard, à trente ans. Ce serait une révolution, mais cela rendrait service à la société.
– Pourquoi ?
– Parce que cela changerait les écoles. Pour devenir ingénieur ou médecin, il y a des choses à apprendre sans expérience préalable. Mais le management n'est pas une profession. Ce qui compte vraiment – comment prendre une décision ? Comment motiver les gens ? ... – demande d'abord une expérience et une aptitude. Ce n'est qu'après qu'on peut commencer à enseigner des choses utiles. C'est dangereux, dans une société qui se veut égalitaire, de désigner les leaders très jeunes, selon des critères intellectuels et non des qualités personnelles de leadership. Cela crée deux classes : des gens qui peuvent monter très rapidement dans la hiérarchie, et les autres.

Le Monde, entretien avec H. Mintzberg, novembre 1988

■ LES MOTS

l'enseignement d'une discipline	der Unterricht in einem Fach (das Fach, -̈er)
la gestion	die Unternehmens- / Betriebs- / Geschäftsführung, das Management
la proposition	der Vorschlag (-̈e)
faire une proposition à qqn	jdm einen Vorschlag machen, jdm etwas vor/schlagen (u, a)
les grandes écoles françaises	die französischen Eliteschulen
être brillant	glänzend / geistreich / ein heller Kopf / sein
la naïveté	die Naivität, die Einfalt, die Unerfahrenheit
les disciplines de base	die Grundfächer (das Fach, -̈er)
une révolution	eine Umwälzung, eine radikale Veränderung
rendre service à qqn	jdm einen Dienst erweisen (ie, ie), jdm nützen
changer (modifier)	verändern, verwandeln, sich ändern
changer de l'argent	Geld wechseln
les temps changent	die Zeiten ändern sich
le temps a changé	das Wetter hat sich geändert / ist umgeschlagen
l'expérience	die Erfahrung (-en)
l'aptitude à	die Fähigkeit zu (+D), die Eignung zu (+D), die Begabung für (+A)
prendre une décision	eine Entscheidung /eine Wahl / treffen (a, o)
être égalitaire	dem Prinzip der Gleichheit folgen
le leader ; le leadership	die Führungskraft (-̈e) ; die Führerschaft

■ MAIS ENCORE

à 20 ans	mit zwanzig (Jahren), als Zwanzigjähriger
avoir 20 ans	20 (Jahre alt) sein, zwanzigjährig sein
10 ans plus tard	zehn Jahre später, zehn Jahre danach
ce qui compte	was zählt, worauf es ankommt
d'abord	zunächst, zuerst
ce n'est qu'après que	erst nachher (VSC)

■ TRADUCTION PROPOSEE
Unterricht in Betriebsführung

– *Was würden Sie vorschlagen, wenn Sie sich zum Betriebsführungsunterricht in Frankreich zu äußern hätten ?*
– *Die Schüler der französischen Eliteschulen gehören zu den besten Studenten, denen ich begegnet bin. Sie sind überaus helle Köpfe, aber sie sind oft auch recht naiv, was bei Zwanzigjährigen nichts Ungewöhnliches ist. Ich denke, daß man Zwanzigjährige in den Grundfächern unterrichten muß, nämlich in Mathematik, Psychologie, Soziologie, Geschichte, Literatur ..., aber nicht in Betriebsführung. Die brauchen sie zehn Jahre später, wenn sie dreißig sind. Das wäre zwar eine radikale Veränderung, aber sie würde der Gesellschaft gute Dienste leisten.*
– *Warum ?*
– *Weil das die Schulen verwandeln würde. Für einen künftigen Ingenieur oder Arzt gibt es Dinge zu lernen, die keine Erfahrung voraussetzen. Aber die Betriebsführung ist kein Beruf. Das, worauf es wirklich ankommt, – etwa auf die Frage : wie soll ich eine Entscheidung treffen ? oder : wie kann ich die Leute motivieren ? ... – verlangt zunächst Erfahrung und Fähigkeiten. Erst nachher kann man beginnen, nützliche Dinge zu unterrichten. Es ist in einer Gesellschaft, die sich auf das Prinzip der Gleichheit beruft, gefährlich, wenn sie ihre Führungskräfte sehr jung auswählt, und wenn dies nach intellektuellen Kriterien geschieht und nicht nach persönlicher Eignung zur Führerschaft. Denn das schafft zwei Klassen : Leute, die die Möglichkeit haben, in der Hierarchie sehr schnell aufzusteigen, und die anderen.*

■ VARIANTES
Unterricht in Unternehmensführung

– Falls Sie für den Unterricht in Unternehmensführung in Frankreich **Vorschläge machen könnten : wie würden diese Vorschläge aussehen ?**
– **Unter den Studenten**, denen ich begegnet bin, sind die Schüler der französischen Eliteschulen **mit die besten. Sie sind hochintelligente / vorzügliche / Leute**, aber sie sind oft auch sehr **unerfahren**, was bei Zwanzigjährigen durchaus normal ist / **was man bei Zwanzigjährigen verstehen kann /**. Ich meine, daß man Zwanzigjährige in den Grundfächern unterrichten muß, in Mathematik, Psychologie, **Sozialkunde**, Geschichte, Literatur ..., aber nicht in Unternehmensführung. Die brauchen sie zehn Jahre später, wenn sie dreißig sind. Das wäre **freilich / allerdings / eine radikale Neuerung / eine umwälzende Veränderung /**, aber sie würde für die Gesellschaft **von Nutzen sein** / aber sie würde der Gesellschaft **nützen** /.
– Warum ?
– Weil das **ein Umdenken in den Schulen zur Folge haben** würde. Ein zukünftiger Ingenieur oder Arzt **hat Dinge zu lernen**, die keine Erfahrung voraussetzen. Aber die Unternehmensführung ist kein Beruf. **Was wirklich zählt** – die Frage : wie soll ich eine Entscheidung treffen ? oder : wie kann ich die Leute motivieren ? ... – **erfordert** zunächst eine Erfahrung und **eine Begabung**. Erst nachher kann man beginnen, **Dinge zu lehren**. Es ist gefährlich für eine **Gesellschaft**, ihre Führungskräfte sehr jung **zu bestimmen**, und dies nach intellektuellen Kriterien zu tun und nicht nach persönlichen **Fähigkeiten zur Führerschaft**. Das führt zur Bildung **von zwei Klassen : da gibt es diejenigen, die sehr schnell nach oben kommen können / die sehr schnell in die Führungsetagen klettern werden**, und die anderen.

■ CONTROLEZ / RETENEZ

→ Les grandes écoles françaises sont parmi les meilleurs que je connaisse.
Die französischen Eliteschulen gehören zu den besten, die ich kenne.

→ Ce n'est qu'après qu'on peut commencer à enseigner des choses utiles.
Erst nachher kann man beginnen, nützliche Dinge zu unterrichten.

→ Une société qui se veut égalitaire.
Eine Gesellschaft, die sich auf das Prinzip der Gleichheit beruft.

19. COMMENT DÉFINIR L'ALLEMAGNE ?

Comment définir l'Allemagne ? Est-elle un pays, un Etat, un peuple, une nation ? Est-elle une puissance ou simplement une notion, un fantôme, un cauchemar, un conte de nourrice, un but de voyage, une pierre d'achoppement ? Peut-on dire qu'elle existe ? Oui, l'Allemagne existe, elle est là, indubitable et palpable, parfois pour le plus grand déplaisir de ses propres habitants et de ses voisins. Cependant, je ne connais personne qui puisse dire, sans se reprendre, ce qu'est l'Allemagne, qui puisse en tracer de mémoire les frontières, même approximativement. Ce n'est pas un hasard : ce pays n'a pas de forme. Ses frontières sont mouvantes comme son image à travers l'histoire. (...)

L'Allemagne : c'était Weimar* – tout le monde le sait ; c'était, tout près de Weimar, Buchenwald – tout le monde le sait aussi. Les deux localités furent des symboles : l'une de la culture et l'autre de la barbarie allemande. Mais Weimar n'était pas l'Allemagne, ni d'ailleurs Buchenwald, ni les deux réunis. Il faudrait au moins citer Düsseldorf.

L'Allemagne, ce n'est ni Düsseldorf ni Denkendorf, ni Bach ni Buchenwald, ni les usines d'armement ni la peinture romantique, et pourtant c'est tout cela ! Comment décrire l'Allemagne quand on ne sait pas très bien – moi-même y compris – comment la définir ? Quelle est donc la "vraie" Allemagne à laquelle on pense quand on parle, dans le monde, de l'Allemagne, quand on parle en Allemagne de l'Allemagne, quand je parle, moi, de l'Allemagne ?

R. Searle, Entre vieilles Connaissances, Stock, 1966

*ici : le Weimar de Goethe, bien sûr, et non pas celui de le République du même nom.

■ LES MOTS

définir ; décrire	definieren, bestimmen ; beschreiben (ie, ie)
le peuple	das Volk (-¨er)
la puissance	die Macht (-¨e)
la notion	der Begriff (-e)
le cauchemar	der Alptraum (-¨e)
le conte de nourrice	das Ammenmärchen (-) (die Amme, -n)
la pierre d'achoppement	der Stein des Anstoßes
indubitable	unzweifelhaft, unbestreitbar
palpable	greifbar, mit Händen zu greifen
le déplaisir	das Mißvergnügen, der Verdruß
pour le déplaisir de	zum Leidwesen (+G)
le voisin	der Nachbar (-s, -n)
de mémoire	aus dem Gedächtnis, auswendig
mouvant	unbeständig, wechselhaft
le hasard	der Zufall (-¨e)
réunir	verbinden (a, u), zusammen/nehmen (a, o)
citer	nennen (nannte, genannt), an/führen
l'usine d'armement	der Rüstungskonzern (-e)

■ MAIS ENCORE

cependant ; et pourtant	und dennoch (V S C) ; und doch (V S C)
approximativement	ungefähr, annähernd
tout le monde	alle (pl.), jeder(mann), alle Welt
tout près de	ganz in der Nähe von (+D)
au moins	zumindest, wenigstens

■ TRADUCTION PROPOSEE

Wie soll man Deutschland definieren ?

Wie soll man Deutschland definieren ? Ist es ein Land, ein Staat, ein Volk, eine Nation ? Ist es eine Macht oder nur ein Begriff, ein Schreckgespenst, ein Alptraum, ein Ammenmärchen, ein Reiseziel, ein Stein des Anstoßes ? Kann man überhaupt sagen, daß es existiert ? Ja, Deutschland existiert, es ist da, unbestreitbar und mit Händen zu greifen, manchmal zum Leidwesen seiner eigenen Einwohner und seiner Nachbarn. Und dennoch kenne ich niemand, der ohne zu stocken sagen könnte, was Deutschland ist, niemand, der aus dem Gedächtnis auch nur annähernd seine Grenzen zu zeichnen imstande wäre. Dies ist kein Zufall : dieses Land hat keine Gestalt. Seine Grenzen sind unbeständig wie sein Bild im Laufe der Geschichte. (...)

Deutschland, das war Weimar – jeder weiß das ; das war, ganz in der Nähe von Weimar, Buchenwald – auch das weiß jeder. Beide Ortsnamen waren Symbole : der eine für die deutsche Kultur, der andere für die deutsche Barbarei. Aber Weimar war nicht Deutschland, Buchenwald übrigens auch nicht, und auch beide zusammen waren es nicht. Man müßte zumindest Düsseldorf anführen.

Deutschland, das ist weder Düsseldorf noch Denkendorf, weder Bach noch Buchenwald, weder die Rüstungsindustrie noch die romantische Malerei, und doch ist es all das ! Wie kann man Deutschland beschreiben, wenn man nicht genau weiß – auch ich weiß es nicht – wie man es definieren soll ? Welches ist denn das "wahre" Deutschland, das man meint, wenn man in der Welt von Deutschland spricht, wenn man in Deutschland von Deutschland spricht, und wenn nun ich von Deutschland spreche ?

■ VARIANTES

Wie soll man Deutschland definieren ?

Wie soll man Deutschland definieren ? Ist es ein Land, ein Staat, ein Volk, eine Nation ? Ist es eine Macht oder **lediglich** ein Begriff, ein **Gespenst**, ein Alptraum, ein **Kindermärchen**, ein Reiseziel, ein Stein des Anstoßes ? Kann man **eigentlich behaupten**, daß es existiert ? Ja, Deutschland existiert, es ist da, **unzweifelhaft und greifbar, manchmal zum größten Mißvergnügen** / manchmal zum größten **Verdruß** / seiner eigenen Einwohner **wie** seiner Nachbarn. **Und doch kenne ich niemanden,** der ohne sich zu verbessern sagen könnte, was Deutschland ist, niemanden, **der imstande wäre**, auswendig auch nur annähernd seine Grenzen zu skizzieren. **Das ist nicht zufällig so** : Dieses Land hat keine Gestalt. Seine Grenzen sind **wechselhaft** wie sein Bild im Lauf der Geschichte. (...)

Deutschland, das war Weimar – **alle Welt weiß das** ; das war, ganz in der Nähe von Weimar, Buchenwald – auch das weiß jeder. Beide **Ortschaften** waren Symbole : die eine für die deutsche Kultur, die andere für die deutsche **Grausamkeit**. Aber Weimar war nicht Deutschland, **ebensowenig wie Buchenwald oder beide zusammen. Man müßte wenigstens noch Düsseldorf nennen.**

Deutschland ist aber weder Düsseldorf noch Denkendorf, weder Bach noch Buchenwald, weder die Rüstungsindustrie noch die romantische Malerei, **und dennoch** ist es **das alles** ! Wie kann man Deutschland beschreiben, wenn man nicht genau weiß – auch ich weiß es nicht – wie man es definieren soll ? Welches ist denn nun das "wahre" Deutschland, **an das man denkt**, wenn man in der Welt von Deutschland spricht, wenn man in Deutschland von Deutschland spricht, und wenn nun ich von Deutschland spreche ?

■ CONTROLEZ/RETENEZ

→ Je ne connais personne qui puisse dire ce qu'est l'Allemagne.
   Ich kenne niemand, der zu sagen vermöchte, was Deutschland ist.

→ Ses frontières sont mouvantes comme son image à travers l'histoire.
   Seine Grenzen sind unbeständig wie sein Bild im Lauf der Geschichte.

20. LA BIOGRAPHIE

Le premier venu devient quelqu'un dès l'instant qu'un contemporain ou un représentant de la postérité s'emploie à raconter sa vie. (...) Peu importe qu'il ait flotté à la dérive dans sa propre existence, balotté çà et là au gré de hasards et d'accidents incompréhensibles ; peu importe même qu'il n'ait laissé à son futur biographe qu'un matériel brouillé, lacunaire, difficile ou impossible à interpréter : en tant que héros d'une histoire composée, il n'en paraît pas moins avoir fait et vécu ce qu'il ne faisait sans doute que subir, dans cette demi-passivité et ce demi-aveuglement qui est le lot du vivant.

Le roman qu'on écrit maintenant sur lui ne le sauve pas seulement de l'oubli ; que ce roman soit bon ou mauvais, enthousiaste ou réticent, il élève de toute façon son héros à l'unité sans faille d'une seconde mort, qui complète la première par un sens enfin bien lisible. De ce point de vue, la biographie la plus banale tient encore de la métaphysique : témoin de la vieille complicité du désir d'écrire et du désir de tuer, elle achève son objet, très proprement, au double sens du mot, en lui donnant le coup de grâce et en le rendant parfait.

Marthe Robert, Livre de lectures, Grasset, 1977

■ LES MOTS

le représentant	der Vertreter (-)
la prospérité	die Nachwelt
s'employer à faire qqch	etwas unternehmen (a, o) ; sich daran/machen etwas zu tun
flotter à la dérive	dahin/treiben (ie, ie) (+prép. +D), hin und her getrieben werden
le hasard, par hasard	der Zufall, zufällig
brouillé	ungenau, unklar, verschwommen
la lacune ; lacunaire	die Lücke (-n) ; lückenhaft
le héros	der Held (-en, -en)
subir qqch	etwas (A) ertragen / über sich ergehen lassen
l'aveuglement ; être aveuglé (fig.)	das Blindsein ; mit Blindheit geschlagen sein
la cécité ; être aveuglé (lumière)	die Blindheit ; geblendet sein (von +D)
le lot	das Los, das Schicksal
sauver qqn de	jdn vor (+D) retten
réticent	zurückhaltend
la faille	der Fehler (-), die Lücke (-n)
tenir de	zu tun haben mit, etwas gemein haben mit (+D)
le témoin	der Zeuge (-n, -n), der Beweis (-e)
achever une oeuvre	ein Werk beenden / vollenden / fertig machen
achever / tuer qqn	jdn fertig/machen, jdn töten
la mort ; le mort	der Tod (-e) ; der Tote (Adj. !)
double	doppelt, zweifach
donner le coup de grâce ; la grâce	den Gnadenstoß geben (a, e) ; die Gnade

■ MAIS ENCORE

dès l'instant que	sobald ; von dem Augenblick an, wo ...
il importe peu que ...	es ist unwichtig, daß ... ; es tut wenig zur Sache, daß ... ; es ist nicht von Belang, daß ...
en tant que	als, in der Eigenschaft als
il n'en paraît pas moins ...	er scheint deshalb nicht weniger ...
de ce point de vue	von diesem Standpunkt aus, so gesehen, so betrachtet

■ TRADUCTION PROPOSEE
Die Biographie

Irgendein Niemand wird jemand, sobald ein Zeitgenosse oder ein Vertreter der Nachwelt es unternimmt, das Leben dieses Menschen zu erzählen. Daß dieser in seinem wirklichen Leben eher hin- und hergetrieben wurde, daß er allen möglichen unerklärbaren Zufällen und Unfällen ausgeliefert war, ist kaum von Belang ; ebenso belanglos ist es, daß er seinem künftigen Biographen nur unklares, lückenhaftes, schwer oder überhaupt nicht interpretierbares Material hinterlassen hat : als Held einer konstruierten Geschichte scheint er dennoch getan und gelebt zu haben, was er wahrscheinlich nur über sich ergehen ließ, in diesem halb untätigen, halb blinden Zustand, der das Los des Lebenden ist.

Der Roman, der nun über ihn geschrieben wird, rettet ihn nicht nur vor dem Vergessenwerden ; dieser Roman mag gut oder schlecht sein, leidenschaftlich oder zurückhaltend, er hebt seinen Helden unweigerlich zu jener lückenlosen Einheit eines zweiten Todes empor, der den ersten durch einen endlich deutlich erkennbaren Sinn ergänzt. So gesehen hat auch die banalste Biographie etwas Metaphysisches an sich : als Zeuge der uralten Komplizität zwischen dem Verlangen zu schreiben und dem Verlangen zu töten macht die Biographie ihr Objekt höchst säuberlich und im doppelten Sinn des Wortes fertig, indem sie ihm den Gnadenstoß versetzt und es vollkommen macht.

■ VARIANTES
Die Biographie

Der Erstbeste wird "wer", sobald ein Zeitgenosse oder ein Vertreter der Nachwelt es unternimmt, **sein Leben** zu erzählen. **Es tut kaum etwas zur Sache / Es ist unwichtig /**, daß er in seinem wirklichen Leben eher hin- und hergetrieben wurde ; und daß er seinem künftigen Biographen nur **undeutliches, unvollständiges**, schwer oder gar nicht zu **deutendes Material** hinterlassen hat, ist ebenfalls kaum von Belang : als Held einer konstruierten Geschichte scheint er **nichtsdestoweniger** getan und gelebt zu haben, **was er wohl nur erduldete, in dieser teilweisen Untätigkeit und diesem teilweisen Blindsein, welche das Los des Lebenden ausmachen.**

Der Roman, der nun über ihn geschrieben wird, rettet ihn nicht nur vor dem Vergessenwerden ; **ob er nun gut ist oder schlecht, voll begeisterter Anteilnahme oder voller Zurückhaltung**, er **erhebt** seinen Helden **auf jeden Fall** zu jener lückenlosen Einheit eines zweiten Todes, der den ersten durch einen endlich deutlich erkennbaren Sinn **vervollständigt. Von diesem Gesichtspunkt aus ist** auch **an** der banalsten Biographie noch etwas Metaphysisches : **als Beweis** der uralten Komplizität zwischen dem **Wunsch** zu schreiben und dem Wunsch zu töten macht die Biographie ihren **Gegenstand** fertig, sehr ordentlich und im doppelten Sinn des Wortes, **und gibt ihm dabei zugleich den Gnadenstoß und die Vollkommenheit.**

■ CONTROLEZ/RETENEZ

→ Le premier venu devient quelqu'un dès l'instant où on raconte sa vie.
 Der Erstbeste wird jemand, sobald man sein Leben erzählt.

→ Peu importe qu'il n'ait laissé à son biographe qu'un matériel lacunaire.
 Daß er seinem Biographen nur ein lückenhaftes Material hinterlassen hat, tut kaum etwas zur Sache.

→ Le roman qu'on écrit sur lui le sauve de l'oubli.
 Der Roman, der über ihn geschrieben wird, rettet ihn vor dem Vergessenwerden.

→ Au double sens du mot.
 Im doppelten Sinn des Wortes.

21. LES BANDES ONT-ELLES TOUJOURS EXISTÉ ?

– Une bande, c'est un groupe organisé autour d'un territoire et de rites. Ce n'est pas un phénomène permanent : il y a des périodes à bandes et des périodes sans. En France, les premières bandes sont apparues dans les années 60 avec les blousons noirs : elles étaient organisées selon un principe de classe. C'étaient de jeunes ouvriers fascinés par la société de consommation à l'américaine et le droit à l'adolescence. Les blousons noirs sont des ouvriers adhérant à la culture et aux valeurs de leur classe. Ils sont contraints à un travail précoce qui les prive de leur jeunesse. D'où la constitution de bandes. (...)

Dans les années 70 et 80, les bandes disparaissent. Même la police l'a constaté. La classe ouvrière traditionnelle est alors en pleine mutation. (...) Prenez les punks à la fin des années 70 : si l'on s'en tient au cas français, ils n'ont jamais formé de véritables bandes. Être punk, c'est avoir un certain look et traîner à trois ou quatre. Les punks sont issus des classes moyennes et expriment avant tout une révolte adolescente. En aucun cas ils ne constituent un mouvement populaire ou un mode d'expression des banlieues.

– En quoi les bandes de 1990 sont-elles différentes de celles d'hier ?

– Ce qui me paraît caractéristique aujourd'hui, c'est que les bandes ne se constituent plus sur des thèmes de classe mais sur des thèmes ethniques. On a affaire à des jeunes qui ne s'identifient plus à des groupes sociaux selon des clivages riche / pauvre ou exploiteur / exploité. Leur seule identité est territoriale et ethnique.

Entretien avec François Dubet, Le Nouvel Observateur, août 1990

■ LES MOTS

la bande	die Bande (-n)
le groupe	die Gruppe (-n)
le rite, les rites	der Ritus (rare), pl : die Riten
les blousons noirs	die Halbstarken (Adj.)
la classe (sociale)	die Klasse (-n), die (soziale) Schicht (-en)
la classe ouvrière	die Arbeiterklasse
la classe populaire	die unteren Schichten
la classe moyenne	die Mittelschicht, der Mittelstand
être fasciné par	verblendet / gebannt / fasziniert sein von (+D)
le droit à ; avoir droit à	das Recht auf (+A) ; Recht haben auf (+A)
l'adolescence, la jeunesse	die Jugend
l'adolescent, le jeune	der Jugendliche (Adj.), der Halbwüchsige (Adj.)
adhérer à (idée)	sich bekennen zu (+D), einverstanden sein mit
adhérer à une société	einer Gesellschaft (D) bei/treten (a, e, ist)
adhérer à un parti	in eine Partei ein/treten (a, e, ist)
la valeur	der Wert (-e)
priver qqn de qqch	jdn einer Sache (G) berauben
la mutation	die Umwandlung, die Verwandlung (-en)
traîner	herum/strolchen, herum/lungern
le clivage	der Spalt (-e), die Kluft (-en), der Gegensatz (-"e)
exploiter qqn	jdn aus/beuten

■ MAIS ENCORE

dans les années 60	in den 60er Jahren
au début / à la fin des années 70	am Anfang / am Ende der 70er Jahre
s'en tenir à	sich an (+A) halten (ie, a), sich mit (+D) begnügen
à deux, à trois, à quatre, ...	zu zweit, zu dritt, zu viert, ...

■ TRADUCTION PROPOSEE

Hat es schon immer Banden gegeben ?

– *Eine Bande ist eine um ein bestimmtes Territorium und gewisse Riten organisierte Gruppe. Es handelt sich nicht um ein permanentes Phänomen : es gibt Zeiten mit und Zeiten ohne Banden. In Frankreich sind sie erstmals in den 60er Jahren erschienen, mit den Halbstarken : sie bildeten sich nach dem Prinzip der Klassenzugehörigkeit. Es waren junge Arbeiter, die von der Konsumgesellschaft nach amerikanischem Modell und vom Recht auf eine Jugend fasziniert waren. Die Halbstarken sind Arbeiter, die sich zur Kultur und zu den Werten ihrer sozialen Klasse bekennen. Ihre gezwungenermaßen frühe Berufstätigkeit beraubt sie ihrer Jugend. Das erklärt die Gründung von Banden. (...)*
In den 70er und 80er Jahren verschwinden die Banden. Selbst die Polizei hat das festgestellt. Die traditionelle Arbeiterklasse befindet sich nämlich mitten in einem Umwandlungsprozeß. (...) Nehmen wir zum Beispiel die Punks am Ende der 70er Jahre : in Frankreich, um nur dieses Land in Betracht zu ziehen, haben sie nie regelrechte Banden gebildet. Punk sein heißt, einen gewissen Look haben und zu dritt oder zu viert herumlungern. Die Punks kommen aus der Mittelklasse und demonstrieren vor allem eine jugendliche Revolte. Sie stellen auf keinen Fall eine Bewegung der unteren Schichten oder der Vorstädte dar.
– Was unterscheidet die Banden heute, also 1990, von denen von gestern ?
– Was mir heute charakteristisch scheint, ist die Tatsache, daß die Banden nicht mehr nach Kriterien der Klassenzugehörigkeit, sondern nach ethnischen Kriterien gebildet werden. Wir haben es mit Jugendlichen zu tun, die sich nicht mehr an den Gegensätzen reich / arm oder Ausbeuter / Ausgebeuteter orientieren. Ihre Identität wird ausschließlich von territorialen und ethnischen Faktoren bestimmt.

■ VARIANTES

Hat es die Banden immer schon gegeben ?

Eine Bande ist eine **auf der Basis eines Territoriums** und bestimmter Riten gebildete Gruppe. Es handelt sich **keineswegs** um eine permanente **Erscheinung** : es gibt Zeiten mit und Zeiten ohne Banden. In Frankreich sind **die ersten Banden** in den 60er Jahren erschienen, mit den Halbstarken : **sie beriefen sich auf** eine Klassenzugehörigkeit. Es waren junge Arbeiter, die **vom amerikanischen Modell** der Konsumgesellschaft und vom Recht auf eine Jugend fasziniert waren. Die Halbstarken sind Arbeiter, **die der Kultur und den Werten ihrer Klasse verbunden / treu / bleiben. Sie müssen früh berufstätig sein / Sie treten früh ins Berufsleben ein / und haben dadurch keine Jugend. Deshalb bilden sie Banden.**
In den 70er und 80er Jahren verschwinden die Banden **wieder. Das hat selbst / auch / die Polizei** festgestellt. Die traditionelle Arbeiterklasse **ist nämlich zu dieser Zeit in vollem Wandel. Denken Sie beispielsweise an** die Punks am Ende der 70er Jahre : in Frankreich, **um sich an diesen Fall zu halten,** haben sie nie **wirkliche** Banden gebildet. Punk sein **bedeutet, einen gewissen Look zu haben** und zu dritt oder zu viert **durch die Gegend zu ziehen.** Die Punks kommen **aus der Mittelschicht / aus dem Mittelstand / und geben vor allem einer jugendlichen Revolte Ausdruck.** Sie stellen auf keinen Fall eine Bewegung der unteren Schichten oder der Vorstädte dar.
– **Inwiefern sind** die Banden von heute, also von 1990, **anders als die von gestern ?**
– **Mir scheint heute bezeichnend, daß sich die Banden nicht mehr nach Klassenkriterien sondern nach ethnischen Themen bilden.** Wir haben es mit Jugendlichen zu tun, die sich nicht mehr **nach dem Prinzip** reich / arm oder Ausbeuter / Ausgebeuteter **spalten. Sie bestimmen ihre Identität ausschließlich nach der Zugehörigkeit zu einem Territorium und einer Ethnie.**

22. LE PARADOXE DU "DON"

Le "potlatch" est, en général, constitué par un don considérable de richesses offertes ostensiblement dans le but d'humilier, de défier et d'obliger un rival. La valeur d'échange du don résulte du fait que le donataire, pour effacer l'humiliation et relever le défi, doit satisfaire à l'obligation, contractée par lui lors de l'acceptation, de répondre ultérieurement par un don plus important, c'est-à-dire de rendre avec usure.

Mais le don n'est pas la seule forme du "potlatch" ; il est également possible de défier des rivaux par des destructions spectaculaires de richesse. (...)

Le problème posé est celui de la dépense de l'excédent. Nous devons d'une part donner ou détruire. Mais le don serait insensé s'il ne prenait le sens d'une acquisition. Il faut donc que "donner" ou "détruire" devienne "acquérir un pouvoir". (...)

Or, si le sujet détruisait l'objet dans la solitude, en silence, nulle sorte de pouvoir n'en résulterait. Mais s'il le détruit devant un autre, ou s'il le donne, celui qui donne a pris effectivement aux yeux de l'autre le pouvoir de donner ou de détruire.

Georges Bataille, La part maudite, Editions de minuit, 1967

■ LES MOTS

le paradoxe ; paradoxal	das Paradox ; paradox
donner ; le don	geben (a, e) ; die Gabe (-n), das Geschenk (-e)
être doué ; le don (musique)	begabt sein ; die Begabung (-en)
la dot ; le poison	die Mitgift ; das Gift (même étymologie)
ostensiblement	ostentativ, offenkundig, deutlich sichtbar
dans le but de	mit dem Ziel, ... zu ... ; in der Absicht, ... zu ...
la richesse	der Reichtum (-¨er)
humilier qqn ; l'humiliation	jdn erniedrigen, demütigen ; die Demütigung
défier qqn	jdn heraus/fordern (zu etwas)
relever un défi	eine Herausforderung an/nehmen (a, o)
obliger qqn	jdn verpflichten (zu etwas)
satisfaire à une obligation	einer Verpflichtung nach/kommen (a, o, ist)
la valeur d'échange	der Tauschwert (der Tausch (sg.), der Wert, -e)
rendre avec usure	mit hohen Zinsen zurück/zahlen
des taux usuriers ; un prix exorbitant	Wucherzinsen ; ein Wucherpreis
la destruction	die Zerstörung (-en), die Vernichtung
l'excédent ; excédentaire	der Überschuß (-¨sse) ; überschüssig
l'acquisition	der Erwerb (sg.), die Errungenschaft (-en)
acquérir	erwerben (a, o), erringen (a, u), sich an/eignen
le pouvoir	die Macht
la solitude	die Einsamkeit, die Abgeschiedenheit
en silence	ohne viel Aufhebens, in aller Stille
faire beaucoup de bruit autour de qqch	viel Aufhebens von einer Sache machen
résulter de	resultieren aus (+D), erwachsen (u, a, ist) aus
il en résulte pour lui un gain de pouvoir	es erwächst ihm daraus ein Machtgewinn

■ MAIS ENCORE

en général	im allgemeinen, allgemein, gewöhnlich
ultérieurement	später, zu einem späteren Zeitpunkt
d'une part ... d'autre part	einerseits ... andererseits
il faut donc...	man muß also ..., man muß folglich ...
or, si	wenn aber ..., wenn jedoch ...
effectivement	tatsächlich, in der Tat

■ TRADUCTION PROPOSEE
Das Paradox des "Geschenks"

Gewöhnlich besteht der "potlach" in dem zur Schau gestellten Verschenken bedeutender Reichtümer in der Absicht, einen Rivalen zu demütigen, herauszufordern oder zu verpflichten. Der Tauschwert des Geschenks ergibt sich aus der Tatsache, daß der Beschenkte, um die Demütigung auszulöschen und die Herausforderung anzunehmen, gezwungen ist, der durch den Empfang des Geschenks eingegangenen Verpflichtung nachzukommen, und also zu einem späteren Zeitpunkt mit einem noch größeren Geschenk zu antworten, d.h. mit hohen Zinsen zurückzuzahlen.

Das Geschenk aber ist nicht die einzige Form des "potlach" ; es ist auch möglich, den jeweiligen Rivalen durch eine spektakuläre Vernichtung von Reichtümern herauszufordern. (...)

Das Problem, um das es hier geht, ist das der Beseitigung des Überschusses. Einerseits müssen wir entweder verschenken oder vernichten. Aber das Geschenk wäre sinnlos, wenn es nicht gleichzeitig eine Errungenschaft bedeutete. Die Tatsache, zu "verschenken" oder zu "vernichten", muß also die Bedeutung von "Macht erwerben" annehmen. (...)

Nur : würde die entsprechende Person den Gegenstand unbemerkt und in aller Stille vernichten, erwüchse ihr daraus keinerlei Macht. Wenn sie ihn dagegen in Anwesenheit eines anderen vernichtet oder verschenkt, ist der Gebende in den Augen dieses anderen tatsächlich in den Besitz einer Macht gekommen, nämlich der Macht zu schenken oder zu vernichten.

■ VARIANTES
Das Paradox des "Geschenks"

Gewöhnlich **besteht der "potlach"** darin, ostentativ bedeutende Reichtümer zu verschenken, um dadurch einen Rivalen **zu erniedrigen / zu beschämen /,** herauszufordern oder zu verpflichten. **Der Gegenwert** des Geschenks ergibt sich aus der Tatsache, daß der Beschenkte, **um die Erniedrigung aufzuheben / wiedergutzumachen /,** sich genötigt sieht, **der Verpflichtung nachzukommen, auf die er sich durch die Annahme des Geschenks eingelassen hat,** und also zu einem späteren Zeitpunkt mit einem noch bedeutenderen Geschenk zu antworten, **das heißt, seine Schuld hochverzinst zu tilgen.**

Aber das Geschenk ist nicht die einzige Form des "potlach" ; der entsprechende Rivale kann auch durch **eindrucksvolle / prahlerische / beeindruckende / Zerstörungen von** Reichtümern herausgefordert werden.

Es geht hier im Grunde um das Problem, **den Überschuß loszuwerden / sich eines** Überschusses **zu entledigen**. Einerseits haben wir nur die Wahl, zu verschenken oder zu zerstören. Aber das Geschenk wäre sinnlos, **wenn damit nicht auch etwas erworben / gewonnen / würde**. "Geben" oder "zerstören" muß also die Bedeutung von "**Macht erlangen**" annehmen.

Wenn aber die handelnde Person den jeweiligen Gegenstand allein und in aller Verschwiegenheit zerstörte, so würde sich für sie daraus keinerlei Macht ergeben / so würde für sie daraus keinerlei Macht resultieren /. Verschenkt oder zerstört sie es aber vor den Augen eines anderen, so hat der Schenkende für diesen anderen tatsächlich **eine Macht erworben : die Macht zu schenken oder zu zerstören.**

■ CONTROLEZ/RETENEZ

→ Le problème posé est celui de la dépense de l'excédent.
  Das Problem, um das es geht, ist das der Beseitigung des Überschusses.
→ Il n'en résulterait pour lui nul pouvoir.
  Es erwüchse ihm daraus keinerlei Macht.

23. LES "NOUVEAUX" SPORTIFS

Matière première : une paire de baskets et un coin de verdure. Bénéfice escompté : la forme, pas les formes. Coût de l'opération : nul ou presque. Il suffit de se rendre vers le plus proche espace boisé pour trottiner sous les futaies – appelons ça jogging – et remplir ses poumons de l'air qui fait si cruellement défaut à nos civilisations bétonnées. Ni compétition ni chronomètre. Les "activités physiques libres", loin des stades et des contraintes du sport traditionnel, ont décidément bien des attraits. (...)

Pourtant, une récente étude menée par des chercheurs de l'Université de Pau jette quelques ombres sur ce tableau idyllique. (...)

Première découverte : ces pratiques "ouvertes", unifiantes, instrument supposé de brassage social, fonctionnent en fait comme des "machines à exclure". Exclues, les femmes. (...) Exclus également, les étrangers. (...) Dernière ségrégation, mais non la moindre : l'appartenance socio-professionnelle. Les ouvriers se font rares. Les cadres, eux, abondent. Et, d'ailleurs, les deux catégories ne risquent pas de se rencontrer au détour d'un bois : les cadres moyens ou supérieurs marchent ou courent. Les ouvriers, employés et retraités se contentent, plus calmement, de jouer aux boules.

Muriel Ray, Le Monde, 3 août 1980

■ LES MOTS

le sport ; le sportif	der Sport, (pl. die Sportarten) ; der Sportler (-)
le bénéfice	der Gewinn (-e), der Ertrag (-¨e)
le coût	der Preis (-e), die Kosten (pl.), die Ausgabe (-n)
cela m'a coûté 10 marks	das hat mich 10 Mark gekostet
le bois ; l'espace boisé	der Wald (-¨er) ; das Gehölz (sg.)
la futaie	ici : die Bäume, die Baumstämme (der Stamm , -¨e)
les poumons	die Lunge (-en)
faire défaut	fehlen
qqch fait défaut	es fehlt an (+D), es herrscht (ein) Mangel an (+D)
la compétition	der Wettkampf (-¨e), der Wettbewerb
le stade	1. das Stadion (-ien) (das Fußballstadion)
	2. das Stadium (-ien) (der Zustand)
la contrainte	der Zwang (-¨e), der Druck, der Anspruch (-¨e)
l'attrait	der Reiz (-e), der Vorteil (-e), der Vorzug (-¨e)
mener une étude	eine Studie (-n) durch/führen
faire ses études	sein Studium (sg. !) absolvieren, studieren
jeter une ombre	einen Schatten werfen (a, o) auf (+A)
le brassage social	der Abbau der sozialen Schranken, ...
unir	vereinigen, vereinen, zusammen/bringen (a, a)
exclure	aus/schließen (o, o), aus/scheiden (ie, ie)
la ségrégation	die Trennung, die Diskriminierung
l'appartenance à	die Zugehörigkeit zu (+D)
la catégorie socio-professionnelle	die Berufskategorie (der Beruf, -e)
le cadre	der leitende Angestellte (Adj.), die Führungskraft (-¨e) der Kader (-)
le retraité	der Rentner
il risque de se tromper	er läuft Gefahr, sich zu irren
se contenter de	sich begnügen mit, sich zufrieden/geben mit

■ MAIS ENCORE

presque	fast, nahezu, so gut wie
en fait	in Wirklichkeit, tatsächlich aber

■ TRADUCTION PROPOSEE

Die "neuen" Sportler

Rohmaterial : ein Paar Tennisschuhe und ein wenig Grün. Erhoffter Gewinn : fit zu sein, nicht fett. Kosten der Sache : keine, oder so gut wie keine. Man braucht sich nur zum nächstgelegenen Gehölz zu begeben, um unter den Bäumen dahinzutrippeln – nennen wir es "joggen" – und sich die Lungen mit jener Luft vollzupumpen, an der in unseren Betonkulturen ein so grausamer Mangel herrscht.

Weder Wettkampf noch Stoppuhr. Die "freien körperlichen Tätigkeiten", fern von den Stadien und den Ansprüchen des traditionellen Sports, sind tatsächlich eine verlockende Sache. (...)

Dennoch wirft eine kürzlich von Forschern der Universität von Pau durchgeführte Studie so manchen Schatten auf dieses idyllische Bild. (...)

Erste Entdeckung : diese "allen zugänglichen", vereinigenden Tätigkeiten, die angeblich bewirken, daß die sozialen Schichten durcheinandergewürfelt werden, funktionieren in Wirklichkeit wie Ausscheidungsmaschinen. Die Frauen : ausgeschieden. (...) Die Ausländer : ebenfalls ausgeschieden. (...) Letztes Ausscheidungskriterium, aber keinesfalls das geringste : die Zugehörigkeit zu einer Berufskategorie. Arbeiter sind selten anzutreffen. Führungskräfte dagegen gibt es im Überfluß. Übrigens : es besteht sowieso keine Gefahr, daß diese beiden Kategorien an irgendeiner Wegkreuzung im Wald aufeinanderstoßen : Leute in mittleren und höheren Führungspositionen wandern oder laufen. Die Arbeiter, die Angestellten und die Rentner machen es sich bequemer und begnügen sich mit Kugelspielen.

■ VARIANTES

Die "neuen" Sportler

Rohmaterial : ein Paar Tennisschuhe und **eine kleine Grünfläche**. Erhoffter Gewinn : fit zu sein, nicht fett. **Kostenaufwand** : keiner, oder **fast keiner**. Man braucht sich nur in den nächstgelegenen **Wald** zu begeben, unter den Bäumen **dahinzutrotten** – **man kann es auch "joggen" nennen** – und sich die Lungen mit jener Luft vollzupumpen, **die unseren unbarmherzig zubetonierten Kulturen so sehr fehlt**. Kein Wettbewerb, auch keine Stoppuhr. **Man muß schon sagen / Man muß es wohl zugeben / es ist nicht von der Hand zu weisen /** : die "freien körperlichen Tätigkeiten", fern von den Stadien und den **Zwängen** des traditionellen Sports, **haben so manche Vorzüge**.

Dennoch wird dieses idyllische Bild von den Ergebnissen einer kürzlich von Forschern der Universität von Pau durchgeführten Studie ein wenig getrübt.

Erste Entdeckung : diese **"offenen" / "allen offenstehenden" /, verbindenden / kontaktfördernden / Tätigkeiten**, die angeblich die Garantie liefern, alle sozialen Schranken abzubauen, funktionieren in Wirklichkeit wie **Ausstoßmaschinen / wie Abschottungsmaschinen /**. Die Frauen : ausgestoßen. Ebenso die Ausländer. Letzte, aber wohl **wirksamste / wichtigste / Diskriminierung** : die berufsständische. Arbeiter sieht man selten. Dagegen wimmelt es nur so von Kadern/ **Kader aber gibt es zuhauf /**. Und außerdem **laufen** diese beiden Kategorien **ohnehin nicht Gefahr**, einander auf einem Waldweg zu begegnen : die mittleren und höheren Kader wandern oder laufen. Die Arbeiter, die Angestellten und die Rentner **sind ruhiger / weniger anspruchsvoll / und kegeln einfach**.

■ CONTROLEZ/RETENEZ

→ Il suffit de se rendre dans le bois le plus proche.
   Man braucht sich nur in den nächstgelegenen Wald zu begeben.

→ L'air pur qui fait si cruellement défaut à nos villes.
   Die reine Luft, an der in unseren Städten ein so grausamer Mangel herrscht.

24. BIOETHIQUE : FAUT-IL UNE LOI ?

Les progrès fulgurants de la biologie et de la médecine imposent des relations nouvelles entre la science et la société. "La révolution biologique donne à l'homme, ou est en passe de lui donner, les trois maîtrises : de la reproduction, de l'hérédité, du système nerveux. Elle touche l'homme au plus profond. Elle concerne la société tout entière", explique Jean Bernard, président du Comité national d'éthique, dans son dernier livre "De la biologie à l'éthique". La société pourrait intervenir non plus seulement pour orienter les recherches, comme elle le fait traditionnellement, mais aussi pour les stopper, voire les interdire.

Faut-il ou non une réglementation, une loi ? Le débat est ouvert. Partisans et adversaires s'affrontent déjà avec, de part et d'autre, des arguments qui ne manquent pas de poids. Faut-il laisser faire avec les risques possibles de détournement, de débordement des recherches ? Ou bien interdire avec le risque de fermer définitivement la porte à des techniques qui pourraient un jour être utiles à l'humanité ? Les uns prônent la confiance en la déontologie des chercheurs. Les autres estiment que les scientifiques ne peuvent plus être seuls à décider.

Sciences et Avenir, décembre 1990

■ LES MOTS

la biologie ; biologique	die Biologie ; biologisch
l'éthique ; éthique ; la déontologie	die Ethik ; ethisch ; die Berufsethik
la loi ; légal	das Gesetz (-e) ; gesetzlich
se doter d'une loi	ein Gesetz verordnen ; erlassen (ie, a)
entrer en vigueur ; être abrogé (loi)	in Kraft treten (a, e, ist) ; außer Kraft treten
les relations entre ...	die Beziehungen zwischen (D +D)
la relation (le rapport) de ... à ...	das Verhältnis (+G) zu (+D)
imposer qqch à qqn	jdn zu etwas zwingen (a, u), jdm etwas auf/zwingen
la reproduction ; se reproduire	die Fortpflanzung ; sich fort/pflanzen
l'hérédité ; être héréditaire	die Erblichkeit ; erblich sein, vererbbar sein
intervenir	ein/greifen (i, i) in (+A), sich ein/schalten in (+A)
orienter qqch	einer Sache (D) eine Richtung geben
stopper qqch ; suspendre qqch	etwas auf/halten (ie, a) ; etwas ein/stellen
la réglementation	die Verordnung (-en), die Regelung (-en)
le partisan	der Befürworter, der Fürsprecher, der Verteidiger
l'adversaire	der Gegner (-), der Opponent (-en, -en)
s'affronter	einander (sich) bekämpfen
il manque de ...	es fehlt ihm an (+D), es mangelt ihm an (+D)
un argument de poids	ein gewichtiges / stichhaltiges / Argument (-e)
le risque ; prendre un risque	das Risiko (-en) ; ein Risiko ein/gehen (i, a, ist)
courir le risque de f. qqch	(die) Gefahr laufen (ie, au, ist), etwas zu tun
le détournement	ici : der Mißbrauch (-̈e)
le débordement	das Ausufern (sg.), die Ausschweifung (-en)
être utile à	nützlich sein (+D), von Nutzen / von Vorteil /sein
prôner	preisen, loben, fordern, predigen
la confiance en qqch	das Vertrauen in (+A)
avoir confiance en qqn	jdm vertrauen, zu jdm Vertrauen haben
décider ; prendre une décision	entscheiden (ie, ie) ; eine Entscheidung treffen (a, o)

■ MAIS ENCORE

être en passe de faire qqch	dabei / im Begriff / auf dem Weg /sein, etw zu tun
voire	beziehungsweise (bzw.), oder auch, oder gar
de part et d'autre	beiderseits, jeweils, von beiden Seiten
laisser faire	die Dinge geschehen lassen, den Dingen ihren Lauf lassen

■ TRADUCTION PROPOSEE

Bioethik : Muß ein Gesetz geschaffen werden ?

Die erstaunlichen Fortschritte im Bereich der Biologie und der Medizin schaffen zwangsläufig neue Beziehungen zwischen Wissenschaft und Gesellschaft. "Dank der biologischen Revolution beherrscht der Mensch die drei folgenden Gebiete – oder ist auf dem Weg, sie zu beherrschen : die Fortpflanzung, die Erblichkeit und das Nervensystem. Sie rührt also an den innersten Kern des Menschen. Sie betrifft die gesamte Menschheit", erklärt der Vorsitzende der staatlichen Kommission für ethische Fragen, Jean Bernard, in seinem letzten Buch "Von der Biologie zur Ethik". Die Gesellschaft könnte sich einschalten, und zwar nicht mehr nur, um die Forschung in eine Richtung zu lenken, wie sie es gewöhnlich tut, sondern auch, um sie einzustellen, bzw. sie zu verbieten.

Muß also eine Verordnung, ein Gesetz geschaffen werden oder nicht ? Die Frage steht zur Debatte. Schon bekämpfen sich Befürworter und Gegner mit jeweils gewichtigen Argumenten. Soll man die Dinge geschehen lassen und dabei die möglichen Risiken eines Mißbrauchs, eines Ausuferns eingehen ? Oder soll man ihnen Einhalt gebieten und damit Gefahr laufen, gewissen Techniken, welche eines Tages der Menschheit nützlich sein könnten, unwiderruflich den Weg zu sperren ? Die einen predigen Vertrauen in die Berufsethik der Forscher. Die anderen sind der Ansicht, daß die Entscheidungen nicht mehr länger den Wissenschaftlern allein überlassen werden können.

■ VARIANTES

Bioethik : Brauchen wir ein Gesetz ?

Die **verblüffenden / überwältigenden / Fortschritte in** Biologie und Medizin **verändern notgedrungen / notwendigerweise /** die Beziehungen zwischen Wissenschaft und Gesellschaft **/ machen ein neues Verhältnis der Wissenschaft zur Gesellschaft notwendig /**. "Die biologische Revolution **ermöglicht dem Menschen die Beherrschung** der Fortpflanzung, der Erblichkeit und des Nervensystems – oder **ist zumindest im Begriff, sie zu ermöglichen**. Sie rührt an den innersten Kern des Menschen und **geht die gesamte Menschheit an**", erklärt der Leiter des staatlichen **Komitees für ethische Belange**, Jean Bernard, in seinem letzten Buch "Von der Biologie zur Ethik". Die Gesellschaft könnte **eingreifen / eine Rolle zu spielen haben /**, und nicht mehr nur, wie bisher der Fall war, um der Forschung eine Richtung zu weisen, sondern auch, um sie **anzuhalten / zu bremsen / oder gar zu verbieten**.

Brauchen wir also eine Verordnung, ein Gesetz, oder nicht ? Die Frage steht zur Debatte. **Schon prallen die beiderseits stichhaltigen Argumente von Befürwortern und Gegnern aufeinander / Schon stehen** Befürworter und Gegner **einander gegenüber, jeder mit stichhaltigen Argumenten /. Soll man den Dingen ihren Lauf lassen** und dabei **die nicht auszuschaltenden Risiken** eines Mißbrauchs, eines Ausuferns der Forschung eingehen ? Oder soll man sie verbieten und damit Gefahr laufen, gewissen Techniken, welche eines Tages der Menschheit **nützen** könnten, **endgültig / ein für allemal /** den Weg zu sperren ? Die einen **fordern** Vertrauen in die Deontologie der Forscher. **Die anderen weigern sich, die Enscheidungen weiterhin den Wissenschaftlern allein zu überlassen / die anderen sind der Ansicht, daß die Entscheidungen nicht länger allein in den Händen der Wissenschaftler bleiben dürfen / daß die Entscheidungen nicht länger allein von den Wissenschaftlern getroffen werden dürfen /** daß die Entscheidungen nicht länger allein von den Wissenschaftlern **abhängen dürfen /**.

■ CONTROLEZ/RETENEZ

→ Faut-il interdire des techniques qui pourraient un jour être utiles à l'humanité ?
   Soll man Techniken verbieten, die eines Tages der Menschheit nützen könnten ?

→ Les chercheurs ne doivent plus être les seuls à décider.
   Die Entscheidungen dürfen nicht mehr allein von den Forschern getroffen werden.

25. DE LA PARESSE

La paresse n'est pas un mythe, c'est une donnée fondamentale et comme naturelle de la situation scolaire. Pourquoi ? Parce que l'école est une structure de contrainte, et que la paresse est un moyen, pour l'élève, de se jouer de cette contrainte. La classe comporte fatalement une force de répression, ne serait-ce que parce qu'on y enseigne des choses dont l'adolescent n'a pas forcément le désir. La paresse peut être une réponse à cette répression, une tactique subjective pour en assumer l'ennui, en manifester la conscience, et, d'une certaine façon, ainsi, la dialectiser. Cette réponse n'est pas directe, elle n'est pas une contestation ouverte, car l'élève n'a pas les moyens de répondre de front à ces contraintes ; c'est une réponse détournée, qui évite la crise. (...)

Si l'on regarde l'étymologie, on remarque que, en latin, *piger,* l'adjectif (puisque paresse vient de *pigritia*), veut dire "lent". C'est le visage le plus négatif, le plus triste de la paresse qui est alors de faire des choses, mais mal, à contrecoeur, de satisfaire l'institution en lui donnant une réponse, mais une réponse qui traîne.

En grec, au contraire, paresseux se dit *argos,* contraction de *a-ergos,* tout simplement "qui ne travaille pas". Le grec est beaucoup plus franc que le latin.

Déjà, dans ce petit débat etymologique, se profile la possibilité d'une certaine philosophie de la paresse. (...)

Roland Barthes, Le Monde-Dimanche, 16 septembre 1979

■ LES MOTS

la paresse	die Faulheit, die Trägheit, die Langsamkeit
la donnée	die Gegebenheit (-en), das Merkmal (-e)
la classe	1. die Schulklasse (-n), 2. die Unterrichtsstunde
faire classe, enseigner	Unterricht halten (ie, a), unterrichten
la contrainte	der Zwang (-¨e), der Druck (sg.), die Einengung
se jouer de	täuschen (+A), betrügen (o, o) (+A), zum Narren halten (ie, a), sich lustig machen über (+A)
fatalement	unvermeidlich, notgedrungen
la répression	die Unterdrückung (-en)
l'adolescent	der Jugendliche (Adj.)
le désir	der Wunsch (-¨e), die Erwartung (-en)
la réponse	die Antwort (auf +A), die Erwiderung (auf +A)
assumer qqch	etwas auf sich nehmen, etwas übernehmen (a, o)
la contestation	die Anfechtung, die Widerrede, der Protest (-e)
éviter qqch	etwas vermeiden (ie, ie), umgehen (i, a), einer Sache aus/weichen (i, i)
le latin ; en latin ; en grec	(das) Latein ; auf Latein(isch) ; auf Griechisch
être au bout de son latin	mit seinem Latein am Ende sein
y perdre son latin	aus einer Sache nicht klug werden
triste	traurig, trostlos, trübsinnig, erbärmlich
à contrecoeur	widerwillig, lustlos
satisfaire qqn	jdn zufrieden/stellen, jdn befriedigen
traîner	schleppen, sich hin/ziehen (o, o)
se profiler	sich ab/zeichnen (von), sich ab/heben (o, o) (von)

■ MAIS ENCORE

comme, pour ainsi dire	geradezu, sozusagen
ne serait-ce que pour	und sei es, um ... ; schon deshalb, weil ...
d'une certaine façon	gewissermaßen, sozusagen
cela veut dire	das heißt, das bedeutet

■ TRADUCTION PROPOSEE
Über die Faulheit

Die Faulheit ist kein Mythos, sie ist eine grundlegende und geradezu natürliche Gegebenheit der Schule. Warum ? Weil die Schule in ihrer Struktur mit Zwang zu tun hat, und die Faulheit für den Schüler ein Mittel ist, sich diesem Zwang zu entziehen. In einer Schulklasse herrscht unvermeidlich Unterdrückung, schon deshalb, weil da Dinge unterrichtet werden, die nicht unbedingt dem Wunsch des Jugendlichen entsprechen. Die Faulheit kann eine Antwort auf diese Unterdrückung sein, eine subjektive Taktik, um die Verdrießlichkeit dieser Unterdrückung zu ertragen, um zu zeigen, daß man ihrer bewußt ist, und um dadurch sozusagen dialektisch mit ihr umzugehen. Diese Antwort wird nicht direkt gegeben, sie ist keine offene Anfechtung, denn der Schüler kann es sich nicht leisten, direkt gegen die Zwänge anzukämpfen ; es handelt sich um eine indirekte Antwort, welche verhindert, daß es zum offenen Konflikt kommt. (...)

Betrachtet man die Etymologie, so stellt man fest, daß im Lateinischen das Adjektiv piger *(denn Faulheit kommt von* pigritia *) "langsam" bedeutet. Es ist die negativste, die erbärmlichste Seite der Faulheit, die demnach bedeutet, daß man zwar Dinge macht, aber man macht sie schlecht, widerwillig ; daß man die Institution zwar zufriedenstellt, indem man ihr eine Antwort gibt, aber es ist eine Antwort, die nichts weiterbringt.*

Dagegen heißt "faul" auf Griechisch argos, *eine Zusammenziehung von* a-ergos, *also ganz einfach "der nicht arbeitet". Die griechische Sprache ist viel ehrlicher als die lateinische.*

Schon in dieser kurzen etymologischen Debatte zeichnet sich die Möglichkeit einer gewissen Philosophie der Faulheit ab.

■ VARIANTES
Über die Faulheit

Die Faulheit ist kein Mythos, sie ist ein grundlegendes, **sozusagen natürliches Merkmal** der Schule. Warum ? **Weil die Struktur der Schule einen Druck ausübt** und die Faulheit für den Schüler **eine Möglichkeit darstellt, diesen Druck zu lockern / diesem Druck zu entschlüpfen / diesen Druck zum Narren zu halten /**. **Der Unterricht enthält notgedrungen** eine Unterdrückung, schon deshalb, weil da Dinge **gelehrt werden, die nicht** unbedingt **den Erwartungen des Jugendlichen entsprechen**. Die Faulheit kann eine **Erwiderung** auf diese Unterdrückung sein, **eine persönliche List, die den Überdruß ertragen hilft und sichtbar macht, daß man sich dieser Unterdrückung bewußt ist und auf eine gewisse Weise dialektisch mit ihr umgeht**. Diese Erwiderung ist keine direkte, sie ist **kein offener Protest**, denn der Schüler hat **nicht die Möglichkeit, die Zwänge direkt anzufechten / sich offen gegen die Zwänge zu stellen / offen auf die Zwänge zu antworten /** ; es handelt sich um **eine versteckte Erwiderung, welche der Krise ausweicht / welche die Krise umgeht /**.

Betrachtet man die Etymologie, so stellt man fest, daß **das lateinische Adjektiv** piger (denn Faulheit kommt von pigritia) "langsam" bedeutet. Es ist der negativste, **der traurigste / jämmerlichste / Aspekt** der Faulheit, die demnach bedeutet, daß man zwar Dinge macht, **aber schlampig, lustlos ; daß man den Forderungen der Institution zwar nachkommt, aber schleppend**.

Im Griechischen dagegen heißt "faul" argos, **eine Kontraktion** von a-ergos, also **schlicht** "der nicht arbeitet". **Das Griechische ist viel offenherziger / offener /** als das Lateinische.

Schon diese bescheidene etymologische Abhandlung läßt die Möglichkeit einer gewissen Philosophie der Faulheit erahnen.

■ CONTROLEZ/RETENEZ

→ Ne serait-ce que parce qu'on y enseigne des choses inutiles.
Schon deshalb, weil da unnütze Dinge unterrichtet werden.

TROISIEME PARTIE

Thèmes de contrôle

Textes non traduits

1. L'INTERROGATOIRE

Cela dura près de trois heures ; j'étais abruti et j'avais la tête vide mais la pièce était bien chauffée et je trouvais ça plutôt agréable : depuis vingt-quatre heures, nous n'avions pas cesssé de grelotter. Les gardiens amenaient les prisonniers l'un après l'autre devant la table. Les quatre types leur demandaient alors leur nom et leur profession. La plupart du temps ils n'allaient pas plus loin – ou bien ils posaient une question par-ci par-là : "As-tu pris part au sabotage des munitions ?" Ou bien : "Où étais-tu le matin du 9 et que faisais-tu ?" Ils n'écoutaient pas les réponses ou du moins ils n'en avaient pas l'air : ils se taisaient un moment et regardaient droit devant eux puis ils se mettaient à écrire.

Ils demandèrent à Tom si c'était vrai qu'il servait dans la Brigade internationale : Tom ne pouvait pas dire le contraire à cause des papiers qu'on avait trouvés dans sa veste. A Juan il ne demandèrent rien, mais, après qu'il eut dit son nom, ils écrivirent longtemps.

J.P. Sartre, Le mur, Gallimard, 1939

2. QUE ME VEUT CET HOMME ?

– Vous êtes Gaspard Winckler ? me demanda-t-il, mais en fait la phrase était à peine interrogative, c'était plutôt une constatation.
– Euh ... Oui ... répondis-je, stupidement, et en même temps je me levai, mais il me retint d'un geste :
– Non, non, restez assis, asseyons-nous, nous serons beaucoup mieux pour bavarder. Il s'assit. Il considéra un instant mon verre vide.
– Vous aimez la bière, à ce que je vois.
– Cela m'arrive, dis-je sans trop savoir que répondre.
– Je préfère le thé.
Il se tourna légèrement vers le comptoir, levant à demi deux doigts. Le garçon survint aussitôt.
– Un thé pour moi. (...) Et une bière pour Monsieur.
J'étais de plus en plus mal à l'aise. Devais-je lui demander s'il s'appelait Otto Apfelsthal ? Devais-je lui demander, tout à trac, à brûle-pourpoint, ce qu'il me voulait ? Je sortis mon paquet de cigarettes et lui en offris une, mais il la refusa.

Georges Perec, "W" ou le souvenir d'enfance, Dénoel, 1983

3. SUR LA PHOTOGRAPHIE

La photo est victime de son sur-pouvoir ; comme elle a la réputation de transcrire littéralement le réel ou une tranche de réel, on ne s'interroge pas sur son véritable pouvoir, sur ses véritables implications. On a une double vue de la photo qui est chaque fois excessive ou erronée. Ou bien on la pense comme une pure transcription mécanique et exacte du réel. C'est toute la photo de reportage, ou la photo familiale dans certains cas. C'est évidemment excessif parce que même une photographie de reportage implique une élaboration, une idéologie de la prise des vues. Ou bien, à l'autre extrême, on la pense comme une sorte de substitut de la peinture ; c'est ce qu'on appelle la photo d'art et c'est aussi un excès, car il est évident que la photo n'est pas de l'art, au sens classique du terme. (...)

Si on veut vraiment parler de la photographie à un niveau sérieux, il faut la mettre en rapport avec la mort. C'est vrai que la photo est un témoin, mais un témoin de ce qui n'est plus.

Roland Barthes, Le grain de la voix (entretiens), Seuil 1981

4. LE DERNIER DES MOHICANS

Je regardais Trois-Pommes* avec étonnement : il ne connaissait pas un seul mot de français. Nous avions six ans tous les deux. Il venait d'un autre hameau, dans les bois, et j'avais sûrement dû le voir à la messe, plusieurs fois, mais on ne nous avait pas présentés.

Ce fut là mon premier étonnement sur le langage – j'en ai eu plusieurs depuis. Certes, nous parlions tous patois, moi un peu moins que les autres parce qu'à deux ans une maladie grave m'avait valu un long séjour dans un hôpital à Paris. J'avais donc par hasard appris à parler français en premier lieu et mes parents avaient continué sur cette lancée. Cependant, tous les enfants passaient automatiquement au français dès qu'ils étaient dans la cour de l'école. Trois-Pommes m'étonnait de ne même pas comprendre "la langue comme il faut". (...)

En fait, Trois-Pommes et moi, nous représentions symboliquement, et sans nous en douter, le tournant du siècle : en ce matin d'avril 1941 j'étais là, devant la classe, le premier enfant de la commune à se présenter dont le français était la langue maternelle ; il était, lui, le dernier qui arrivait à l'école sans en connaître un seul mot. Trois-Pommes, c'était un peu, en quelque sorte, le dernier des Mohicans** ...

Claude Dunneton, Parler croquant, Stock, 1973

*Trois-Pommes : (ein / der) Dreikäsehoch
**le Mohican : der Mohikaner

5. MIMES

Oya ne voulait pas entrer dans la maison. Elle s'asseyait dehors, par terre, contre les escaliers de la terrasse, à l'ombre des goyaviers*. Elle restait là, assise en tailleur, les mains posées à plat sur sa robe bleue. (...)

Maou cherchait à lui parler avec le langage des gestes**. Elle se souvenait vaguement de certains gestes. Quand elle était enfant, à Fiesole, elle croisait des enfants sourds-muets d'un hospice, elle les regardait avec fascination. Pour dire femme, elle montrait les cheveux, pour homme le menton. Pour enfant, elle faisait un geste de la main, sur la tête d'un tout-petit. Pour d'autres gestes, elle inventait. Pour dire fleuve, elle faisait le geste de l'eau qui coule, pour dire forêt, elle écartait ses doigts devant son visage.

Oya au début la regardait avec indifférence. Puis elle aussi commençait à parler. C'était un jeu qui durait des heures. Sur les marches de l'escalier, l'après-midi, avant la pluie, c'était bien. Oya montrait à Maou toutes sortes de gestes, pour dire la joie, la peur, pour interroger. Son visage alors s'animait, ses yeux brillaient. Elle faisait des grimaces drôles, elle imitait les gens, leur démarche, leurs mimiques. Elles riaient toutes les deux.

J.M.G. Le Clézio, Onitsha, Gallimard, 1991

*le goyavier : der Guavenbaum (-¨e)
**le langage des gestes : die Zeichensprache, die Gebärdensprache, die Taubstummensprache

6. VRAIE ET FAUSSE CULTURE (I)

Comme je parlais, devant un Sorbonagre*, d'un roman de Balzac qui me plaît, le Sorbonagre me dit :
– Vous vous occupez spécialement de Balzac ?
A quoi je répondis que je le lisais souvent, et avec plaisir.
– Mais, dit-il, n'en ferez-vous point un livre ?
– Je comprends bien, lui dis-je, qu'un livre est essentiellement quelque chose sur quoi on écrit un autre livre. Mais, je rougis de l'avouer, quand je lis un de mes auteurs préférés, je n'ai point de pensées si sérieuses ; je lis pour mon plaisir.
– Il faut, me dit-il, user au plus vite ce plaisir-là, du moins si vous visez la haute culture littéraire, dont je vous crois digne. On rirait d'un homme qui reviendrait d'Italie et qui dirait : "J'ai vu un tableau ainsi composé, de tels personnages, l'un assis, l'autre agenouillé, qui semblaient parler ou prier ; je ne sais de quelle époque est ce tableau, ni de quelle école, ni de quel peintre ; mais il m'a plu." Un tel homme passerait pour un barbare sans culture !

ALAIN, Préliminaires à l'Esthétique, Gallimard, 1939

*un Sorbonagre : ein Sorbonist (-en, -en), ein Sorbonistiker (-) (?), eingedeutscht etwa : Dr. Besserwisser ...

7. VRAIE ET FAUSSE CULTURE (II)

– Je suis, lui dis-je, un barbare avide de culture. Instruisez-moi.
– Voici. Avant tout, ayez une méthode pour lire. On perd un temps infini à relire. Il faut qu'une seule lecture vide complètement un livre. Ne lisez donc que la plume à la main. Ayez devant vous un double répertoire ; l'un selon l'ordre alphabétique, où vous noterez tous les mots d'importance, avec mention de l'oeuvre, de la page, de la ligne. L'autre selon les matières, qu'il sera bon de classer au préalable ; par exemple, au sujet de Balzac, vous aurez, je suppose, la psychologie de Balzac, la religion selon Balzac, la sociologie de Balzac, et d'autres chapitres dans ce genre-là, que vous remplirez peu à peu de vos extraits. Quand vous arriverez à la fin, vous pourrez dire : j'ai lu Balzac. Dans la suite, vous n'aurez à relire que vos fiches, où vous trouverez les idées et les sentiments, groupés cette fois comme il faut.

ALAIN, Préliminaires à l'Esthétique, Gallimard, 1939

8. EROSTRATE

Puis ils parlèrent de Lindbergh. Ils aimaient bien Lindbergh. Je leur dis :
– Moi, j'aime les héros noirs.
– Les nègres ? demanda Massé.
– Non, noirs comme on dit Magie noire**. Lindbergh est un héros blanc. Il ne m'intéresse pas.
– Allez voir si c'est facile de traverser l'Atlantique, dit aigrement Bouxin.
Je leur exposai ma conception du héros noir :
– Un anarchiste, résuma Lemercier.
– Non, dis-je doucement, les anarchistes aiment les hommes à leur façon.
– Alors ce serait un détraqué.
Mais Massé, qui avait des lettres, intervint à ce moment :
– Je le connais votre type, me dit-il. Il s'appelle Erostrate. Il voulait devenir illustre et il n'a rien trouvé de mieux que de brûler le temple d'Ephèse*, une des sept merveilles du monde.
– Et comment s'appelait l'architecte de ce temple ?
– Je ne me rappelle plus, confessa-t-il, je crois même qu'on ne connaît pas son nom.
– Vraiment ? Et vous vous rapellez le nom d'Erostrate ? Vous voyez qu'il n'avait pas fait un si mauvais calcul.

J.P. Sartre, Le mur, Gallimard, 1939

*Ephesos
**la magie noire : die Schwarzkunst

9. A CHAQUE PAYS SON CV

L'économie a beau se mondialiser, les euromanagers en puissance se heurtent encore à la barrière de clivages nationaux. "Lorsqu'on postule pour un poste dans une entreprise étrangère", explique Maud Tixier, auteur d'une étude sur la question," mieux vaut se tenir au courant des usages nationaux et éviter de déconcerter ou de choquer son interlocuteur". D'autant qu'à l'étranger, nos classiques CV* passent souvent pour des brouillons informes et lapidaires. On vous pardonnera plus facilement vos faiblesses si vous avez fait l'effort de vous mettre au diapason de votre interlocuteur. Ne serait-ce que parce que cela révèle votre curiosité et votre ouverture d'esprit. (...)

En Allemagne, le poids du dossier de candidature est prépondérant. Mais il ne suffit pas d'affirmer. Il faut prouver, documents justificatifs à l'appui. Photocopie de vos diplômes et attestations de vos employeurs sont indispensables. Le reste n'est que bavardage." En France, pour un premier contact, un CV de deux pages suffit. (...) En Allemagne, une dizaine de feuillets sont un minimum. Un trou dans un CV, c'est un véritable feu rouge. Le recruteur s'arrête pile et se demande si vous n'auriez pas fait un peu de prison", affirme Maud Tixier.

Le Nouvel Observateur, octobre 1990

*le CV : der Lebenslauf, das Curriculum Vitae

10. CONSEIL : INVESTIR

Cet été, le soleil s'est montré particulièrement généreux une fois encore, au grand dam des agriculteurs espérant une pluie salvatrice, et à la profonde satisfaction des professionnels du tourisme qui enregistraient dans bien des régions des taux de fréquentation record.

C'est le cas, entre autres, de la plupart des stations de montagne qui se réjouissent de voir de plus en plus de vacanciers succomber au charme estival de nos cimes françaises. On a même constaté le retour des propriétaires de grands appartements et de chalets qui, d'ordinaire, ne fréquentaient les lieux qu'en période hivernale.

Autre raison de se réjouir : les Jeux Olympiques d'hiver de 1992, en projetant au premier plan de la scène mondiale les pistes de la Tarentaise, devraient profiter à l'ensemble des 450 stations françaises et faire connaître notre domaine skiable, qui reste certainement le plus beau du monde.

Enfin, les grands travaux en cours permettront peut-être d'attirer vers nos remontées mécaniques* une clientèle étrangère qui, pour le moment encore, se laisse séduire par le charme des villages suisses ou autrichiens.

Annonce parue dans L'Express, septembre 1990

*la remontée mécanique : der Schilift (-e / -s) (der Sessellift, die Gondel, -n)

11. LE TRADUCTEUR

On ne donne pas au traducteur l'importance décisive qui lui revient en fait, pas seulement dans la diffusion de la littérature, mais dans la circulation et la fabrication des idées. Qu'on imagine pourtant à quoi la Bible, n'eût-elle été connue que dans sa langue et son pays d'origine, se fût trouvée nécessairement réduite. Il n'est pas de religion, pas de doctrine, pas d'innovation dans l'ordre intellectuel qui ne doive entièrement à la traduction ses chances d'expansion et son pouvoir de durer. Pour ne citer que celles qui ont le mieux réussi chez nous – christianisme, marxisme, freudisme –, il est certain que les livres dont elles sont issues n'auraient pas entraîné grand monde si des générations de truchements ne les avaient largement propagées hors des frontières étroites de leur domaine primitif.

A cet égard, le traducteur n'est pas seulement le traître que dénonce le proverbe*, il crée au moins autant qu'il ne trahit puisque aucune idée ne conquerrait le monde sans lui.

Marthe Robert, Livre de Lectures, Grasset, 1977

* Allusion au proverbe italien "traduttore, traditore"

12. COMME TOUT LE MONDE

Comme tout le monde, je n'ai à mon service que trois moyens d'évaluer l'existence humaine : l'étude de soi, la plus difficile et la plus dangereuse, mais aussi la plus féconde des méthodes ; l'observation des hommes, qui s'arrangent le plus souvent pour nous cacher leurs secrets ou pour nous faire croire qu'ils en ont ;

les livres, avec les erreurs particulières de perspective qui naissent entre leurs lignes. J'ai lu presque tout ce que nos historiens, nos poètes, et même nos conteurs ont écrit, bien que ces derniers soient réputés frivoles, et je leur dois peut-être plus d'informations que je n'en ai recueilli dans les situations assez variées de ma propre vie.

La lettre écrite m'a enseigné à écouter la voix humaine, tout comme les grandes attitudes immobiles des statues m'ont appris à apprécier les gestes. Par contre, et dans la suite, la vie m'a éclairci les livres.

M. Yourcenar, Mémoires d'Hadrien, Ed. Plon, 1958

13. BERLIN, DERNIÈRE

A 27 ans, Kits Hilaire est de retour de Berlin. (...) Elle y a vécu cinq ans, dans le quartier de Kreuzberg, où est situé son roman "Berlin, dernière". Quartier adossé au centre-ville de Berlin-Est, mais excentré de Berlin-Ouest ; quartier des alternatifs, des autonomes, des artistes et des Turcs.

"L'identité berlinoise est si forte que toutes les autres identités, culturelles ou religieuses, sont aplanies, sauf l'identité turque. Mais eux sont venus pour travailler, pas pour rejoindre le mythe culturel. Le parti pris du roman, c'est de montrer que Berlin, ce hors-monde, permettait à des artistes d'aller le plus loin possible dans la réalisation de leurs rêves extrémistes. Maintenant, Berlin va être une capitale comme les autres. Jusque là, la seule justification à son existence était, pour les Allemands, d'en faire une capitale culturelle. Il suffisait de poser ses bagages et de dire : "Je suis artiste" pour toucher l'aide sociale. C'est comme cela que j'y ai vécu."

Pour Kits Hilaire, Berlin est déchu depuis la chute du mur. (...) Aujourd'hui, elle ne sait pas où s'installer. Paris lui paraît trop monotone, peu inventif. Comme tous les Berlinois de Kreuzberg, elle pense qu'il ne s'y passe rien. Quant à Berlin, elle craint que le temps des artistes n'appartienne à l'Histoire.

L'Evénement du Jeudi, septembre 1990

14. L'ÂGE DE GRAND-MÈRE

Son mariage avait été une date à ce point capitale dans la vie de grand-mère qu'il marquait une sorte d'année zéro, la borne d'où se détermine l'avant et l'après, comme la naissance du Christ ou la fondation de Rome. Quand on s'interrogeait sur son âge (en général, pour s'émerveiller de sa longévité et de son exceptionnelle vigueur), il y avait toujours quelqu'un pour présenter la solution comme simple : il suffisait de se rappeler qu'elle s'était mariée à vingt-cinq ans en 1912 – comme si, mieux que sa naissance, cette date marquait une ligne de partage d'où découlaient toutes les formes du temps.

Il fallait bien que ce repère, elle l'eût elle-même déterminé. Qui d'autre qu'elle ? Certainement pas le témoin privilégié de cette affaire, (...) notre silencieux grand-père. Mais les calculs se révélaient si compliqués quand les millésimes ne finissaient pas par 2 que l'âge de grand-mère était devenu "vingt-cinq ans en 12", un âge fossilisé contre lequel les années ne pouvaient rien.

Jean Rouaud, Les Champs d'honneur, Les Ed. de minuit, 1990

15. POUR LA DÉFENSE DU PAYS

– La terre est stérile, vous savez ce que c'est, dit l'homme, il faut des matières de premier choix pour la défense du pays. Mais, pour que les canons de fusil* poussent régulièrement, et sans distorsion, on a constaté depuis longtemps qu'il faut de la chaleur humaine. Pour toutes les armes c'est vrai, d'ailleurs.
– Oui, dit Colin.
– Vous pratiquez douze petits trous dans la terre, dit l'homme, répartis au milieu du coeur et du foie, et vous vous étendez sur la terre après vous être déshabillé. Vous vous recouvrez avec l'étoffe de laine stérile qui est là, et vous vous arrangez pour dégager une chaleur parfaitement régulière.
Il eut un rire cassé et se tapa la cuisse droite.
– J'en faisais quatorze les vingt premiers jours de chaque mois. Ah ! ... J'étais fort ! ...
– Alors ? demanda Colin.
– Alors vous restez comme ça vingt-quatre heures, et, au bout de vingt-quatre heures, les canons de fusil ont poussé. On vient les retirer. On arrose la terre d'huile et vous recommencez.

Boris Vian, L'Ecume des Jours, Ed. J.-J. Pauvert, 1947

*le canon de fusil : der Gewehrlauf (-¨e), das Kanonenrohr (-e)

16. OFFRE D'EMPLOI

Moyenne Alsace – Cette société française de dimension internationale avec 3 sites de production, 650 salariés, 500 millions de francs de chiffre d'affaires dont 35% à l'international, compte parmi les leaders français dans sa spécialité.

La direction générale recherche un jeune directeur de marketing pour lui confier la coordination de l'ensemble de la stratégie marketing et tout principalement l'animation d'un important réseau de revendeurs exclusifs. Outre les études qualitatives et quantitatives, il prendra en charge les relations avec les agences de publicité et de communication.

Ce poste très complet s'adresse à un jeune diplômé de type ESC ayant déjà exercé des responsabilités de marketing opérationnel au moins pendant cinq ans. La progression des résultats, les ambitions de l'entreprise à l'international et son ambiance de travail seront de nature à motiver une personnalité entreprenante et créative.

Adresser un dossier de candidature complet (lettre manuscrite, CV, photo et prétentions) à ...

Annonce parue dans l'Express, août 1990

17. L'INFORMATION ET LA BOURSE

Les progrès technologiques ont rendu possible le développement de réseaux d'information interconnectés* ; ils permettent aux informations d'être connues en temps réel** d'un bout du monde à l'autre. C'est ainsi qu'a été réalisé l'interconnexion* de toutes les bourses de valeurs du monde. Ce "progrès", en lui-même, est neutre, mais il a eu, à un moment donné, une conséquence désastreuse : cette interconnexion a permis une amplification excessive des informations ; quand une baisse s'amorçait sur la bourse de Tokyo, par exemple, il fallait jadis plusieurs jours pour qu'on en connaisse les raisons, on avait le temps de réfléchir. (...) Aujourd'hui, elle est répercutée dans l'instant, et c'est ce type d'information immédiate qui a favorisé le krach d'octobre 1987. (...) Un certain nombre de gens bien informés ont pu s'en tirer juste à temps, mais la grande masse des petits épargnants a subi d'importantes pertes. (...)

Tant que ce progrès technologique ne sera pas contrebalancé par un progrès juridique, il se traduira par un enrichissement des mieux informés au détriment des moins bien informés.

Entretien avec René Lenoir (Directeur de l'ENA) in : Frédéric Lenoir, Le Temps de la Responsabilité, Fayard, 1990

*interconnecté : durchgeschaltet ; l'interconnexion : die durchgeschaltete Leitung (-en)
**le temps réel : die Realzeit, die Echtzeit

18. SIDA : OU EN EST LA RECHERCHE ?

Entretien de l'Express avec le Professeur Jean-Paul Lévy, directeur de l'Agence nationale de recherches sur le Sida (ANRS)

Pr. Lévy : – Contre le sida, il y a de nouveaux produits qui paraissent tous les jours. Des milliers de molécules ont déjà été testées. Le vrai problème, c'est que l'on n'a pas encore mis au point une substance qui soit plus spectaculaire que ce que nous avons déjà. (...)

L'Express : – N'existe-t-il pas aussi une forme de mensonge qui consiste à cacher la stagnation des recherches concernant certaines maladies ?

Pr. Lévy : – Non, il n'y a pas de mensonge. Il ne faut pas oublier que l'on peut actuellement guérir de nombreuses maladies cancéreuses. (...) La stagnation des progrès de la thérapeutique n'est donc pas générale. Concernant le sida, elle est plus réelle, je ne le nie pas. Ce progrès est lent, car nous ne sommes qu'au tout début d'une évolution. S'agit-il pour autant de mensonge quand nous parlons de progrès ? (...) Il y a souvent loin des travaux de laboratoire à leur application médicale. Par ailleurs, on assiste à une profonde rupture entre la connaissance scientifique et l'incapacité du public à en saisir les subtilités. D'où, à la fois, une certaine méfiance à l'égard de la recherche, et une tendance à magnifier les progrès de la médecine.

L'Express, avril 1991

19. L'EUROPE ET LES ANCIENS PAYS DE L'EST

Roland Dumas répond aux questions de Jean Daniel et François Schlosser

N.O. : – Est-ce que les difficultés que rencontre l'Allemagne pour intégrer les nouveaux Länder risquent de freiner ou même de bloquer la création de l'union monétaire et économique européenne ?

R. Dumas : – Je ne le pense pas ; les précautions ont été prises pour que l'union économique et monétaire soit mise en oeuvre sur une période de temps assez longue. Elle se réalisera à l'aube du troisième millénaire. L'intégration allemande demandera trois à quatre ans. Bien qu'ayant sous-estimé au départ les difficultés du processus d'unification, l'Allemagne a les moyens de le conduire à son terme. (...)

N.O. : – Quelles sont les espérances que les pays européens de l'Ouest peuvent donner aux anciens pays de l'Est comme la Pologne*, la Hongrie, la Tchéchoslovaquie, qui se trouvent de fait placés dans une sorte de vide géopolitique ?

R. Dumas : – N'oubliez pas la Bulgarie et la Roumanie. Tous ces pays s'ouvrent à peine à l'économie de marché, et voudraient tout de suite entrer de plain-pied dans la Communauté européenne. Ce n'est pas possible immédiatement. Ce n'est pas non plus leur intérêt : leurs économies ne le supporteraient pas. Mais il faut répondre à leur préoccupation et faciliter leur accession à un système européen adapté.

Le Nouvel Observateur, mai 1991

*Polen / Ungarn / die Tschechoslowakei / Bulgarien / Rumänien

20. FAUT-IL PENDRE LES SPÉCULATEURS ?

Sous la Révolution et même l'Ancien Régime, quand les temps devenaient difficiles, le pain rare et cher, on menaçait de pendre à la lanterne*, et même l'on pendait tout court, quelques accapareurs, et le bon peuple s'en trouvait mieux. Avec ses idées simplistes, qui feraient aujourd'hui sourire de pitié un étudiant en économie de première année, il s'imaginait, le peuple, que puisque le pain manquait chez le boulanger, le blé devait bien être quelquepart, par exemple dans les greniers des spéculateurs. Il était convaincu, le peuple, qu'il y avait nécessairement un responsable à ce qui se passait, et que, comme dit M. Charasse, on lui "piquait son blé".

Nous avons changé tout cela. Aujourd'hui, nous savons de source sûre que dans l'économie de marché, c'est-à-dire dans l'économie tout court, personne n'est jamais responsable de rien. Les Anciens** avaient le "Fatum", les marxistes avaient les lois objectives de l'histoire. Nous, nous avons le marché, c'est à dire rien du tout. La "main invisible" d'Adam Smith n'est appelée ainsi que parce qu'elle n'existe pas. (...)

Pourtant, dans la crise du Golfe, il y a bel et bien spéculation. La majorité des experts le confirment : le pétrole ne manque pas. La production mondiale reste supérieure aux besoins. Et cependant, les prix s'envolent et les bénéfices aussi ...

Jacques Julliard, Le Nouvel Observateur, octobre 1990

*"Les aristocrates à la lanterne !", refrain révolutionnaire demandant de pendre les aristocrates à la corde d'une lanterne. (Robert)
**les Anciens : die Alten (Griechen und Römer)

21. WILLY BRANDT

Adenauer était un renard ; Willy Brandt, un loup apprivoisé. Fils du petit peuple des rives de la Baltique*, chef du gouvernement de Bonn de 1969 à 1974, premier socialiste à ce poste depuis 1930, il a laissé l'image d'un chancelier allemand sans arrogance, fidèle à ses amitiés comme aux alliances de son pays. (...) Aussi intraitable sur ce qui est dû à sa patrie que sur ce qu'elle doit à l'Europe, il aura voulu, toute sa vie, réconcilier les mots "Allemagne" et "paix".

Homme d'État né pour la politique, Willy Brandt a publié ses Mémoires en 1989, avant la chute du mur de Berlin. En quatre ans et demi de pouvoir seulement, s'appuyant sur les résultats acquis par "le Vieux"**, il avait ouvert la République fédérale vers l'Europe de l'Est. Architecte détrôné de ce qu'on a nommé la "politique des petits pas", il contemple, aujourd'hui, le bout du chemin : l'unification de l'Allemagne. Son livre en retrace l'itinéraire et explique comment la logique du destin convergea avec celle de la nation. (...)

Willy Brandt ne vise pas plus l'effet littéraire qu'il n'avait cherché l'effet politique. (...) Jamais il n'écrit : "J'avais raison." Il n'avait pas prévu le bouleversement à l'Est. Il avait seulement défendu avec ténacité les droits de l'homme.

L'Express, sept. 1990 (à propos de la parution, en français, des "Mémoires" de Willy Brandt)

*la Baltique : die Ostsee
**"le Vieux" (Adenauer) : der Alte (Adj.)

22. LES DIPLÔMES

Je n'hésite jamais à le déclarer, le diplôme est l'ennemi mortel de la culture. Plus les diplômes ont pris d'importance dans la vie (et cette importance n'a fait que croître à cause des circonstances économiques), plus le rendement de l'enseignement a été faible. Plus le contrôle s'est multiplié, plus les résultats ont été mauvais. (...)

Le diplôme fondamental, chez nous, c'est le baccalauréat. Il a conduit à orienter les études sur un programme strictement défini et en considération d'épreuves qui, avant tout, représentent, pour les examinateurs, les professeurs et les patients, une perte totale de temps et de travail. Du jour où vous créez un diplôme, un contrôle bien défini, vous voyez aussitôt s'organiser tout un dispositif stratégique qui a pour but unique de conquérir ce diplôme par tous les moyens.

Le but de l'enseignement n'étant plus la formation de l'esprit, mais l'acquisition du diplôme, c'est le minimum exigible qui devient l'objet des études. Il ne s'agit plus d'apprendre le latin, ou le grec, ou la géométrie. Il s'agit d'emprunter, et non plus d'acquérir, d'emprunter ce qu'il faut pour passer le baccalauréat.

Paul Valéry, *Propos sur l'Intelligence (Ed. de la Pléiade, t.1)*

23. LA "CULTURE" EN TANT QU'IDÉOLOGIE

Pour la majorité des Japonais qui s'attardent à y réfléchir, la force motrice et coordinatrice de leur univers social émane de la "culture japonaise". Nombre d'entre eux expliquent volontiers qu'il leur est facile de travailler en groupe, de refouler leur individualité, de se dévouer corps et âme à l'entreprise et de coopérer avec les autorités parce que l'harmonie et la loyauté sont pour eux les valeurs culturelles les plus hautes. (...)

Il est délicat de s'attaquer à ces affirmations qui sont, à première vue, tout à fait innocentes. Dans son acception la plus large, la culture ne comprend-elle pas tout ce qui, transmis de génération en génération, a un effet normatif sur les comportements individuels ? (...)

Mais lorsque la culture sert à expliquer le Japon, des affirmations telles que "nous agissons ainsi parce que c'est notre culture" (en clair, nous agissons ainsi parce que nous agissons ainsi), deviennent un alibi à l'exploitation systématique, à la prévarication*, au racket**, et à bien d'autres formes d'abus de pouvoir. Sur la scène internationale, la culture sert d'alibi au non-respect d'engagements et d'accords comme à l'absence de réaction devant les pressions exercées par les partenaires commerciaux. Justifiés au départ par leur "origine culturelle", de nombreux aspects de la vie politique japonaise échappent ainsi à l'analyse.

Karel van Wolferen, L'enigme de la puissance japonaise, Laffont, 1990

*la prévarication : die Pflichtvergessenheit, auch : die Bestechung
**le racket : die Erpressung

24. XÉNOPHOBIE

Sans remonter jusqu'aux Gaulois* qui avaient de bonnes raisons de détester l'envahisseur étranger même s'il leur apportait une civilisation supérieure à la leur, on trouve, tout au long de l'histoire de notre pays, des traces de xénophobie.

On trouve des traces xénophobes dans la plupart des pays. Mais la xénophobie ne produit jamais rien de bon. Il y a plus grave : elle est souvent exploitée par des gens qui trouvent là un moyen de motiver facilement la population, en flattant ses plus bas instincts. La xénophobie est une arme des faibles.

Lorsqu'on parle de xénophobie, il est difficile de ne pas penser aux différents aspects du colonialisme. Il a certes permis une connaissance mutuelle, le début d'un développement dans certaines sociétés, l'accès à l'éducation de milliers de personnes. Mais il a aussi été l'occasion d'abus de pouvoir, de haines profondes, et finalement de toutes les guerres d'indépendance qui ont marqué l'histoire du XXe siècle.

Jacques Maisonrouge, Manager International, Laffont

*le Gaulois : der Gallier (-)

25. LE PROGRÈS

La science peut permettre le meilleur et le pire. C'est bien ce qui avait amené Oppenheimer à refuser de continuer à fabriquer la bombe atomique ; c'était un refus éthique face aux possibilités de la science. C'est ce que nous redécouvrons avec les biotechnologies. Voilà pourquoi on ne peut pas tenir un discours univoque sur ce qu'on appelle le progrès technologique ; il n'est pas, en lui-même, générateur de progrès pour l'homme. (...)

Ce n'est donc qu'en fonction d'un autre progrès, qui doit se produire à l'intérieur de l'homme, qu'on pourra parler d'un progrès complet pour l'humanité. Pour l'instant, avec les menaces qui pèsent sur l'environnement, avec notamment la détérioration de la couche d'ozone, les pluies acides, le danger d'accidents nucléaires, on ne peut qu'être extrèmement prudent. Il est grand temps que cet immense progrès technique soit compensé par un progrès équivalent, le progrès de la conscience de notre responsabilité.

Entretien avec René Lenoir (directeur de l'ENA) in : Frédéric Lenoir, Le Temps de la Responsabilité, Fayard, 1990

26. LA BATAILLE DE L'AUDIMAT

Une autre cause de la médiocrité de notre télévision provient du sophisme qui consiste à confondre multiplication des canaux et variété des programmes. Plus il y aura de chaînes, pense-t-on, plus les gens auront le choix. Or c'est totalement faux ! Plus il y a de télévisions, moins il y a d'argent à se partager sur le marché. C'est particulièrement vrai en France où le marché est nettement plus limité qu'aux Etats Unis par exemple. Chacun a donc moins d'argent et, comme tous sont engagés dans une mauvaise bataille de l'Audimat*, on finit par faire les mêmes programmes, pour obtenir les mêmes résultats. (...)

Quand on prend par exemple un thème donné et qu'on invite sur un plateau, pour un minimum de temps, le maximum de personnes, même les plus compétents dans le domaine qu'on veut traiter, le problème des animateurs** n'est plus de faire sortir l'information, mais de demander aux gens de parler le moins possible pour que tout le monde puisse parler ! Cela est dû aussi en partie à l'ignorance de certains animateurs qui traitent des sujets qu'ils ne connaissent pas et qui remplacent un manque d'expérience culturelle par un carnet d'adresses. On évite ainsi toute conversation, toute véritable information (...) au profit du "rythme", d'un spectacle fondé sur la vitesse.

Entretien avec Yves Jaigu, in : Frédéric Lenoir, Le Temps de le Responsabilité, Fayard, 1990

*le taux d'écoute (Audimat) : die Einschaltquote (-n)
**l'animateur (TV) : der Moderator (-en)

27. LE NORD ET LE SUD

Les grands aventuriers de notre temps n'ont plus la route de la soie ou les Amériques à découvrir, tout au plus seront-ils les voyageurs de l'espace, même si certains croient que le Paris-Dakar peut en tenir lieu.

Pourtant, le monde lui-même reste à conquérir d'une autre façon : celle qui consiste à concilier le Nord et le Sud, à donner tout son sens au mot "universalité" en dépassant l'idée de domination.

Les pays les plus riches, les plus industrialisés, les mieux dotés en ressources humaines bien formées doivent se sentir responsables, non pour apporter leur civilisation et leur culture aux moins favorisés, mais pour organiser un ordre mondial permettant un meilleur équilibre entre les riches et les pauvres, dans l'intérêt des uns et des autres.

La France, de par son passé et le prestige dont elle continue à bénéficier vis-à-vis de la plupart des pays en développement, a un rôle privilégié à jouer en ce domaine. Diverses initiatives ont été prises par les gouvernements successifs. (...)

Pourtant même si, parmi les grandes nations, elle est une de celles qui ont fait des efforts financiers les plus conséquents, nous sommes encore loin des engagements qui seraient nécessaires.

Entretien avec Simone Veil (hiver 1989/90) in : Frédéric Lenoir,
Le Temps de la Responsabilité, Fayard, 1990

28. BASF : MOINS DE BÉNÉFICES

Les temps sont plus durs pour la chimie mondiale. Après deux années particulièrement fastes, les géants du secteur ne se font plus aucune illusion : l'exercice 1990 se soldera, au mieux, par une stagnation de leurs chiffres d'affaires et, surtout, par un recul de leurs bénéfices. Bien que prévisible dès la fin de 1989, cette dégradation de la situation est très mal vécue en Bourse, où l'on considère que le pire est encore à venir, du fait de l'impact nécessairement négatif de la flambée des prix du pétrole.

N° 2 mondial, derrière l'américain Du Pont de Nemours, avec un chiffre d'affaires de 160 milliards de francs en 1989, le groupe allemand BASF n'a certes pas été surpris par (...) la réduction des marges, d'autant que celles-ci avaient été exceptionnellement élevées l'an dernier. Les 370 000 actionnaires – dont près de 9 000 Français – ont pourtant été déçus par les comptes du premier semestre : celles-ci font apparaître un fléchissement des ventes de 4,5 % et une contraction du bénéfice après impôts de 20,5 %, sensiblement plus forte que celle qu'ont subie Bayer et Hoechst, les deux autres grands de la chimie allemande.

L'Express, septembre 1990

29. MUSIQUE ET VIDÉO : CARLOS KLEIBER

Un magnétoscope*, c'est bien, mais on ne peut pas passer sa vie à s'en servir. Si bien que nul ne saurait prévoir le sort auquel sont promis les enregistrements vidéo* de musique classique – instrumentale ou lyrique. (...)

Un produit, si vil qu'il puisse paraître – et la cassette VHS*, dans son emballage de plastique mou et translucide, pas même fichu de bien fermer, est d'une laideur insurpassable – , cet objet peut se transformer en une oeuvre d'art devant laquelle même les plus exigeants ploient l'échine. C'est le cas pour Carlos Kleiber dirigeant l'orchestre Concertgebouw d'Amsterdam dans les quatrième et septième symphonies de Beethoven. (...)

Mais d'où vient que cette bande vidéo soit si forte ? Et qu'elle frappe si vite ? C'est que tout y est beau. D'abord, Kleiber est le seul chef au monde que la musique fasse sourire. Il sourit d'un bout à l'autre du concert. Son visage semble constamment respirer le plaisir, la légèreté, le bonheur d'être. Ensuite, sa gestique est d'une telle rondeur, d'une telle souplesse, qu'elle fait oublier son rôle. (...) On dirait qu'il est dans l'eau, qu'il évolue dans un milieu où l'énergie s'est faite élastique et sensuelle. Circule entre l'orchestre et lui un courant d'échange : il ne dicte pas à l'ensemble ce qu'il doit faire, mais il lui permet de le faire et l'en remercie.

Le Nouvel Observateur, août 1990

*le magnetoscope : der Videorekorder (-) ; la cassette vidéo : die Videokassette (-n) ; l'enregistrement vidéo : die Videoaufzeichnung (-en)

30. LE LIVRE BRULÉ

Ernesto était censé ne pas savoir lire encore à ce moment-là de sa vie et pourtant il disait qu'il avait lu quelque chose du livre brûlé*. (...) Au début il disait qu'il avait essayé de la façon suivante : il avait donné à tel dessin de mot, tout à fait arbitrairement, un premier sens. Puis au deuxième mot qui avait suivi, il avait donné un autre sens, mais en raison du premier sens supposé au premier mot, et cela jusqu'à ce que la phrase tout entière veuille dire quelque chose de sensé. Ainsi avait-il compris que la lecture était une espèce de déroulement continu dans son propre corps d'une histoire par soi inventée.

C'était de cette façon qu'il avait cru comprendre que dans ce livre il s'agissait d'un roi qui avait régné dans un pays loin de la France, étranger lui aussi, il y avait très longtemps de cela. Il avait cru avoir lu non pas des histoires de rois mais celle d'un certain roi d'un certain pays à une certaine époque. Un peu de cette histoire seulement, à cause de la destruction du livre, juste ce qui avait trait à certaines épisodes de la vie et des occupations de ce roi.

Marguerite Duras, La Pluie d'Eté, P.O.L., 1990

*il s'agit d'un livre mutilé, troué en son milieu au fer rouge : traduire, donc, par "gebrandmarkt" (brûlé au fer rouge, stigmatisé)

Appendice

CARREFOURS

action (l')	1. die Tätigkeit, die Tat (-en), die Handlung (activité, acte) 2. die Aktie (-n) (die Aktiengesellschaft / AG : la SA) 3. die Aktion (sg.) (politique ; eine Aktion starten, in Aktion treten)
addition (l')	1. die Rechnung (-en) (restaurant ; Herr Ober, bitte zahlen) 2. die Summe (-n) (faire l'addition ; die Summe errechnen) 3. die Addition (-en) (math. ; faire une addition : eine Addition machen)
affaire (l')	1. das Geschäft (-e) (faire des affaires : gute Geschäfte machen ; l'homme d'affaires : der Geschäftsmann, pl. die Geschäftsleute) 2. die Angelegenheit (-en), die Sache (kümmere dich um deine Angelegenheiten ! ; das ist nicht meine Sache !) 3. die Affäre (-n), der Skandal (-) (Was für eine Affäre !)
aller chercher	1. etwas (aus dem Keller) holen 2. jdn (vom Bahnhof) ab/holen , eine bestellte Ware ab/holen
animer	1. beleben (diese Boutiquen werden die Straße etwas beleben) 2. moderieren (TV : es moderiert Peter H. ; der Moderator, -s, -en)
appeler	1. nennen (nannte genannt), benennen (nommer ; man muß das Ding beim Namen nennen ; mentionner ; das ist nicht nennenswert) 2. rufen (ie, u) (er hat um Hilfe gerufen) 3. an/rufen (téléphoner ; ich muß den Chef anrufen !)
arrête (l')	1. der Grat (-e) (montagne) 2. die Gräte (-n) (poisson ; die Fischgräte)
arrêter (s')	1. enden mit +D (s'arrêter sur ; der Text endet mit einer Frage) 2. halten (ie, a) (der Wagen hält bei rotem Licht ; die Bushaltestelle, -n)
arrêter	1. auf/hören (hör auf zu schreien ! ; ich habe genug, ich höre auf ! ; arrête tes histoires ! : hör auf mit deinen Geschichten !) 2. an/halten (ie, a) (der Polizist hält den Wagen an ; stopper : man kann die Müllflut nicht mehr anhalten)
aspect (l')	1. das Aussehen (sg.) (a.extérieur ; dem Aussehen nach ist er neu) 2. der Aspekt (-e), die Seite (-n) (les différents aspects du problème : die verschiedenen Aspekte des Problems ; sous tous ses aspects : von allen Seiten)
assez	1. genug (suffisamment ; du bist alt genug ; ich habe nicht genug Zeit) 2. ziemlich, eher, recht (plutôt, relativement ; er war recht freundlich)
assister (à)	1. bei/wohnen (+D) (être présent ; einer Versammlung beiwohnen) 2. teil/nehmen (a, o) an (D) (participer ; an einer Debatte teil/nehmen)
assurance (l')	1. die Versicherung (-en) (l'ass. maladie : die Krankenversicherung) 2. die (Selbst)sicherheit (elle a de l'ass. : sie ist sehr selbstsicher) 3. die Garantie (-n)
assurer	1. sichern (garantir ; der Friede ist gesichert) 2. versichern (par contrat ; sich gegen Feuer versichern) 3. versichern (certifier ; ich versichere Sie (A), daß es wahr ist)
auteur (l')	1. der Autor (-s, -en), der Verfasser (-) (eines Buchs, eines Textes) 2. der Urheber (-) (d'une idée, celui qui est à l'origine) 3. der Täter (-) (d'un crime, d'un méfait)

bénéfice (le)	1. der Gewinn (-e) (gain), der Ertrag (-¨e) (rendement) 2. der Nutzen, der Vorteil (-e) (tirer bénéfice de : Nutzen ziehen aus +D ; à votre avantage : zu Ihrem Vorteil)
besoin (le)	1. der Bedarf (sg.) (écon. ; couvrir un besoin : einen Bedarf decken) 2. das Bedürfnis (-sse) (satisfaire un besoin : ein Bedürfnis befriedigen) 3. die Not, das Elend (être dans le besoin : Not leiden, im Elend sein)
bureau (le)	1. der Schreibtisch (-e) (la table de travail) 2. das Bureau (-s), das Amt (-¨er), das Arbeitszimmer (-)
changer	1. sich ändern (se transformer, évoluer ; die Zeiten ändern sich) 2. wechseln (échanger ; Geld wechseln, den Partner wechseln)
chercher	1. suchen (ch. ce que l'on a perdu ; ich suche meine Schlüssel) 2. suchen nach (+D) (chercher une solution : nach einer Lösung suchen) 3. forschen (nach +D) (faire des recherches ; le chercheur : der Forscher)
chose (la)	1. die Sache (-n), der Gegenstand (-¨e) (objet ; que faire de toutes ces choses ? : was soll ich mit all den Sachen anfangen ?) 2. das Ding (-e) (au pl. surtout : sens plutôt abstrait ; on ne parle pas de ces choses-là : von solchen Dingen redet man nicht)
circulation (la)	1. der Verkehr (c. routière ; cf aussi : le tourisme : der Fremdenverkehr) 2. der Umlauf (la circulation monétaire : der Geldumlauf ; es ist zuviel Geld im Umlauf ; falsches Geld in Umlauf bringen)
comportement (le)	1. das Verhalten (sg.), pl. die Verhaltensweisen (attitude, manière d'être ; le comportementaliste : der Verhaltensforscher) 2. das Benehmen (fait d'éducation ; sich gut / schlecht benehmen)
compter	1. zählen (1, 2, 3, ... (er kann nicht bis drei zählen) 2. rechnen (calculer), rechnen mit +D (compter sur ; wir rechnen mit einer Verbesserung der Lage) 3. sich verlassen auf +A (on peut compter sur lui : man kann sich auf ihn verlassen ; er ist sehr verläßlich (fiable)
condition (la)	1. die Bedingung (-en) (à la condition que ... : unter der Bedingung, daß ...) 2. die Voraussetzung (-en) (la condition préalable)
connaissance (la)	1. das Wissen (le savoir) 2. die Kenntnis (prendre connaissance de qqch : etwas zur Kenntnis nehmen) 3. die Erkenntnis (-sse) (constatation ; comprendre (enfin) que ... : zur Erkenntnis kommen, daß ... ; der Baum der Erkenntnis) 4. das Bewußtsein (perdre connaissance : das Bewußtsein verlieren ; avoir perdu connaissance : bewußtlos sein)
conscience (la)	1. das Bewußtsein (avoir conscience de : sich (+G) bewußt sein ; en pleine conscience : bei vollem Bewußtsein ; faire qqch inconsciemment : etwas unbewußt tun) 2. das Gewissen (moral ; ein gutes / ein schlechtes Gewissen haben)
conserver	1. auf/bewahren, behalten (ie, a) (garder) 2. konservieren, frisch halten (préserver) (der Frischhaltebeutel : le sachet plastique pour aliments)
correspondance (la)	1. der Briefwechsel (courrier) 2. der Anschluß (-¨sse) (train)
correspondre	1. entsprechen (a, o) (+D) (correspondre à ; das entspricht den Tatsachen) 2. in Briefwechsel stehen mit +D (correspondre avec qqn)

cours (le)	1. die Unterrichtsstunde (-n), der Kurs (-e) (enseignement) 2. der Lauf (der Zeit / eines Flusses ; le cours d'eau : der Wasserlauf) 3. der Kurs (-e) (le cours du change : der Wechselkurs)
crise (la)	1. die Krise (-n) (die Wirtschaftskrise), (conflit ; die Golfkrise) 2. die Krisis, der Anfall (-¨e) (méd. ; der Herzanfall)
décision (la)	1. der Entschluß (-¨sse) (se décider d'agir ; prendre une décision : einen Entschluß fassen ; la décision n'est pas encore prise : der Entschluß steht noch aus) 2. die Entscheidung (-en), die Wahl (sg.) (faire un choix : eine Entscheidung treffen (a, o) , eine Wahl treffen)
décrire	1. beschreiben (ie, ie) (qqch de statique : eine Landschaft, ein Bild) 2. schildern (une action, p.ex. un combat, un événement : einen Kampf / ein Ereignis schildern)
demander	1. fragen, ob (poser une question) 2. fragen nach +D (demander un renseignement) 3. bitten um +A (solliciter, prier ; um Hilfe bitten ; um einen Rat bitten) 4. verlangen (exiger ; man kann das von einem Kind nicht verlangen !) 5. an/suchen um +A (d. l'octroi de, solliciter auprès d'une autorité)
dépasser	1. überholen (voiture ; être dépassé (idées, techniques) : überholt sein) 2. überwinden (a, u) (obstacles, difficultés) 3. überschreiten (i, i) (frontière, limites)
dire (vouloir)	1. heißen (signifier ; was soll das heißen ? ; was heißt das ?) 2. meinen (penser, être d'avis ; ich habe das nicht so gemeint ! ; ich sage immer, was ich meine ; du verstehst nicht, was ich meine)
don (le)	1. die Gabe (-n), das Geschenk (-e) (cadeau) 2. die Begabung, das Talent (-e) (eine musikalische Begabung)
élever	1. erziehen (o, o) (éduquer ; ein gut erzogenes Kind) 2. auf/ziehen, groß/ziehen (nourrir ; élever un animal) 3. erhöhen, heben (o, o) (augmenter ; élever le niveau de vie : den Lebensstandard erhöhen ; élever le niveau : das Niveau heben)
emploi (l')	1. die Beschäftigung, die Arbeit, die Stelle (-n) (l'offre d'emploi : das Stellenangebot ; être sans emploi : arbeitslos sein) 2. der Gebrauch, die Verwendung (possibilités d'emploi : die Verwendungsmöglichkeiten ; mode d'emploi : die Gebrauchsanweisung)
entreprise (l')	1. das Unternehmen (-), der Betrieb (-e), die Firma (pl. Firmen) 2. das Unternehmen (sg.), das Projekt (-e) (le fait d'entreprendre)
entretien (l')	1. die Unterredung (sg.), das Gespräch (-e) (la discussion) 2. die Pflege (le soin : ein gepflegtes Haus ; ein gepflegter Garten) 3. die Wartung (sg.) (eines Autos, einer Maschine)
environnement (l')	1. die Umwelt (écologique ; die Umweltverschmutzung) 2. das Umfeld (l'environnement social : das soziale Umfeld)
épargner	1. sparen (Geld sparen, Zeit sparen) 2. (ver)schonen (+A) (un adversaire ; einen Gegner verschonen)
épreuve (l')	1. das Examen (-), die Prüfung (-en) 2. die Probe (mettre qqn à l'épreuve : jdn auf die Probe stellen) 3. der Abzug (-¨e) (photo, tirage)
essayer	1. versuchen (tenter ; ich versuche, mein Ziel zu erreichen) 2. probieren (faire un essai, pour voir)

essence (l')	1. das Wesen, die Wesenheit (essentiel : wesentlich) 2. die Essenz (quintessence), das Benzin (carburant), das Extrakt (suc)
état (l')	1. der Zustand (être en mauvais état : in einem schlechten Zustand sein) 2. der Stand (ponctuel ; dans l'état actuel des choses : beim heutigen Stand der Dinge)
étranger (l')	1. der Ausländer (-) (d'une autre nationalité ; adj. ausländisch) 2. der Fremde (Adj.) (l'inconnu)
études (les)	1. das Studium (sg. !) (les études universitaires ; das Medizinstudium) 2. die Studie (-n) (une étude ponctuelle, précise ; eine Studie über +A)
expansion (l')	1. die Expansion (économie) 2. die Erweiterung, die Ausdehnung (propagation) 3. die Entwicklung (commerce : le développement)
expérience (l')	1. die Erfahrung (-en) (un vécu) 2. das Experiment (-e) (en laboratoire) 3. Tierversuche (pl.) (expériences sur les animaux)
exposé (être)	1. ausgestellt sein (un tableau ; l'exposition : die Ausstellung) 2. ausgesetzt sein (+D) (er war harten Kritiken ausgesetzt)
fait (le)	1. die Tat (-en) (l'acte ; il a été pris sur le fait : er wurde auf frischer Tat ertappt ; les mots ne sont pas suivis de faits : den Worten (D !) folgen keine Taten) 2. die Tatsache (-n) (l'état des choses ; le fait est que ... : Tatsache ist, daß ... ; c'est un fait : das ist eine Tatsache ; on ne peut nier le fait que ... : man kann die Tatsache nicht leugnen, daß ... ; cela ne correspond pas aux faits : das entspricht nicht den Tatsachen)
faute (la)	1. der Fehler (-) (erreur ; ich mache immer dieselben Grammatikfehler) 2. die Schuld (sg.) (c'est ta faute : das ist deine Schuld)
fortune (la)	1. das Glück (la chance ; la roue de la fortune : das Glücksrad) 2. das Vermögen, der Reichtum (-¨er) (la richesse)
heure (l')	1. Uhr (es ist drei Uhr, halb fünf Uhr ; et : la montre : die Uhr, -en) 2. die Stunde (-n) (durée : er ist drei Stunden geblieben)
homme (l')	1. der Mensch (-en, -en) (l'être humain) 2. der Mann (-¨er) # die Frau (-en)
humanité (l')	1. die Menschheit (l'ensemble des êtres humains ; ein Fortschritt für die Menschheit) 2. die Menschlichkeit (le fait d'être humain ; c'est inhumain : das ist unmenschlich)
imaginer (s') qqch	1. sich (D) etwas vor/stellen (se représenter qqch ; ich kann mir die Szene gut vorstellen ; c'est inimaginable : das ist unvorstellbar) 2. sich (D) etwas ein/bilden (se faire des idées, des illusions ; er bildet sich ein, der Beste zu sein ; was bildest du dir eigentlich ein ?)
impression (l')	1. der Eindruck (-¨e) (er macht einen guten Eindruck) 2. der Druck (-e) (la faute d'impression : der Druckfehler)
intérêt (l')	1. das Interesse (an +D) (trouver de l'intérêt : Interesse finden an ...) 2. der Vorteil (-e), der Nutzen (sg.) (avantage, bénéfice) 3. die Zinsen (pl.) (le taux d'intérêt : der Zinssatz, -¨e)
langue (la)	1. die Sprache (-n) (die deutsche Sprache ; bilingue : zweisprachig) 2. die Zunge (-n) (se brûler la langue : sich die Zunge verbrennen (litt. et fig.) ; avoir une langue de vipère : eine spitze Zunge haben) 3. der Mund (dans des expressions : tenir sa langue : den Mund halten ; avoir la langue bien pendue : nicht auf den Mund gefallen sein)

ligne (la)	1. die Zeile (-n) (d'une page ; das Wort steht in der dritten Zeile) 2. die Linie (-n) (une ligne droite : eine gerade Linie)
matière (la)	1. die Materie (-n), der Stoff (-e) (la matière première : der Rohstoff) 2. das Fach (-¨er) (école ; Geschichte ist mein Lieblingsfach)
même (le)	1. derselbe, dieselbe, dasselbe (identique ; dasselbe Haus bewohnen) 2. der gleiche, ... (semblable ; er hat den gleichen Wagen wie du)
mémoire (la)	1. das Gedächtnis (mémoriser ; ein gutes Gedächtnis haben) 2. die Erinnerung (en mémoire de : in Erinnerung an +A) 3. der Speicher (-), der Datenspeicher (ordinateur)
modèle (le)	1. das Modell (-e) (Mode, Maschinen ; unser neuestes Modell) 2. das Vorbild (-er) (idéal), das Beispiel (-e) (exemple), das Muster (-) (un enfant modèle : ein Musterkind)
mot (le)	1. das Wort, pl. die Wörter (les mots isolés ; cf. das Wörterbuch) 2. das Wort, pl. die Worte (un ensemble de mots ; er sprach einige Worte des Trostes ; immer nur Worte und keine Taten !)
net	1. sauber (propre), einwandfrei (impeccable), ehrlich (honnête) 2. netto (bénéfice net : der Nettogewinn ; poids : das Nettogewicht)
observer	1. beobachten (regarder faire : ein Kind beim Spielen beobachten) 2. betrachten (contempler : ein Gemälde, eine Landschaft) 3. befolgen, beachten (une règle, une loi : ein Gesetz, eine Regel)
opération (l')	1. die Operation (-en), der Eingriff (-e) (méd. ; subir une opération : sich einer Operation unterziehen (o, o) ; ein chirurgischer Eingriff) 2. die Aktion, das Verfahren (procédé), die Handlung (action) 3. die Rechnungsart (math. ; die vier Grundrechnungsarten)
ordre (l')	1. der Befehl (-e) (donner des ordres : Befehle erteilen) 2. die Ordnung (l'ordre établi : die bestehende Ordnung)
paraître	1. aus/sehen (a, e) (aspect extérieur ; er sieht krank aus) 2. scheinen (ie, ie) (sembler ; die Lage scheint aussichtslos)
parents (les)	1. die Eltern (Vater und Mutter) 2. die Verwandten (Adj.) (Onkel, Tante, ... ; nahe / entfernte Verwandte)
pensée (la)	1. der Gedanke (-ns, -n) (une pensée originale : ein origineller Gedanke) 2. das Denken, die Denkweise (le fait de penser, la manière de penser)
place (la)	1. der Platz (-¨e) (ville ; der Hauptplatz ; train ; ist dieser (Sitz)platz frei ?) 2. die Stelle (-n) (à votre place, je ... : an Ihrer Stelle würde ich anrufen) 3. die Lage (sg.) (mettez-vous à ma place ! : versetzen Sie sich doch in meine Lage !)
poids (le)	1. das Gewicht (mesurable ; das Körpergewicht ; cela n'est pas prépondérant ici : das fällt hier nicht ins Gewicht) 2. die Last (-en) (la charge)
populaire	1. volkstümlich (l'art populaire : die Volkskunst) 2. beliebt (aimé, apprécié ; unser Bürgermeister ist sehr beliebt)
présenter	1. vor/stellen (faire les présentations ; darf ich Ihnen meine Frau v. ?) 2. dar/stellen (décrire : eine Situation darstellen ; montrer : dieses Gemälde stellt eine Landschaft dar)
preuve (la)	1. der Beweis (-e) (je n'ai aucune preuve : ich habe keinen Beweis) 2. die Probe (math.)

puissance (la)	1. die Macht (-¨e) (influence ; la puissance mondiale : die Weltmacht) 2. die Kraft (-¨e) (la force physique) 3. die Leistung (la puissance d'un moteur : die Motorleistung)
qualité (la)	1. die Qualität (-en) (einer Ware ; le label de qualité : das Gütezeichen) 2. die Eigenschaft (-en) (qualités et défauts ; jeder Mensch hat gute und schlechte Eigenschaften)
raison (la)	1. der Verstand (sg.), die Vernunft (sg.) (entendement) 2. der Grund (-¨e), die Ursache (-n) (cause : aus diesem Grund) 3. die Staatsräson : la raison d'État
rapport (le)	1. die Beziehung (-en) (zwischen +D und +D), das Verhältnis (zu +D) (avoir un bon rapport qualité / prix : preisgünstig sein) 2. der Bericht (-e) (faire un rapport : einen Bericht schreiben, Bericht erstatten über (+A) ; le reporter : der Berichterstatter) 3. der Ertrag (-¨e), der Gewinn (-e) (rendement ; gute Erträge erzielen)
recevoir	1. bekommen (a, o), erhalten (ie, a) (un objet ; ich habe den Brief erhalten ; mais : elle a eu un enfant : sie hat ein Kind bekommen) 2. empfangen (i, a), ein/laden (u, a) (une personne)
reconnaître	1. (wieder)erkennen (a, a) (un ami ; ich habe ihn kaum wiedererkannt) 2. anerkennen (une performance ; seine Leistung wurde anerkannt)
représenter	1. dar/stellen (montrer ; das Bild stellt eine Blume dar) 2. vertreten (a, e) (remplacer ; er vertritt den Minister) 3. auf/führen (spectacle ; ein Theaterstück aufführen)
sens (le)	1. der Sinn (sg.) (signification ; das hat keinen Sinn, das ist sinnlos) 2. der Sinn (-e) (les cinq sens : die fünf Sinne) 3. die Richtung (sg.) (la direction ; in die falsche Richtung gehen)
signifier	1. bedeuten (la signification : die Bedeutung) 2. heißen (ie, ei) (voiloir dire ; was heißt das ? ; was soll das heißen ?)
silence (le)	1. die Stille (# der Lärm), die Ruhe (Ruhe, bitte !) (absence de bruit) 2. das Schweigen (le fait de se taire)
souvenir (le)	1. die Erinnerung (an +A) (se souvenir de : sich erinnern an +A) 2. das Andenken (objet ; diese Vase ist ein Andenken aus China)
tendance (la)	1. die Neigung (zu +D), der Hang (zu +D) (le penchant pour) 2. die Tendenz (tendance à la hausse : mit / bei / steigender Tendenz) 3. der Trend (-s) (un phénomène de mode : dem Trend folgen)
titre (le)	1. der Titel (-), die Überschrift (eines Textes) (le titre de noblesse : der Adelstitel) 2. das Wertpapier (-e) (bourse) 3. die Urkunde (-n) (un document)
toujours	1. immer, immerfort, ständig, dauernd, permanent (permanence) 2. immer wieder (répétition) 3. immer noch, nach wie vor (persistance : er hat die Rechnung immer noch nicht bezahlt ; wir stecken nach wie vor in Schulden)
type (le)	1. die Art (-en) (ce type d'information : diese Art Information) 2. der Typ (-en), der Kerl (-e) (fam. et plutôt péj. : le type, le mec)
visiter	1. besichtigen +A (un monument, une ville) 2. besuchen +A (une personne : jdm einen Besuch ab/statten)

INDEX GRAMMATICAL

adjectif (l') (déclinaison au pluriel) 103
adjectif attribut (l') 71
adjectif épithète (la déclinaison de l') 71
adjectif possessif (l') 26
adjectif substantivé (l') (Adj.) 31
adverbes / prépositions / conjonctions 37
adverbes et locutions de lieu 36
adverbes et locutions spatiales 49
aimer / aimer faire 72
aimer / préférer 54
alle / beide / sämtliche ... + adj. épith. 103
alles 127
als / wenn 80
anstatt ... zu + infinitif 107
appeler (s') : heißen 112
apposition (l') 103
apprendre (sens et traductions) 16
après / après que 37
attribut du sujet (l') 42
auxiliaire "sein" ou "haben" ? 25
avant / avant que 37
avoir besoin de 72
à deux, à trois ... 99
beide / sämtliche / viele ... + adj. épith. 103
bien que / malgré 37
brauchen / lieben / mögen 72
ce que 21
combien (traduction de) 89
comme (fonctions et traductions) 59
comment faire ? où aller ? 117
comparaison (les degrés de) 30
compléments (ordre des) 97
compléments de temps (les) 48, 78
complément du nom (le) (trad. de "de") 30
conditionnel (le) 84
conjonctions / prépositions / adverbes 37
conjonctions de coordination (les) 132
construction sans "daß" (disc. indirect) 138
contraire (au) 59
dabei (simultanéité) 108
de (fonctions et traductions) 30
déclinaison de l'adjectif (au pluriel) 103
degrés de comparaison (les) 30
demander (les traductions de) 53
derselbe, dieselbe, dasselbe 107
der gleiche 107
discours indirect (le) 138

dont (fonctions et traductions) 41
double (le), le triple, le quadruple ... 99
dürfen / nicht müssen 93
einige / mehrere / viele ... + adj. épith. 103
erst / nur 79
es (sujet apparent) 17, 121
es (sujet impersonnel) 17
etwas / nichts / viel (+ Adj.) 127
forme de politesse (la) 55
fractions (les) 99
ganz / alle 127
gern / lieber / am liebsten 54
gérondif (le) 108
groupe qualificatif (le) 63
haben / sein (auxiliaires) 25
heißen (emplois de) 112
il y a (fonctions et traductions) 22
impératif (l') 32
impératif (l') : voix passive 122
indem 108
indicatif / subjonctif ? 67
infinitif français (traduction de l') 116
infinitif précédé de "zu" (l') 67
interjection (l') : ja, nein, kurz, ... 132
interrogative directe (l') 35, 132
interrogative indirecte (l') 35
je ... desto 133
können 47
lieben / mögen / brauchen 72
malgré / bien que 37
man (déclinaison de) 59
masculins faibles (les) 15
masculins mixtes (les) 68
mehrere / viele / einige ... + adj. épith. 103
même (le) (traductions de) 107
mögen / lieben / brauchen 72
mögen 48
moitié (la), un tiers, un quart, ... 99
multiples (les) 99
müssen / nicht dürfen 93
müssen / sollen 92
négation (la) 126
nicht (la place de) 126
nichts / etwas / viel (+ Adj.) 127
nirgendwo 16
nombres (les) 98
nulle part 16
nur / erst 79
ob / wenn 16, 36

ohne ... zu + infinitif 107
on (traduction de) 58
où (traduction de) (wo – woher – wohin) 88
participiale (la proposition participiale) 59
partitif (le) (traduction du "de") 31
partout 16
par contre / en revanche / au contraire 59
passif (le) 121
passif : verbes + datif 64
pays – villes – continents 88
pendant / pendant que 37
plus...plus 133
ponctuation : la virgule 133
pour (fonctions et traductions) 42
pourquoi ? pourquoi faire ? 117
pour que : "damit" ou "als daß" ? 43
préférer 54
prépositions (les) (compl. de temps) 79
prépositions / conjonctions / adverbes 37
pronoms indéfinis (les) : viele, einige 103
pronoms indéfinis (les) : einer, keiner, 54
pronom personnel (la place du) 73
pronom personnel (le) 17
pronom possessif (le) 103
pronom réciproque (le) 17
pronom réfléchi (le) 17
pronom relatif (le) 21
proposition concessive (la) 84
proposition infinitive prépositionnelle 107
proposition relative (la) 21
qualificative (la) 63
quand (wenn / wann) 36
sämtliche / viele / einige ... + adj. épith. 103
sein / haben (auxiliaires) 25
si (conjonction) 16
sich (la place de) 74
signifier (heißen) 112
simultanéité (en + participe présent) 108
si (ob / wenn) 36
sinken / senken 94
solch ein / ein solcher / solche 64
sollen / müssen 92
steigen / steigern 94

subjonctif / indicatif ? 67
subjonctif : le discours indirect 138
subjonctif français / indicatif allemand 111
syntaxe : l'interrogative directe / indir. 35, 132
syntaxe : la place des compl. de temps 78
syntaxe : la place de "sich" 74
syntaxe : la place du pronom personnel 73
syntaxe : la place du verbe 131
syntaxe : la virgule 133
syntaxe: la proposition concessive 84
syntaxe: ordre des compléments 97
temps (les compléments de) 78
toujours (traduction de) 112
tout ce que 21
überall 16
um ... zu + infinitif 107
un sur deux, sur trois, ... 99
verbe (la place du verbe) 131
verbes + datif 63
verbes de modalité 47, 92
verbes factitifs (les) (stellen, senken ...) 94
verbes intr./ factitifs (sinken / senken ...) 94
verbes pronominaux (alld. # frç.) 26
viele / einige / mehrere ... + adj. épith. 103
viel / nichts / etwas (+ Adj.) 127
virgule (la) 133
voix passive (la) (traduction de "on") 58
voix passive (la) 121
vous (la traduction de) 55
wann / wenn 36
warum ? / wozu ? 117
was / alles, was 21
wenn / als 80
wenn / ob 16, 36
wenn / wann 36
werden (fonctions et emplois de) 122
wie / als (degrés de comparaison) 30
wollen 47
wozu ? / warum ? 117
y (fonctions et traductions) 22
zwischen (+ quel cas ?) 41

INDEX LEXICAL

absence (l') 28
accompagner 136
acheter / vendre 24
acquérir 62
action (l') (bourse) 66
affaire (l') 69
âge (l') 70
aider 28
air (avoir l') 76
aisance (l') 109
apaiser 86
appliquer 23
arnaque (l') 65
arriver 56
art (l') 44
assommer 69
assurer 109
autre 56
avantage (l') 23
bénéfice (le) 115
bénéficier 82
besoin (le) / avoir besoin de 129
borner (se borner à) 70
changer 82
chez 56
choisir 18
circonstance (la) 135
commande (la) 82
comportement (le) 141
compte (le) 142
compter 135
connaître 19
conquête (la) 76
conscience (la) 86
conserver 129
considérer 61
consommation (la) 100
contenter (se contenter de) 90
contester 75
contraire (le) 28
contribuer à 86
correspondance (la) 65
côté (le) / à côté 85
courrier (le) 52
course (la) 77
cours (le) 123
critiquer / la critique 130
date (la) 28, 81
débat (le) 96

décharge (la) 100
déchet (le) 100
décision (la) 96
défense (la) 110
demande (la) 81
démission (la) 77
dépasser 123
dépense (la) 90
dépôt (le) 100
désir (le) 129
désirer 57
disparaître 61
dispenser 135
disposition (la) 101
dissimuler 109
domaine (le) 105
dominer 105
données (les) 123
double (le) 104
douter 142
échec (l') 105
éditeur (l') 56
effacer 86
égalité (l') 105
empêcher 114
emploi (l') 114
enrichir (s') 66
enseignement (l') 123
entretenir 129
entretien (l') 57
envoyer 118
épargner 65
espace (l') 118
essence (l') / essentiel 45
estimer 90
étonnement (l') 136
évidence (l') 33
existence (l') 129
expérience (l') 95
exploit (l') 33
explorer 118
exposer / s'exposer 61
fait (le) 86
faute (la) 34
fondamental 123
fortune (la) 65
frais (les) 118
fréquenter 23
gauche / la gauche 69

général (en) 23
génétique (la) 95
genre (le) 51
habiter 70
hésiter 56
heure (l') 51
idée(l') 45
imaginer 119
importance (l') 114
important 34
imposer 76
impression (l') 141
inquiéter 141
intérêt (l') 86
interroger 38
jeunesse (la) 33
lever (se) 61
lier 114
lieu (le) 39
limiter 81
maître (le) 75
manière (la) 109
manque (le) 28
marché (le) 22
mêler (se mêler de) 69
mémoire (la) 123
ménagère (la) 23
mérite (le) 90
mission (la) 96
modèle (le) 115
montrer 110
morale (la) 33
mystère (le) 90
objectif (l') 123
objet (l') 118
obliger 34
observer 90
obtenir 39
occuper 114
oeuvre (l') 33
opération (l') 95
ordinateur (l') 123
origine (l') 105
parcours (le) 45
parole (la) 61
passant (le) 38
passer 85
peine (la) 90
penser 141
perdre 27
permettre 123
photographie (la) 27
piloter 19
plaisir (le) 51
populaire 33

portée (la) 19
pourvu de (être) 45
pratique (la) 95
près 19
principe (le) 105
problème (le) 109
procurer 136
produit (le) 23
prospérer 66
publicité (la) 44
public (le) 69
puissance (la) 141
quantité (la) 45
question (la) 113
raison (la) 33
rapport (le) 44, 52
reconnaître 19, 75
récupérer 101
recycler 101
référer 57
réjouir (se) 135
relation (la) 141
relever de 119
remplacer 136
rencontre (la) 56
rencontrer 19
rendement (le) 109
rendez-vous (le) 57
renvoyer 105
réseau (le) 66
ressource (la) 101
rester 52
retard (le) 90
réussir 76
révéler 90
s'écarter 39
saisir 39
savoir 23, 81
secouer 70
servir / le service 19
suffir 119
supposer 61
susciter 142
téléphoner 65
tendre à 130
titre (le) 66
toucher 39
toujours 19
tour (le) 66
tourner / se tourner 39
transmettre 62
trouver / se trouver 51
usage (l') 100
valoir 81
vide / le vide 128

LES ÉTERNELS MALMENÉS

(genre / pluriel)

Sont du masculin :

der Tod (-e) .... la mort	der Beweis (-e) .... la preuve
der Krieg (-e) .... la guerre	der Platz (-¨e) .... la place
der Wert (-e) .... la valeur	der Vorteil (-e) .... l'avantage
der Hunger (sg.) .... la faim	der Durst (sg.) .... la soif
der Beruf (-e) .... le métier	der Film (-e) .... le film
der Punkt (-e) .... le point	der Planet (-en, -en) .. la planète

Sont du féminin :

die Rolle (-n) .... le rôle	die Gefahr (-en) ..... le danger
die Zahl (-en) .... le nombre	die Arbeit (-en) ...... le travail
die Gruppe (-n) .... le groupe	die Zeit (-en) .... le temps
die Kontrolle (-n) ...... le contrôle	die Mitte (sg.) .... le milieu
die Debatte (-n) .... le débat	die Welt (-en) .... le monde
die Nummer (-n) .... le numéro	die Liebe (sg.) .... l'amour

Sont du neutre : (Atttention aux pluriels !)

das Problem (-e) .... le problème	das Ende (-n) .... la fin, le bout
das Recht (-e) .... le droit	das Land (-¨er) ...... le pays
das Beispiel (-e) .... l'exemple	das Kind (-er) .... l'enfant
das Projekt (-e) .... le projet	das Mittel (-) .... le moyen
das Spiel (-e) .... le jeu	das System (-e) ...... le système
das Kapitel (-) .... le chapitre	das Leben (sg.) ...... la vie

Absence de pluriel : Comment traduire ?

les sports .... die Sportarten (sg. der Sport)
les comportements .... die Verhaltensweisen (sg. das Verhalten)
les conseils .... die Ratschläge (sg. der Rat)
les pluies .... die Regenfälle (sg. der Regen)
les malheurs .... dieSchicksalsschläge (sg. das Schicksal)
                                             die Unglücksfälle (sg. das Unglück)
les chances .... die Glücksfälle (sg. das Glück)
les amours .... die Liebesabenteuer (sg. die Liebe)
les bontés .... die guten Taten (sg. die Güte)

Aubin Imprimeur
LIGUGÉ, POITIERS

IMPRESSION – FINITION
Achevé d'imprimer en octobre 1991
N° d'impression L 38838
Dépôt légal octobre 1991
Imprimé en France